hygge

· The Year of Living Danishly ·

丹 麦 一 年

追寻幸福生活的秘密

[英] 海伦·拉塞尔 著　李迎春 译

湖南文艺出版社
HUNAN LITERATURE AND ART PUBLISHING HOUSE

谨以此书献给小红毛、乐高男
和穿高腰裤配贝雷帽的女人

目 录
Contents

寻求改变——幸福计划

一切的缘起并不复杂。短短几天的休假后我和丈夫患上了假日综合征，并想尽办法力图把生活拉回正轨。一场灰蒙蒙的细雨不期而至，整个伦敦显得脏乱不堪，人人心力交瘁，我亦未能幸免。"生活不止眼前的苟且……"这几个字每天从我脑中闪过，无情地嘲弄着我。我每天搭乘地铁上班，下班后照例加上几个小时的班或是进行外景采访，然后才能在这一天的十二个小时之后穿过乌七八糟的小巷回到家里。作为一名时尚杂志记者，我觉得自己就像一个骗子。我不断透过自己的笔端告诉读者如何才能面面俱到：工作与生活的完美平衡、世俗的成功、心智的健康、头脑的冷静——我身上永远是最新款的时装，看起来光鲜亮丽。实际上我的助学贷款尚未还清，每天都要靠大量的咖啡才能挨过这一天；为了睡个好觉，我必须喝点白苏维浓[1]助眠。

---

1 白苏维浓（Sauvignon Blanc），一种白葡萄酒，又名长相思。

每到星期天傍晚，一想到未来的一周，我的胸口总会阵阵发紧；每天早上我都要把闹钟按掉好几遍才能起床，而且情况似乎愈发严重。我在这个行业打拼了十几年，工作一直兢兢业业。但是在获得了梦寐以求的晋升后，我发现自己并没有比之前快乐——只不过比以前更加忙碌罢了。我所渴求的目标变得飘忽不定，即便是达成所愿，也总是感觉若有所失。我以为自己渴望，或者说需要，或者说应该完成的事情似乎无穷无尽。生活变得支离破碎。我总想事事周全，却又总是感到分身乏术。

我三十三岁——跟耶稣殉难的年纪相当，据说他此前已创造了在水面行走、治愈麻风病人并让死者复活这些伟绩。无论如何，他至少启发了几名信徒，诅咒了一棵无花果树，在一场婚宴上用酒水施展了神迹。而我呢？我拥有一份工作和一间公寓，有丈夫还有三五知心好友在旁，新近养了一条来路不明的杂种狗，期望它能给我们忙乱的城市生活带来一丝田园气息。所以生活大体上还算过得去，除了偶尔会头痛、间歇性失眠，因为扁桃体反复发炎而不得不常年服用抗生素，每隔一周就会感冒一次。但是这些都很正常，不是吗？

从前，紧张的城市生活让我乐此不疲，活力四射的工作团队意味着我的生活永远不会乏味。我的行程永远满满当当，一群挚友构筑起了我的人脉网络，同时我还生活在世界上最新鲜有趣的地方。但是当我在英国的首都打拼了十二年，并尝试在伦敦北郊小住数月之后，我突然崩溃了。

光鲜亮丽的生活背后还有另外一面。整整两年的时间，我每天都要接受针灸和荷尔蒙注射，到头来还是落得个每月心碎一次的下场。我们一直想生个宝宝，但总是求之而不得。每当大家在办公室里集资为休产假的同事购买贺卡和礼物时，我的胃总会一阵翻腾。我心心念念多年——每周要往医院跑上三趟，到头来却只能对着一堆盖璞婴儿（Baby GAP）的哈衣吐吐槽。大家开始半开玩笑地催我"快生"，因为我已"不再年轻"，不该"坐失良机"。我勉强挤出一个微笑，下巴扯得生疼，同时还得忍住想要往对方脸上揍上一拳并大喊"滚远点儿"的冲动。我不得不占用工作时间去做试管授精，然后在休息时间疯狂加班，以免落后于人。我一直忙个不停，好让自己不去胡思乱想并维持梦寐以求的生活方式。我以为这样的生活正是我们所需要的。我的另一半同样倍感压力，大多数时候他总是一脸怨气地回到家中，吐槽那些在他一个半小时的通勤时间里遇到的糟糕司机或是高峰时段拥挤不堪的交通，然后便窝进沙发看一集《疯狂汽车秀》[1]或刷剧直到上床睡觉。

　　我丈夫是个神色严肃的金发小伙子，看起来有点像个物理老师，曾经参加过雀巢牛奶巧克力童星试镜。他并不是守

---

1 《疯狂汽车秀》（*Top Gear*），英国广播公司电视台出品的一档汽车节目，始创于20世纪80年代，历经风雨后，于2002年改版并推出，至2015年，新版共播出22季，节目安排每年两季，每季10集左右，每集60分钟左右。

着电视机长大的孩子，所以压根儿就不知道雀巢牛奶巧克力是什么东西；但他的父母在《卫报》上看到了一则广告，认为这事儿似乎对他的身心有益。另外一个像得了白化病似的孩子最终脱颖而出，但那一天却令我丈夫终生难忘，因为那是他第一次玩任天堂掌上游戏机，那部游戏机是另外一个前来试镜的孩子带来的。他还敞开肚皮吃了很多巧克力——这在平时可是不被允许的。他的父母不许他接触新奇玩意儿和零食，古典音乐、博物馆参观，还有长途远足伴他度过了童年时光。所以不难想象，当年仅八岁的他宣称自己最爱的书是爱顾商城（Argos）的产品目录时，他们该有多么失望。那是一本大部头，他能目不转睛地看上几个小时，在家用电子产品和他喜欢的乐高玩具上画圈。日后所发生的一切在这里得到了合理的解释。

在我几乎要放弃希望的时候，他出现在了我的生命中——确切地说，是2008年。我的前任男友在婚礼上弃我而去（真的），最近一次约会是跟一个邀请我共进晚餐结果却因看起了球赛而忘记买食物的男人。他说会帮我订一个达美乐披萨，我请他不要费那个心了。所以当我遇到我日后的丈夫，他主动提出要下厨的时候，我并没有抱太大期望。然而晚餐的水准着实出人意料。他头脑聪明、风趣幽默且心地善良，晚餐还准备了小干酪蛋糕。当我把这一点告诉我妈妈的时候，她大为感动。"这说明他是个家教良好的小伙子，"她告诉我，"他竟然有一套干酪蛋糕模子。还知道怎么用！"

三年之后，我嫁给了他——主要是因为他总能让我开怀大笑，他会吃光我做的黑暗料理，当我把甜品弄得满屋子都是的时候也从不抱怨。但同时他也让我大伤脑筋——丢钥匙、丢钱包、丢手机，或是一天之内全都弄丢，永远不守时，最令人恼火的是他每次都要在厕所磨上半个小时（"你是在重新装修厕所吗？"）。不过好在我们相安无事，生活美满。尽管经常要去医院，偶尔情绪低落，身体透支，小病不断，每到月底便捉襟见肘（因为月初花销太猛的缘故），我们仍然深爱彼此。

　　在我的想象中，我们将在几年之后搬离伦敦，工作，访友，度假，然后退休。我设想自己的生活将像《女作家与谋杀案》(*Murder, She Wrote*) 中的杰茜卡·弗莱彻一样：写作和破解完美犯罪手法，然后品上一杯香茗，皆大欢喜。我理想的退休生活将让所有人大吃一惊。但是当我跟我丈夫分享这一愿景时，他似乎不太感冒。"就这样？"他反问道，"大家都这样啊！"

　　"你有没有听到，"我尝试再次开口，"我说的是杰茜卡·弗莱彻？"

　　他就开始暗示我《女作家与谋杀案》只是一部小说，对此我表示嗤之以鼻，并对他说接下来他准会告诉我独角兽是不存在的。他打断了我的话，告诉我他真的很期待有一天能去海外生活。

　　"海外？"我又确认了一遍，以免搞错了他的意思，"意思是，'不在英国'？不在我们国家？"

"没错。"

"天哪！"

我不是一个热衷于冒险的人，从小到大我经历过太多风雨，尤其是在二十多岁的时候。现如今我只渴求安稳的生活。每当一条冒险之路在我脚下展开的时候，我总是想要退回我的舒适区，不敢有丝毫越界。但是我的丈夫似乎野心更大。这让我心生恐惧，生怕自己无法"满足"他，怀疑的种子就此在我心中落地生根。一个阴雨连绵的星期三傍晚，他告诉我有人同他接洽，邀请他去另外一个国家工作。

"什么？这是什么时候的事？"我满腹狐疑地问道。我怀疑他一直在偷偷地申请工作机会。

"就今天早上。"他给我看了一封邮件。出人意料的是，那封邮件的发送日期的确是当天早上，邮件询问他是否愿意搬到……丹麦。那是一个盛产油酥点心、熏肉、强壮的女神的国度，还以我丈夫童年最爱的玩具闻名。雇用他的正是那家小塑料块生产商。

"乐高？"我看着那封邮件，感到十分难以置信。"你希望我们搬到丹麦去，好让你去乐高工作？"他在开玩笑吗？难道我们正在参演汤姆·汉克斯某部情节紧凑的电影续集，童年的愿望长大后都能实现吗？接下来会怎样？森林家族[1]

---

1 森林家族（Sylvanian Families），日本 EPOCH 公司生产的动物公仔，每一款动物都有爸爸、妈妈、哥哥、姐姐、BB 及孪生 BB 等成员。

会拥立我为他们的女王吗？小马宝莉[1]会邀请我当马界领主吗？"这究竟是怎么一回事儿？是小精灵在作祟还是魔法机器出了故障？"

我丈夫摇了摇头，告诉我说他也是今天早上才得到消息的——肯定是多年以前他接触过的那个猎头推荐了他。无心插柳柳成荫，既然现在机会就在眼前，他希望我们可以考虑一下。

"求你了。"他恳求道，"就当是为了我行吗？我也会为你做出让步的。下一次我们可以为了你搬家。"他信誓旦旦地保证。

我认为这是一场不公平的交易：他知道我巴不得远离M25公路[2]，安静地生活在一个风景秀丽的小镇上来实施我的杰茜卡·弗莱彻计划。丹麦从不在我的计划范围内，但却是他的向往之地。接下来的一周里，除了工作之外我们的对话基本上全都围绕着这一话题展开，我也借此进一步了解了这件事对他的意义和重要性。我们结婚刚一年，要是我现在拒绝了他，那以后的日子怎么办呢？难道我真的希望日后追悔莫及吗？甚至是，让他恨我一辈子？我爱他，所以我答应考虑一下。

我们抽出了一个周末的时间前往丹麦考察，并拜访了乐

1　小马宝莉（*My Little Pony*），由美国玩具商孩之宝于 2010 年 10 月 10 日在美国 The Hub 电视频道开始播出的卡通影集。
2　M25 公路，伦敦的城郊环形高速公路。

高乐园。我们嘲笑每辆汽车都开得那么慢，也气急败坏地抱怨一个普通的三明治竟然卖那么贵。丹麦的吸引力显而易见：城市十分整洁，油酥点心美味得出人意料，景色尽管不像挪威峡湾那样恢弘壮丽，却也十分令人振奋。

在此期间，我们开始感受到种种全新的可能性。我们看到了一种不同的生活方式，发现那里的人跟我们的英国同胞截然不同。那里全是些身材魁梧的维京人，身高 5.3 英尺的我和 5.11 英尺的丈夫相形见绌。除此之外，我们遇到的丹麦人的表情也跟我们不一样。他们看起来十分悠闲，走路慢悠悠的，时不时从容不迫地停下脚步欣赏周围的美景，或者仅仅是停下来喘口气。

然后我们便回到了英国，回归日常的庸庸碌碌。不管我怎么努力，那个念头始终挥之不去，如同一场环环相扣的完美犯罪阴谋。我们可以改变现有的生活方式，这个想法在我心中蠢蠢欲动，一直以来我们只会被动接受命运的安排。杰茜卡·弗莱彻计划突然渐行渐远，按部就班地再过上三十年，对此我毫无把握。我突然意识到，耗费半生的时间来巴望退休（尽管退休后的生活十分精彩），这几乎同原始人无异。我不是农奴，要一生劳作直到体力不支。我生活在 21 世纪的伦敦，生活理应更加美好、令人愉悦，甚至轻松闲适。因此，才三十三岁便开始向往退休生活，这或许意味着我需要做出改变。

我不记得上一次彻底放松是哪一年的事了。彻头彻尾的放松，没有非处方安眠药或酒精的帮助。要是搬到丹麦，我幻想着，情况可能会有所改善，不用"时刻绷紧神经"……我们可以到海边生活，每天去沙滩遛狗；我们再也不用天天搭乘地铁，我们住的地方很可能连地铁都没有。

在体验了"另一种生活"的可能性的周末之后，一项抉择摆在了我们面前。我们可以固守现有的一切，也可以趁岁月尚未在我们额头上刻下印记之前采取行动。如果我们打算过上一种更加令人满意的生活，我们就得开始改变旧有的生活方式。马上！

作为一名北欧资深粉，我丈夫已经迷上了丹麦。但天性谨慎的我还需要深思熟虑。作为记者，我需要进行一番调查。

除了萨拉·伦德（Sarah Lund）的法罗岛（Faroe Isle）套头毛衣、比吉特·尼堡（Birgitte Nyborg）的圆发髻，还有《权利的堡垒》（Borgen）制片人亚当·普赖斯（Adam Price）在黄金时段展示的联合政治手腕，我对丹麦几乎一无所知。通过北欧的黑色电影我了解到两件事情：一件是丹麦总是阴雨连绵，还有一件就是人们经常遭到暗杀。但丹麦显然是一处热门旅游胜地，丹麦旅游局的官方数据显示近年来游客数量增长了26%。我还了解到这片面积不大的北欧土地十分重视商业发展，出口公司包括嘉士伯啤酒（Carlsberg，这可能是世界上最好的拉格啤酒）、爱氏晨曦（Arla，世界第七大乳制品公司，也是银宝黄油制造商）、丹麦王冠集团（Danish Crown，英国大部分培根都来自于这家公司），当然还有世界最大的玩具制造商乐高。对于一个只有五百五十万人（与伦敦南部相当）的国家来说，这样的成就还算不错。

"五百五十万人！"读到这一段时我不禁捧腹大笑。当时我独自一人在家，陪伴我的只有我们的小狗。它狐疑地哼了一声，似乎极力想要加入对话；或许也可能只是打了个喷嚏。"五百五十万人口也能算个国家？"我问小狗，"那不就是个大城市吗？他们真的有必要拥有自己的语言吗？"它默默地走开了，仿佛这个问题根本不值一答，我只好若无其事地继续读了下去。

我了解到爱尔兰中央统计局将丹麦列为生活成本最高的欧盟国家，而且丹麦居民需要缴纳极高的所得税。这就意味着我们也要交上一大笔钱。我的天哪！这样一来，月底的时候我们会比现在还要穷……不过我发现，虽然要缴纳大笔丹麦克朗，但你可以享受到一个非常全面的福利系统，包括免费医疗保健、免费教育（包括大学学费）、育儿补贴，而且失业保险会保证你在失业的前两年中仍能得到原薪水的80%。而且据我所知，丹麦是全世界贫富差距最小的国家。尽管还没有任何一个国家真正实现性别平等，但丹麦似乎已经十分接近这一目标——这要感谢他们的女首相，还有大量担任领导职务的女强人。在英美国家，顶着巨大压力、薪水过低的女性不断被告知要"加强学习"、努力工作；而在丹麦，你可以选择理想的生活方式并做得如鱼得水。而且如果女性做不到"面面俱到"，也不会有人对她们口诛笔伐。这让我眼前一亮。

英美人努力工作赚钱，而北欧人则争取更多的时间——

探亲假、休闲和工作与生活的完美平衡。丹麦雇员每周的工作时间是全球最短的，最新数据表明丹麦人平均每周工作时长只有三十四个小时（数据来源于丹麦统计局）。相比之下，英国国家统计局的数据表明英国人每周的工作时长为四十二点七小时。与日以继夜地工作，再用额外收入将生活——从做饭、洗衣到园艺，甚至是上蜡——外包给别人打理的生活方式不同，丹麦人更奉行 DIY 的方式。

丹麦还拥有多项世界之最：这里有世界上最好的餐厅——哥本哈根的诺玛餐厅；这里是世界上信任度最高的国度，对等级制度容忍度极低。但最让我着迷的是，我们的新家将安在官方认可的*世界上最幸福的国度*。联合国全球"幸福报告"中超高的人均 GDP、高预期寿命、低贪腐率、高社会支持度、任意选择自己的生活方式的高自由度，还有慷慨的社会文化使丹麦成为了世界上最幸福的国家。丹麦的斯堪的纳维亚邻居挪威和瑞典在幸福国度榜单上紧随其后，但拔得头筹的是丹麦。此外，丹麦还在英国国家统计局发布的世界最幸福国度榜单和欧盟委员会发布的福利与幸福指数榜单上位居榜首——并牢牢占据这一位置长达四十年之久。一时之间，事情变得有趣起来了。

*

"幸福"是时尚生活记者的圣杯。我笔下的每一篇专栏都与这一遥不可及的目标有着某种程度的关联。自从 20 世纪 90 年代早期我用 REM[1] 乐队歌词在军用挎包上涂鸦开始，我便渴望成为一位光彩照人、幸福无比的人（好吧，我没留意那歌词是某种反讽，毕竟我当时只有十二岁）。

我知道，事实证明幸福的人薪水更高、健康状况更好、人际关系更持久稳定，甚至身上的味道也更加怡人。人人都想更加幸福，不是吗？为此，我们当然要付出足够多的时间和金钱。调查显示，心理自助产业在美国价值一百一十亿美元，同时该产业在过去的五年里为英国出版商带来超过六千万英镑的利润。在过去的十五年间，全球抗抑郁药物的使用量增长了 400%，现在已经成为医生最常开的处方药（仅次于胆固醇药和止痛药）。就连那些从未使用过 SSRI[2] 抗抑郁药物或是从未接触过情绪管理类书籍的幸运儿，也很有可能曾经通过食物、酒精、咖啡因或刷卡来提振自我。

但是，如果用钱买不来幸福呢？我几乎可以感觉到生活杂志的上帝们正准备把我掀翻在地，因为我居然敢有这种念头。如果说幸福是一个过程，需要调整身心、用心经营才能获得，丹麦人也只是初窥门径呢？

做记者的好处之一就是，为了生活我必须要足够"八卦"。我可以打着"调查"的旗号给形形色色有趣的人致

1　REM，美国摇滚乐队。
2　SSRI，20 世纪 80 年代开发并试用于临床的一类新型抗抑郁药物，学名五羟色胺再摄取抑制剂。

电，以无懈可击的借口提出各种古怪刁钻的问题。所以，当我无意中发现丹麦"幸福经济学家"克里斯琴·比约恩科夫（Christian Bjørnskov）时，我立刻与他取得了联系。

他证实了我的疑虑，我们的北欧邻居不会通过疯狂购物来寻找慰藉（因此我的惯常应对方式90%是无效的）。

"丹麦人认为买买买无法带来幸福感。"克里斯琴告诉我，"在丹麦，大汽车意味着要交更多的税，大房子意味着需要更多的时间整理。"这与已故的伟大乐手克里斯托弗·华莱士[1]那影响深远的座右铭异曲同工：巨大的财富让人倍感焦虑。用丹麦语来说则是"Mere penge, mere problemer"（是我新近最爱的应用软件——谷歌翻译翻的），听起来不那么琅琅上口。

那么到底是什么在支撑着丹麦人？为何人人都幸福无比？我满腹狐疑地问克里斯琴，丹麦人的幸福感如此之高是否因为他们对生活无欲无求？

"绝非如此。"他马上回答，"人们普遍认为丹麦人的幸福感源自于他们期望较低，但欧洲最近有一项研究表明，当丹麦人被问到他们的期望时，他们的期望显得非常高而且十分现实。"所以丹麦人感到幸福并非因为他们的现实期望得到了满足，而是因为他们的高期望同样十分现实？"正是

---

1 克里斯托弗·华莱士（Christopher Wallace），美国嘻哈音乐人，别名The Notorious B.I.G.、Biggie Smalls，他的歌曲以"轻松、流畅"、半自传性的歌词与优异的叙事能力闻名。

如此。"

"丹麦社会赋予了人们强烈的个人自由感。"克里斯琴说。丹麦素来以锐意进取而闻名于世，它是世界上第一个将同性恋合法化的国家，也是第一个无须绝育便可以合法改变性别的国家。

"这可不是北欧国家的共性。"克里斯琴继续说道，"拿瑞典来说，许多人生选择仍被视为禁忌，比如男同性恋或者女丁克。但是在丹麦，如果你在三十多岁的时候决定丁克，没有问题，没人会用异样的眼光看你。这种程度的社会一致性在其他地方十分罕见。"

但这并不是说大多数丹麦人在其他方面总是标新立异，克里斯琴提醒我。"我们的穿着打扮十分相近，"他告诉我，"大家都穿一样的衣服，这取决于你的年龄和性别。"四十岁以下的女性大多穿紧身牛仔裤、宽松 T 恤、皮夹克、精心打点的围巾，梳金色圆顶髻或直发。三十岁以下的男人喜欢穿紧身牛仔裤、高帮运动鞋、印有标语或乐队头像的 T 恤、20 世纪 90 年代的飞行员夹克，头发剪成板寸。年纪稍长一些的男性和女性则中意翻领 T 恤、休闲鞋、宽松长裤和短上衣。人人都戴北欧出品的方形黑框眼镜。"但是假如你问一个丹麦人感受如何以及哪些东西可以接受，你会得到许多种不同的答案。"克里斯琴说，"在丹麦，没有思想的人会被视作怪胎。"

他向我解释说丹麦不太重视社会差异，并以他所在的网球俱乐部为例。我立马联想到了白人精英、长岛冰茶、伍迪·艾伦的烂片，但是克里斯琴很快纠正了我："丹麦的运动俱乐部里绝不会出现高人一等的现象——大家想的只有运动这件事。很多人参加运动俱乐部，你的网球对手有可能是一位老师、超市工作人员、木匠或会计。人人平等，阶级无关紧要。"

克里斯琴告诉我，丹麦人最为看重的是信誉："在丹麦，我们不仅信任自己的家人朋友，也信任街上的陌生人——这极大地提升了我们的生活水平和幸福感。多项调查显示，当被问到'你认为大多数人值得信任吗'这个问题时，70%的丹麦人回答'是的，大多数人值得信任'，从中可以看出在丹麦人与人之间的信任度极高。而在其他欧洲国家，这一数值仅为1/3。"

我感到十分不可思议——我甚至无法信任我的家族中70%的人。当克里斯琴告诉我丹麦父母认为他们的孩子十分安全，因此会放心地把婴儿车放在家门、咖啡馆和餐馆外面的时候，我目瞪口呆。在丹麦，随处可见未上锁的自行车和敞开的窗子。因为信任他人，政府和管理系统十分高效。

丹麦的国防预算少到几乎可以忽略不计。尽管实行义务兵役制，但是一旦遭受攻击，丹麦几乎无法自卫。但是由于丹麦与邻国关系良好，所以根本没有理由担心遭到入侵。正如克里斯琴所说，"当你信任别人的时候，生活就简单多了"。

"丹麦的社会福利系统对此有所帮助吗？"我问。

"是的，在一定程度上来说确实如此。在这里人人平等，政府给予民众的照顾是相当的，这样一来就减少了不信任感。"

那么，如果一支右翼政党上台或政府破产的话会怎样？如果政府不再关照所有人，那么传说中的幸福感会怎样？

"在丹麦，幸福感的来源并非只有福利制度、社会民主党人掌权和我们在世界舞台上的表现。"克里斯琴解释道，"丹麦人希望留给世人以宽容、平等和幸福的印象。丹麦是第一个废弃奴隶制度的欧洲国家，而且一直为两性平等而努力，早在 1918 年便迎来了第一位供职于内阁的女性。我们为自己的名声感到无比自豪，并将努力保持下去。在丹麦，幸福是一个潜意识过程，已经印刻在我们文化的方方面面。"

通话结束后，去丹麦生活一年的想法开始让我心动。或许倾听自己的内心不失为一件好事。倾听自己的生活，哪怕只有片刻。丈夫回家之后，我用小得可怜的声音说道："呃，好吧，行，我想……咱们搬家吧。"这些话似乎不是从我嘴里说出来的。

听到这个消息，乐高男绕着厨房跳起了机械舞，从此以后我便对他以此相称。接着他便拨通了招聘猎头的电话，我听到他对着电话大喊大叫。第二天，他带回来一瓶香槟，还有一个金色的乐高迷你公仔钥匙扣，并把它郑重地送给了我。我以最大的热情对他表示了感谢，我们共同举杯，为我们的未来干杯。

"敬丹麦!"

从一个看似遥不可及、尚未成熟的想法开始,我们至少还有很长一段路要走,于是我们开始制定种种计划。我们一会儿填表格,一会儿跟当地的地产中介交谈,并开始通知大家我们准备搬走的消息。他们全都感到十分意外,有些人表示支持,很多人夸我"十分勇敢"(实际上并非如此)。一对夫妇说他们也希望能像我们一样,而更多的人则感到疑惑不解。一位朋友甚至引用塞缪尔·约翰逊(Samuel Johnson)的话来形容我,他说"假使你厌倦了伦敦,那么你一定是厌倦了生活"。还有一个人无比认真地建议我,要我"告诉大家我们只是去九个月而已。如果你告诉大家你们要去一年,那就没人想再跟你联络了——他们会认为你再也不回来了"。好的,谢谢。

在我辞去那份令人艳羡、光鲜亮丽的工作时,大家同样反应不一。"你疯了吗"、"你被炒了鱿鱼",还有"你要做闲情阔太"是最常见的三个问题。对此我的回答是"有可能"、"没有"、"当然不是"。我向同事解释,我打算做个自由职业者,写写有关健康、生活方式和幸福的话题,同时为英国报纸提供北欧国家的报道。有些人偷偷告诉我说他们也曾想过要做自由职业者,还有另一些人对此表示难以置信,有一个人甚至用了"职业自杀"一词来形容我。要说之前没有被吓倒,那我现在真的有点退缩了。

"我都做了些什么？"我每天都要失声痛哭几次。"万一事情进展不顺利怎么办？"

"要是不顺利，那就不顺利吧。"乐高男干脆利落地说道，"我们给自己一年的时间，如果我们不喜欢那里，那就搬回来。"

他说得那么轻松，好像不放手一搏就是傻子似的。

眼含热泪地完成最后一天的工作，我回到家里小心翼翼地收起我的连衣裙、外套和四英寸的高跟鞋，然后一一打包，这些都是我十几年来的日常"制服"。到了新的地方，我将不再需要这些。

星期六，六位搬家工人来到我们狭小的地下室公寓，要了咖啡和巧克力消化饼干。我们一起将全部财产装进一百三十二只箱子，然后送上集装箱，等候运送到遥远的丹麦郊区。这一幕正在发生，我们正在搬家，并非搬到哥本哈根的某处温馨的英国飞地[1]。正如伦敦不能代表英格兰一样，有人言之凿凿地告诉我，哥本哈根也不是"真正的丹麦"。我们要去的地方根本不需要城市街道地图、地铁卡和库尔特·盖格[2]的打折卡。在那里，我只需要长筒雨靴和一部防水电脑。我们要去往北欧西部荒原：日德兰半岛乡下。

这个位于半岛南端的比隆镇（Billund）只有六千一百位居民，尚不及我朋友的脸书好友多。这里有乐高总部、乐

---

1 飞地，指在本国境内的隶属于另一国的一块领土。
2 库尔特·盖格（Kurt Geiger），一家位于英国的知名鞋业零售商。

高乐园还有……好吧，我只能说出这么多。

"你们要去的地方叫做'比伦'？"我的家人和亲友经常这样问我，次数多到我已记不清。"比隆，"我纠正道，"距离哥本哈根三个小时。"

要是他们兴趣不大，我就会不厌其烦地给他们普及 20 世纪 30 年代一个名为奥勒·柯克·克里斯第森（Ole Kirk Christiansen）的木匠是如何从小城发迹的。他就像安徒生笔下的人物一样：他是一个鳏夫，有四个孩子要养活，因此开始制作木制玩具以维持生计；后来他是如何以"乐高"（这个词来自于丹麦词"leg godt"，意思是"玩得愉快"）为品牌生产塑料积木的；我的丈夫又是如何为这家玩具厂工作的。那些有兴趣做进一步了解的家庭中肯定有乐高迷，而那些没有孩子的家庭则会询问冰雪运动的事。

"那么，丹麦，很冷对吧？"

"是的，那里是波罗的海国家。真正意义上的波罗的海地区。"

"呃，你会去滑雪或是玩滑雪板吗？"

"是的，我会去。但不是在丹麦。"

然后我不得不详细给他们解释一番，整个丹麦海拔最高的地方只有一百七十一米，要想滑雪得去瑞典。

"噢，好吧，都在斯堪的纳维亚是吧？"那些想要免费使用山顶木屋的人通常会做出这样的反应，对此我不得不遗憾地告诉他们，最近的滑雪地离我们的新家有二百五十公里远。

好多人对我们要去的究竟是哪个北欧国家糊里糊涂，好多告别卡片上写着祝我们"在芬兰一切顺利"，而我妈妈则到处跟人说我们要搬到挪威去了。无论如何，这都情有可原。远离伦敦搬到北欧乡下，生活节奏的放缓对于现行体制而言总归是个不小的冲击。

　　搬家工人离开之后，房间里只剩下装满衣服的手提箱和满满一柜子酒。根据海关法规定，这些东西显然不能运到丹麦。我们举行了一场特别的"嗨翻天"酒会，但是工作日晚上在一间冰冷空旷的屋子里用塑料杯喝三年陈的意大利柠檬酒并不像想象中那样让人愉悦。大家不得不在地板上或站或坐，各种声音在家徒四壁的房间里回荡。这场酒会根本没有盛大隆重的仪式感，跟你在电影中看到的那些别开生面的经典送别场景截然不同。对大多数人来说，生活将一切照旧。除了少数几位密友和家人，我们的离开对其他人来说根本不算什么。有人带了东西过来，一个朋友带了些小巴顿伯格方蛋糕和一暖瓶茶水过来（我们没有水壶，更别提茶包了）。我感激得一塌糊涂，几乎要哭出来了。现在回想一下，我可能真的哭了。另一个朋友将我们在伦敦生活期间的照片做成了一个集锦。还有一个朋友借了一张气垫床给我们，好让我们度过最后一夜。

　　一间潮湿的、爱德华时期的带露台公寓，里面一件家具也没有，还是冬天，寂静的深夜，别提有多惨了。我们在这张勉强能挤下两人的床垫上睡得很不舒服。我们尽量保持不动，免得把对方挤到硬邦邦的地板上。最后乐高男的呼吸变得沉重起来，我知道他睡着了。无法入眠的我盯着天花板上那块很多年前我们就计划要修补的问号形状的裂缝。那感觉就像是我们失去了一切，或是霸占了别人的房子，或者刚刚离婚，尽管我们就并肩躺在那里。那一晚，我们一无所有。我盯着那块问号形状的灰泥，几个小时过去，直到窗外的街灯熄灭，我们最终陷入了无尽的黑暗之中。

第二天，我们跟家人还有几位挚友在公寓附近的一家咖啡馆共进午餐。那里有椅子！还有盘子！简直是天堂。现场有泪水（我和我母亲还有一位学生时代的挚友的泪水，她最近怀上了一对双胞胎，所以几乎滴酒不沾），还有啤酒、杜松子酒和一些北欧风的礼品套盒，好让我们尽快适应北欧生活。几个小时之后，送我们去机场的的士到了。我突然产生了一种想要在伦敦尽可能逗留更久一点的愿望。在黄昏时分穿越整座城市赶往机场的路上，我极力想要把这座城市的点点滴滴装在心中，牢牢记住河边每一片闪烁的灯光，直到下次探亲归来。我希望拥有片刻宁静，但是的士司机一点也不善解人意，他放了一首美式硬核说唱并拆开了一包魔法树（Magic Tree）汽车香片。

我们一言不发。我在脑海中一遍又一遍地回想着我的行动计划——"让自己忙起来，这样就不会难过"——这是我在过去三十三年间一直奉行的轻度疯狂哲学。我草草拟定了一个计划：尽可能地融入丹麦、了解丹麦，找到丹麦人幸福的秘诀。到目前为止,我的新年愿望总是"花更多时间做瑜伽"、"阅读斯蒂芬·霍金"和"减掉半英石¹体重"。但是今年,我的新年愿望只有一个:"丹麦式生活"(Living Danishly)。是的,我甚至为此发明了一个新的北欧副词。接下来的十二个月里,我要对丹麦人生活的方方面面进行挖掘。我会请教形形色色的专家,对他们进行"威逼利诱",套出举世闻名的丹麦幸福感的秘诀,并请他们向我展示丹麦人行事方式的不同之处。

在伦敦的最后几天,我每个小时都要查看一下丹麦的天气,我的第一个问题也顺势而生——在平均温度为零下十度的天气中,丹麦人如何保持乐观向上?完税后的收入也让人瞠目结舌。50%的超高税率不会让人无法接受吗?面对陷入赤贫的可能,乐高男根本不以为意;相反,他正对以周末生活补充品为代表的各种北欧设计杰作兴致勃勃。我想知道,举世闻名的丹麦美学会影响整个国家的气氛吗?或者只是油酥点心让他们分泌了更多的多巴胺?

从教育到环境,遗传学到妇科检查椅(不开玩笑),家庭到食物(说真的,你有没有品尝过新鲜出炉的丹麦油酥点心?那可真是人间美味。丹麦人有什么理由不热爱生活呢?),我决定深入现代生活的各个领域去寻找丹麦人幸福的

---

1 英石(stone),不列颠群岛使用的英制质量单位之一,亦被英联邦国家普遍采用,根据英国《度量衡单位条例:1995》的规定,1英石等于6.35029318公斤。

秘诀。我每个月都要学习一些新的东西，并对自己的生活做出相应的改变。我开始着手从个人和专业角度去探寻丹麦人感觉良好的原因。我希望，最终的调查结果能够为我的终生幸福奠定基石。我的幸福计划就这样开始了。

为了确保我的导师们言行合一，我会让每位专家就自身的幸福感打出一分至十分不等的分数：十代表欣喜若狂，零表示痛苦不堪，中间的数字代表还过得去。在我赴丹麦生活之前，有人曾给自己打出了六分的体面分数，可以看出这是一项多么有趣的实验。尽管同事们在送给我的告别卡片上都称赞我是朱莉·安德鲁斯[1]式的开心果，我很快便明白刻意讨好别人的好女孩综合征和真正的自我欣赏是不一样的。我曾在首次电话采访中请克里斯琴给自己打分，他承认"即便是丹麦人也无法做到事事完美"。但是他接着说，"我会给自己打八分"。还不错。如何才能让这位幸福专家更加幸福呢？"找个女朋友。"他毫不迟疑地告诉我。有意与这位丹麦黄金单身汉约会者请与出版社联系。对于其他读者，本书所讲述的便是如何获得"丹麦风"的幸福。

1　朱莉·安德鲁斯（Julie Andrews），英国女演员、歌手、舞蹈家及戏剧导演，同时也是多部畅销儿童读物的作者，联合国妇女开发基金会的"亲善大使"。

Hygge 与家居

我们置身黑暗，脚下是一条阒静的跑道，全身被一种冰冷而柔软的感觉包围，完全不知道等待我们的将是什么。在登上这趟航班之前，天气潮湿，光线充足，人声嘈杂。我们跟着横冲直撞的乘客一起，在地勤的引导下登上摆渡巴士转来转去。半空中，身穿时髦水手服的空姐对我们颇为"照顾"，拿着微缩模型和小罐的怡泉汽水对我们纠缠不休。但是现在我们被丢在某条结了霜的柏油路上，谁也指望不上。当然我们周围也有几个人，但一个也不认识，而且他们全都在说着一种陌生的语言。四下里闪闪发亮，仿佛石碱铸就一般；空气稀薄而寒冷，我刚想做个深呼吸它便钻进了喉咙。

"现在怎么办？"我开口问道，但声音却被风雪盖住了。耳朵冻得生疼，我只好用头发替代帽子遮住它们，效果好得出奇，虽然这样一来我就更听不见了。乐高男的嘴唇一张一翕，但是我听不清他的话，所以我们只好打起了手势。

"这边？"他指着前方一座白色大楼嚅动着嘴唇。我学着

20世纪80年代高校电影中的样子对他竖起了拇指："好的。"

一位拉着拉杆箱的女士出现在我们身后，果断地朝着前方一个发光的矩形走去，我们决定跟着她，压实的积雪在我们脚下咯吱作响。这里既没有摆渡巴士也没有走廊——看样子维京人喜欢自己走出一条路来。

我丈夫握紧我冻僵的手，我想要给他一个微笑，但是牙齿打颤得厉害，看起来就像是做了一个鬼脸。我知道这里很冷，但没想到有这么冷。我们不过在波罗的海空气中逗留了九十秒钟，寒气已经侵入骨髓。我的鼻涕就快要流下来了，但是接下来瘙痒的感觉消失了，我的鼻尖失去了知觉。天哪，在丹麦鼻涕也能冻住吗？我表示怀疑。到了入境大厅之后我终于缓了过来，里面的热气让我的脚趾和手指火烧火燎一般地痛。

我们经过一张巨型广告牌，上面是丹麦最有名的啤酒的广告：欢迎来到世界上最幸福的国度！

哈，我心想，咱们走着瞧。

我们一个人也不认识，不会讲丹麦语，也没有住的地方。"新的一年，新的你"这孤注一掷的快感现在完全被取代，变成了"真该死，动真格的了"。告别派对后的两天宿醉和告别午餐的酩酊大醉或许根本就没什么用。

*

我们走出到达大厅，在一片寒冷和漆黑之中寻找着我们的出租汽车。这不像预想中那样简单，因为所有的车牌都蒙上了一层白霜，像是警方整顿一般。找到正确的字母与数字的组合之后，我们驾车逆行驶向乐高乐园。那些路标被白雪覆盖了大半，由于对路况不熟，我们转错了几次弯，最后终于抵达了接下来几天中被我们当作"家"的地方。

"欢迎来到乐高乐园酒店！"在我们办理入住手续的时候，高大魁梧的金发前台微笑着对我们说。他的英语很好，我感到如释重负。克里斯琴让我放心，他说大多数丹麦人都是出色的语言学家，但是他也提醒我在乡下，比如我们现在住的地方，不能期望太高。但是到目前为止，一切顺利。

"我们为你们安排了公主套房。"前台继续说道。

"公主套房？"乐高男重复了一遍。

"就像总统套房一样吗？"我满怀希望地问道。

"不，这是主题房间。"前台转过了他的电脑显示器，向我们展示色彩柔和的房间——里面有一张粉色的床，床头则是用塑料积木搭建的城堡塔楼。"看到了吗？"

"哇。是的，我看到了……"

前台继续说道："套房是用一万一千九百六十块乐高积木搭建而成的——"

"——是的，没错。问题是——"

"——而且是上下铺。"他自豪地补充道。

"是挺棒的。只不过，问题是，我们没有孩子……"

前台看起来有点不明白，好像这话说不通似的："墙壁装饰的是蝴蝶。"

我完全相信过一会儿他会给我们端来一杯独角兽的眼泪，所以我语气温和地劝止了他："说真的，听起来很可爱，但是我们不需要这么……梦幻。还有其他的房间吗？"

他皱了皱眉，在键盘上敲打了一会儿，然后抬起头来笑容灿烂地说："给你们一间海盗套房怎么样？"

*

我们在新家度过了第一晚，头顶是一面巨大的海盗旗。房间里有一个变装箱、各式各样的鹦鹉，还有全套八里亚尔[1]。第二天一早乐高男戴着眼罩从浴室走了出来。但事物总是在白天更顺眼。现实总是这样。我们拉开窗帘，看到了一个银装素裹的新世界。我们的双眼眨个不停，好一会儿才把这大千世界尽收眼底。自助早餐异常丰盛，我们第一次吃到了著名的丹麦腌鲱鱼，这让我们信心倍增。我们已经做好准备，大致罗列出在一个全新的国度重新开始生活所必需的种种"生活管理"事项。接着我们走了出去。

雪开始变大，从理查德·柯蒂斯（Richard Curtis）电影中的轻柔雪花变成白茫茫的一片，仿佛气急败坏的顽童拼命摇晃的水晶球。天空眨眼间变得空旷起来，它正急不可耐

---

1 八里亚尔（Pieces-of-eight），古西班牙的一种银币，《金银岛》中西尔弗的宠物鹦鹉"弗林特船长"的口头禅。

地向四面八方倾泻着积雪。我们只好回到酒店，把随身的衣物全都套在身上。一个小时之后我们再次出发，看起来就像米其林宝宝，但总归是做好了开始新一天的准备。

在租来的汽车里，我努力想要记住变速杆不在我的左手边，我要靠右行驶；而乐高男则在查看他那体贴的新人事经理发过来的待办事项。这份包罗万象的文件足足有十页纸，而且他还告诉我们这仅仅是"第一阶段"。

"首先，"乐高男大声说道，"我们需要办张身份证——否则*严格来说*，我们的存在是得不到承认的。"

原来英国人抱怨多年并最终于 2010 年取消的身份证制度一直是丹麦人生活中不可或缺的一部分。自 1968 年起，人人都要到中央人口登记处（CPR）注册，并获得一个独一无二的号码。该号码由出生日期和四位数字组成，女性以偶数结尾，而男性则以奇数结尾。号码印在一张黄色塑料卡片上，必须*"随身携带"*（人事经理在邮件中特别将这句话加粗）。无论做什么都需要身份证号码，如开立银行户头、医疗保健、租房子，甚至是去图书馆借书。（说得好像我们能看懂丹麦文，或是知道图书馆的位置，或是认识丹麦语的"图书馆"三个字一样。）我还会得到一个条形码，只要扫一扫就能看到我的所有就医记录。听起来非常高效，我相信有了这些生活将会便捷许多，前提是我们得知道自己在干什么，还有如何才能到达我们要去的登记处。实际上，我们花了一上午的时间才把这件事办好。尽管如此，我们还是认为自己相当幸运——那些来自于非欧盟国家的初来乍到者要等上好几个月才能拿到居住证，而且每隔几年就要复审一次。患有管理恐惧症的人可不适合移民。

接着，我们得去银行开个户头。一个留着平头、戴着经典北欧方框眼镜的帅哥热情地接待了我们。他告诉我们他叫"艾伦"（Allan），然后指着自己的胸牌又重复了一次。我注意到他的名字中有两个"l"，典型的丹麦名字。名字中有两个"l"的艾伦告诉我们他会帮我们开立户头，接着倒了两杯咖啡并递上一盒巧克力让我们自己挑选。比起我在英国跟银行打交道的经历，他的举动显得特别文明友好。

"那么，看样子你们在丹麦还没有存款，是吗？"

"是的，我们昨天刚到，"乐高男解释道，"我们还没开始上班，但这是我的合同、工资协议和薪水发放的具体时间，您瞧？"他递上我们的文件，艾伦仔细地看了一遍。

"好吧，"他终于松口，"我给你们办张丹麦卡（Dankort）。"

"太好了，非常感谢！丹麦卡是什么？"我问。

"是一张丹麦联合借记卡，等你们有了钱就能用。不过当然只能在丹麦境内使用，不能透支，也不能办信用卡。"

"不能办信用卡？"

在英国，自从毕业以后我的信用卡开户邀请就没断过，虽然当时我的名下一分钱也没有。除非发生全球经济危机，否则信用卡对我们这一代人而言不啻于基本人权。刷卡是一种生活方式，现在我们要戒掉刷信用卡的习惯吗？

"不能办信用卡，"艾伦坦白地重申，"但是你们可以提现，只要卡里有钱。"他慷慨地补充道，"用这个就行！"他晃了晃手中那张普通的银行卡。

现金！自2004年以后我身上就没带过现金。我就像英女王一样，身上只有一张西敏寺银行蓝卡，对各种华而不实的鞋子情有独钟。而现在我却要走进一个只收现金的世界？那些花花绿绿的丹麦钞票就像大富翁游戏里的假钱一样，形状奇怪的银币中间还有个洞洞。我甚至还不认识丹麦数字呢！但是名字中有两个"l"的艾伦丝毫不为所动。

"有了这张卡，"他在我们面前晃了晃那张长方形塑料卡片，好像给予了我们全方位的信任，我们应该对他感恩戴德似的，"你们就能登录电子银行，进入政府网站。"听上去好像挺高级的，我怀疑我们正在谈论中央情报局——斯诺登级别的情报，结果艾伦却说："你知道的，进入政府网站付账单之类的。"

办好了银行账户（虽然里面没钱），我们就可以开始找房子了。一位搬迁代理会给我们帮助，但是距离约定的时间还有几个小时，乐高男建议我们去附近的小镇转一转，以防玩具城不适合我们居住。

我们驱车穿过比隆小镇，毫无生气的街道两边伫立着一排排破旧的平房，有点像某款游戏里的军事基地。我觉得玩具城不适合我们，所以希望下个落脚点会好一些。情况从一开始就令人欣喜，红色砖墙大厦和市政大楼式样美观，街道以鹅卵石铺就，各式各样的精品店半隐在高街两旁的建筑群中，看起来就像是吉尔福德[1]的北欧翻版。但是在"高街"转了几圈之后，我们不禁开始怀疑刚刚用丹麦语播报了核爆炸之类的消息，而我们却没听懂。

"我们一个人影也没有见到，整整……"我看了看表，"……二十分钟。"

"你没看错吧？"

"没有。"我说，"实际上，我们见到的唯一像是人类的东西就是那些真人大小的裸体雕塑，头部却是马和猫的样子，伫立在几条街远的一片奇怪的水坑里。"

"'镇中心'的特雷维喷泉里那些安妮塔·埃克伯格（Anita Ekberg）作品的情色版？"乐高男比了个兔子耳朵的手势，表明他对繁华的都市生活不以为然。

"对，就是那个。羞羞马和大胸猫。"

"哈。"

后来我们得知这组特别的雕塑本是送给弗朗茨·卡夫卡的礼物。卡夫卡肯定会引以为傲，我想。我们又路过了几家商店，不是关着门就是空无一人，路边的公寓看起来好像没有人住，只是从窗口透出了微弱的烛光。

"这不正常，是吧？我的意思是，人都去哪儿了？"我问。

1　吉尔福德（Guildford），英国东南部萨里郡的郡府。

"我……不知道……"

我用手机查了查新闻：没有原子弹爆炸的消息。第三次世界大战没有爆发，也没有大规模病毒感染。死亡的警报解除了，乐高男建议去附近喝上一杯，等这个地方恢复活力。不过我们找不到酒馆，酒吧也没有，除了麦当劳和烤肉串（kebab）连锁店之外连个开门的地方都没有。最后我们走进一家兼卖咖啡的面包店，我建议乐高男"每种点一样"，希望碳水化合物能让我们振作起来。

店里一个客人也没有，我们翘首以盼有人能来招呼我们，但是柜台后面的女人一直无动于衷。

"嗨!"我试着开口，但她移开目光忙着整理一箱圆面包去了。乐高男扬起眉毛用手指着几样东西（这是一个全球通用的手势，意思是"能给我拿一个这个吗"），最后那个女人终于屈服，朝我们看了过来。我们对她微笑，她却板着脸。她指着头顶的 LED 电子屏，上面的数字是 137。接着她又指着我们身后那台熟食柜台样子的售票机，用丹麦语说了些我们听不懂的话。

我不是在向一个生活在 20 世纪 80 年代的屠夫买火腿，我只想买圆面包，向她，在一间空无一人的店里。她是在告诉我要先买票吗？还是店里今天已经接待了一百三十六位客人？还是说这个小镇只有一百三十六个人？

面包店的女人索性将双臂抱在胸前，好像在说："请遵守规则，否则不卖给你奶油蛋糕。"我知道自己被打败了，于是转过身去，往右边走了三步，从那部机器里拉出了一张写有数字"137"的白色小纸条，然后走了回去。那女人点点头接过了我的纸条，然后放下了胳膊表示可以开始正常服务了。

我们点好餐之后，乐高男接到了那位热心过头的人力资源经理的电话。他走出店外接电话，好离嗡嗡作响的打奶器远远的。我找了一张桌子，把选好的一大堆点心放在了上面。"别背着我偷吃。"他移开话筒，正色说道。

他的警告并非毫无道理。我在这事儿上有过"前科"，方圆百米之内的蛋糕都逃不过我的"魔掌"。强烈的食欲让我的胃阵阵发紧，我不知道在乐高男回来之前怎样才能忍住不咬上一口。为了转移注意力，我一边用手机打开谷歌，输入"新国度，丹麦，文化冲击"，一边大口地喝着咖啡。

我查到丹麦是欧洲咖啡消耗量最大的国家，同时每个丹麦人平均每年要干掉十一公升的烈酒。或许我们能跟他们合得来。更棒的是，我无意中发现了文化融合导师珀内尔·查格尔（Pernille Chaggar）的网站。要想像丹麦人一样生活，我想自己正需要一位文化融合导师。在第二杯丹麦咖啡的刺激下，我给珀内尔打了电话，邀请她参与我的幸福计划。她欣然应允——没让我费事儿迟点再打过去。

得知我们是从伦敦搬到日德兰半岛，她表示十分意外；获悉我们是在一月份搬过来的之后，她送上了对我们的同情。

"对于外地人来说，冬天来丹麦可真够受的。"她告诉我，"在丹麦，冬天是十分私密的家庭时光，大家都不出门。从十一月到次年二月，丹麦人把自己裹得密不透风，不论是按字面理解还是从引申意义上来说均是如此，所以如果你在户外看不到什么人的话也不要奇怪，尤其是在乡下。"

不可思议。

"他们都去哪了？大家都在做什么？"

"他们享受 hygge。"她告诉我，这个词的发音听起来有点像什么东西堵住了喉咙。

"不好意思，您说什么？"

"Hygge，这是个丹麦词。"

"那是什么意思？"

"很难解释，丹麦人都懂。差不多就是很温馨的时光的意思。"

这种解释没什么用处。

"这是个动词还是形容词？"

"都行。"珀内尔说，"待在家里，点着蜡烛度过的温馨时光就是 hygge。"我告诉她，我们经过很多条荒无人烟的街道，许多人家的窗户里面都点着蜡烛；珀内尔重申这是因为人人都守在家里，"享受 hygge"。烛光显然是必不可少的，丹麦的人均蜡烛消耗量居全球之首。"但实际上，hygge 更像是一种理念。面包店是 hygge——"没错！我望着面前一桌子精美的油酥点心想道。"——跟朋友共进晚餐，也是 hygge。你也可以享受'hygge'时光，一般来说要有美酒作伴——"

"——哦，天哪……"

"Hygge 还跟天气和食物有关。天气糟糕的时候，你可以待在舒适温馨的家中，享用美食，点起蜡烛，喝上几杯好酒。在英国，你们会在酒吧会友交际；而在丹麦，我们在家中与亲朋相聚。"

我告诉她我们在这儿还没有家，也没有朋友。除非形势风云突变，我妈妈认为伯克郡落了下风，否则我短时间内绝无可能在这儿安家。

"那么初来乍到者怎样才能像丹麦人一样 hygge 呢？"

"不能。"

"哦。"

"你们做不到。"她说。我顿时陷入了绝望，正准备取消所有计划，这时珀内尔又松了口，承认假如我愿意努力，还是"有可能"行得通。"非丹麦人要想 hygge 要经历漫长的过程。澳大利亚人、英国人和美国人比较习惯外来移民，他们对新朋友态度开放，而且更善于攀谈。我们丹麦人不太擅长闲谈，一到冬天就喜欢猫冬。"说到这儿为止她没有让我看到一丝希望。"但是到了春天一切都会好起来。"

"是吗？这里的春天什么时候开始？"

"官方定义？三月份。但实际上是从五月开始。"

天哪。"好吧。既然这样，"在她向我描绘这幅黯淡景象之后我忍不住想问，"所有的研究结论都表明丹麦是世界上最幸福的国家，你对此作何感想？你幸福吗？"

"幸福？"她听起来有些犹疑，我以为她会告诉我"幸福的丹麦人"这件事其实言过其实，但她却说："我想说我是个非常幸福的人。丹麦文化非常适合小孩，在全世界首屈一指。我觉得没有任何地方比这里更适合养家。你有孩子吗？"

"没有。"

"哦。"她的语气似乎在说："这样说来，你还真是挺不幸的……"但她随即又说道："那么，祝你 hygge 成功！"

"谢谢。"

乐高男从外面走了进来，冻得嘴唇发青，身体微微发抖。他说乐高公司和他的"精灵"们已经对我们的到来做好准备，他可以按照计划在一个半星期内开始工作，只要我们安顿好就行。我告诉他最后这点并不像听上去那么简单，然后把我跟珀内尔的对话向他复述了一遍。

"真有趣。"在我忙着把糕点放到我们的餐盘中的时候，他说。我们安静地坐了一会儿，然后开始享用面前满满一盘子闪闪发光的碳水化合物。过了一会儿，乐高男站了起来，摘掉眼镜放在桌子上，表情十分平静。他清理了一下喉咙，好像有什么大事要宣布。

"你觉得，"他开口说道，"丹麦人把他们的油酥点心叫什么？"他拿起一块仔细端详了起来。

"什么？"

"呃，他们不能叫它们'丹麦油酥点心'，是吧？"

"说得好。"

我们按照英国人的克制传统，忽视了新生活中潜在的无奈与孤独，兴致勃勃地讨论起了这个话题。乐高男打开了谷歌搜索，我则啪地一声翻开了手头唯一的那本旅行指南。

"哦，快看！"我指着其中一处说道，"它们被称作'wienerbrød'或是'维也纳面包'，是为纪念丹麦面包师的一次罢工而得名，当时雇主们雇佣了一批奥地利人，出人意料的是他们的蛋糕做得非常好。"我解释道："然后当油酥点心传入美国——"

"——怎么？"

"什么？"

"怎么传入美国的？"

"我不知道——可能是坐船，拿着它们特有的点心护照。总之，到达美国之后这些油酥点心就被称作'丹麦油酥点心'并就此固定下来。"

我没有继续读下去，因为我发现乐高男趁机抢先开动了，我可不想落了下风。

"这种叫做'kanelsnegle'，也就是肉桂蜗牛卷。"他指着一块螺旋状的面团对我说，上面还撒了不少肉桂粉，已经被他吃掉了一半。我抢先在他"干掉"整块点心之前拿起了剩下的半块塞到了嘴巴里。这让他始料未及。我的味蕾开始活跃起来，多巴胺在体内飙升。

"这个太好吃了……"我的嘴巴塞得满满的，含糊不清地说道。它不像我在英国吃到的"丹麦油酥点心"那样半干半湿，人工添加了许多甜味剂。这块点心口感清淡，造型漂亮，味道香甜，浓郁丰富的口感渐次释放。入口松脆，进而绵软，直至甜腻。我仿佛进入了一个蜜糖世界，没人发脾气，也没人需要工作、洗衣服，更不会有人撞到脚趾，人人都必须微笑。我风卷残云般"解决"掉了剩下的点心，然后回到椅子中对着这一伟大的新发现赞叹不已。

"我就知道！这些都是最普通的。"乐高男告诉我，"他们还有巧克力点心，就在柜台最里面，看起来更加诱人。"他指着柜台说道。

"这只是入门级点心？"我用油腻腻的手拍着脑门儿，"哦，天哪，到复活节的时候我就得穿松紧带的裤子了。"

"不需要再在圣诞之后节食，"我吃着第二块油酥点心告诉他，"如果丹麦生活不过如此，那我们肯定能行。我不在乎珀内尔的话，不管怎样我们都会 hygge。"

"我还是不明白那是什么意思，"乐高男说，"但是我接受 hygge 挑战。"他又拿起了一块"snegles"[1]吃了起来。

*

我们在卡路里飙升了几千之后"滚"出了面包店，出发

1　Snegles，为丹麦语，一种形似蜗牛壳的面包。

去见我们的置业顾问——一个身材纤瘦的女人，精心漂染过的金发盘在头顶，厚厚的鹅绒大衣下穿着一件黑色皮夹克，裤子鲜艳得像是要着火。她带着我们看了几处房子，我们惊奇地发现这些房子几乎一模一样——雪白的墙壁，淡雅的木地板（带地热），屋内一丝不乱。屋内温度很高，日德兰人似乎喜欢穿着 T 恤在家里走来走去——即便是一月份。每次进门之前，我们都要摘掉围巾、脱掉大衣，但是从冰天雪地进入热带丛林还是让我们汗流浃背。过去的五年中，我们一直生活在一个与世隔绝的爱德华时期的带露台公寓中，从小到大人们总是告诉我"要是觉得冷就再套上一件毛衣，直到胳膊没法回弯为止"，如此奢侈的集中供暖简直跟犯罪一样。

"太……热了……"在我们去到的第二处房子里，我一边脱下美利奴羊毛衫一边对乐高男咕哝着说。

"是啊，怎么这么热呢？"他往下拽了拽领子好透透气，随手擦掉了眼镜上的雾气。

我很好奇，是否因为丹麦的天气十分寒冷，所以丹麦人自古以来就生活在暖气十足的房子里？似乎天气越冷的地方越有办法对抗严寒。英国寒冷潮湿的冬天或许让我们的头脑也变得迟缓了。我把这个理论抛给了乐高男，但被置业顾问听到了，她打断了我的话。

"实际上，丹麦的集中供暖十分有名。"她告诉我，"我们的窗门质量上乘，"——她分别指了两处生怕我们不明白——"保暖效果非常好。你们英国只有壁炉烟囱。"她的语气好像对此非常不屑。"丹麦人可受不了这个。"她继续解释说，精心设计的区域供热系统利用垃圾焚烧、风力发电和太阳能集中为家家户户的松木地板加热。"非常节能，根本无须关掉它！"我不确定这样的能源消耗方式如何才能维持可持续发展，但她的话确实给我留下了深刻印象。

我们去到的每一处房子都格外整洁、简约，同时又充满设计感。一位颇为自豪的房东家中的工作台一尘不染，井然有序的房间充满禅意。她打开橱柜向我们炫耀着缓冲轨道，我看到她的炊具跟房间里的其他物品一样摆放得井井有条。

"这不正常！"走到下一个房间的时候，我悄悄对乐高男说。在我们英国家里的厨房，打开橱柜之前你得先用胳膊护住脸，免得有东西落下来砸中你。不配套的特百惠（Tupperware）抽屉颤颤巍巍地摞在一起，谁敢打开就会向他扑个满怀。但是在这里，所有的房子全都井井有条、一尘不染。

"这些人是房东吧？"我问置业顾问，"客人到访之前来次大扫除没有额外奖励吧？"她看起来有些糊涂。

"搞卫生？访客来之前？英国人都这么干吗？"她摆出一张刻薄脸。"丹麦人的房间总是保持得十分整洁。"

我觉得有必要澄清一下，我们也是这样的。我们自揭其短可不是为了让人笑话的。乐高男察觉到了我的愤怒，用手轻轻地按住了我的胳膊，让我避开这场战争。批评脸还告诉我们进入丹麦人的家庭之前按照惯例要脱掉鞋子，整齐地摆放在门口的鞋架上。"这样灰尘或户外的泥土就不会被带到房间里了。"她告诉乐高男，而他的邋遢老婆很显然已经被她放弃了。

很快我们便看出整洁是丹麦最大的特点，井然有序、光鲜整洁、一尘不染的设计随处可见：水箱隐藏在装饰墙中的挂墙厕所、随处可见的内置衣柜，还有画廊级别的照明灯。缺点是，每家每户都没有浴缸。批评脸告诉我们为了追求更加时尚的效果，丹麦人早在十几年前就抛弃了浴缸。（"此外淋浴更加卫生。"她声称。）这对我的幸福计划而言是种阻碍。

要是不能泡澡，人怎么会幸福呢？更不要说整个国家了。乐高男察觉到了我的痛苦，他答应我会上网找找看有没有《唐顿庄园》(*Downtown Abbey*) 中的那种独立浴缸，并把它列入不断增长的他认为我们在丹麦居住所需物品的清单里。

第一天，我们的租房之旅结束之际，我开始好奇丹麦人如此重视打造一个清新整洁的家，是否有助于他们提升自己的生活品质。为了获得更多资讯，我找到了丹麦设计博物馆馆长安妮-路易丝·萨默（Anne-Louise Sommer），咨询她的专业看法。安妮-路易丝从事家居设计、文化思潮、民族认同和意识形态之间的关系研究，并创造了自己的一套理论。

"丹麦是一个设计社会，这对幸福感提升起到了很大作用。"安妮-路易丝说。她向我解释了流行的丹麦美学是如何受到德国包豪斯（Bauhaus）学派[1]影响，优秀的设计又是如何从 20 世纪 20 年代开始在此渐成传统。

"丹麦曾发生过经济危机，社会面临着巨大挑战，但是政府认为应该把设计提高到优先地位，他们意识到这对提升民众的健康和幸福感十分重要。"她告诉我。丹麦人似乎走在了时代前端。2011 年，伦敦大学学院的科学家研究了这一现象，并证实欣赏优美的事物确实能够刺激我们脑中的多巴胺，提升我们的幸福感（就像油酥点心一样！我忍不住默默地进行了类比）。研究表明，伟大的艺术和设计甚至跟恋爱一样能够激发大脑活跃度——这一点丹麦人在九十多年前就明白了。

"对于一个年轻的社会民主党政府来说，将高品质设计纳入住宅重建计划当中非常重要。"安妮-路易丝解释。建筑学家、设计师阿恩·雅各布森（Arne Jacobsen，以蛋形椅设计闻名），灯光设计传奇人物保尔·亨宁森（Poul Henningsen）和家具制造商汉斯·韦格纳（Hans Wegner）与芬恩·居尔（Finn Juhl）等天才脱颖而出并将丹麦设计带到了世界舞台。我问安妮-路易丝大多数丹麦人是否清楚丹麦的设计有多么出色，她思考了一会儿。

"如果你走上街头询问路人，他们对于文化与设计之间的关系或许不会有太多想法——但这是因为他们没有思考的

1　包豪斯学派，由建筑师沃尔特·格罗佩斯在 1919 年创立于魏玛的建筑学派，其设计强调简约朴素风格。

必要，这已经内化到他们的潜意识之中。我们只是习惯置身于良好的环境当中，"她说，"从出生开始便是如此。孩子们在学校会接触到高品质的建筑和家具，所以他们从小开始就认为既实用又美观的设计是美好生活的要义。长大进入职场或公共领域后，大多数丹麦人都会拥有兼具功能性与设计性的良好环境体验。"我对她的话表示理解。到目前为止，我们所经过的公共区域随处可见欣欣向荣的建筑和风格新奇的设计（除羞羞马喷泉之外）。

"当然，天气也发挥了一定的作用。"安妮-路易丝说，"我们在漫长的冬日蛰居良久，所以我们会在环境上投入更多。你要花大量时间待在家里，所以家居环境也很重要！"设计感十足的家会让你感到幸福吗？安妮-路易丝认为确实如此："在我看来，一个人所处的美学环境与他的个体感受之间的关系十分明确。"全天置身于博物馆各件精美设计之中当然会让她身心愉悦，她告诉我。那么她会给自己打多少分呢？"我会给自己打九分。"安妮-路易丝回答，继而又改口道，"实际上，我不知道还有什么能让我变得更加幸福，所以或许我应该给自己打十分！"

*

我深受鼓舞，决心要打造一个幸福感十足、充满丹麦设计元素的家——现在我们只需决定要选择"批评脸"推荐的哪一栋房子。我们将目标锁定于两处：一处是奥胡斯的羞羞马喷泉附近的公寓（我的选择）；另一处是海边的一栋房子（乐高男的倾向），那是一栋红砖建筑，看上去像是办公大楼，"批评脸"告诉我们那儿曾经是所医院。

乐高男喜欢乡下和少有人破坏又一览无余的景观，我想这是因为他在苏格兰乡下和约克郡高沼长大。相反，我回归自然的念头则源于哈默史密斯[1]河边的一次散步。不出所料，我们发现彼此很难达成一致。

"在这儿生活不像在伦敦。"乐高男争辩道，"生活在一个毫无价值的城镇跟我们以前生活的世界级都市有何区别（日德兰居民，我代表他向你们道歉）？我们还是借此机会去海边生活吧！"他就好了，我心想，他可以每天去上班，而我就得困在家里工作，除了狗狗和海浪作伴，什么都没有。

或许有一天我们可以讨论一下去海边生活的事，但是我认为那是等我们差不多一百岁的时候，而且必须是在布赖顿-霍夫[2]等地一处带露台的小公寓，有时尚咖啡店和超赞的面包店为邻，天气永远晴好，我们会接待很多访客。我无论如何都不能接受我们的海边小屋是一座位于丹麦乡下的医院，而且还是冬天。

---

1 哈默史密斯（Hammersmith），英国伦敦自治市之一。
2 布赖顿-霍夫（Brighton and Hove），位于英国英格兰东南区域东萨塞克斯郡。

可是，他最终说服了我，或者说用一辈子的油酥点心贿赂了我，或者说给我灌了迷魂汤，诸如此类的。因为第二天一早我发现我们竟然达成了一致。我们收到了船务公司的一封邮件，确认他们将于下周二把我们的财物运送到海边的斯迪克斯维尔（Sticksville）。

四个身材魁梧的维京人从一个集装箱里卸下了一百三十二个箱子，然后脱掉鞋子，在地上铺了几张毯子以保护我们的木地板，接着开始拆除包装，每拿出一件便评论一番。他们拿起一个花瓶，说"我喜欢这个，其他的嘛，就马马虎虎"，然后对着一幅画意味深长地问道："这个贵吗？""不贵。""那还差不多。"

所有的箱子都按照它们原来放置的房间做了标记，我欣喜地发现我的一柜子衣服被贴上了"拉塞尔夫人衣物"的标签（我希望将来有更多的人以正式头衔称呼我）。这些物品被礼貌地放到了卧室，但后来我却发现我的内衣被胡乱丢在了新组装的床上，我的一件深蓝色蕾丝文胸不翼而飞。除了这桩内衣偷窃悬案，他们是我们见过的最有礼貌、最健谈、最渊博的搬家工人。他们问了我们许多关于联合政治的问题，还询问我们对于戴维·卡梅伦（David Cameron）的头发有何看法（我了解到，卡梅伦的头发给这里的人带来了很多笑料），以及我们对于欧盟持何种态度。

他们离开之后，我们决心要深入了解欧盟政治现状以免再次陷入难堪，同时开始整理物品，并为那些已经被我们遗忘的物品寻找新的栖身之所。这时我才发现那些东西已经脏得不行。

"你觉得这是运输途中搞的吗？"我满心希望地问道，一边擦拭着白色书架上那块乌蒙蒙的灰色痕迹。

"有可能，"乐高男看上去一脸怀疑，"或许是因为我们一直住在公寓底层，我们从来都没发现家里的东西有多脏。"

我告诉他我更喜欢自己的说法，然后便开始动手擦洗污渍，心想不知什么时候才能赶上家居考究的丹麦人。经过几个小时的擦洗，我们终于拥有了几件半新的家具，但是在新家还不够用。原来我们在伦敦市中心生活时所必要的家具只相当于普通丹麦家庭的一半。下午三点钟左右，太阳开始西斜，我们发现自己即将被黑暗吞没。搬到丹麦生活不仅要带上灯泡，还得带上配套工具。我们没找到挂线盒，不知该怎样处理天花板上漏出来的电线。

我们只好打着手电筒泡了茶，并不得不面对要去商店进行采购的事实。乐高男非常高兴。作为一名户外爱好者和心灵手巧的 DIY 约克郡人，他一直对室内设计情有独钟。经过多年"沉寂"，所有人都认为订阅《现代生活细节》杂志的是我，我们那颇具吸引力的家也是我一手打造的，现在他终于站了出来——情绪板、剪贴簿一应俱全——承认了他那神秘的热情。他希望一年的丹麦生活能让他更加充分地表达自我，这样他就能昂首挺立，自豪又闪闪发光。他已经被北欧美学迷住，决定用各种贵得吓人的设计单品来丰富我们的新家。考虑到一旦让乐高男"放飞自我"，我们可能再也吃不起"蜗牛卷"，我赶紧致电一位室内设计师，向他请教为了让我们的新家更加 hygge，哪些东西值得购买。

供职于丹麦最大的室内设计杂志 *Bo Bedre* 的夏洛特·雷文霍尔特（Charlotte Ravnholt）建议一切从简。"没必要为了打造一个丹麦风格的家而在一开始就大买特买。"她说，"这里的作风是，开始先购买一些必要的单品，然后跟已有的物品搭配起来。"

这可真鼓舞人心。那么我们最开始需要些什么呢？

"嗯，丹麦家庭会使用大量自然元素，比如木头和皮革。我们会在家里放置许多灯具。在大多数地方，人们习惯把灯放在房间中央，但是我们会把导线连成回路来配合它们的位置，制造灯光池或新的 hygge 区域，或者说温馨区。你们要考虑吊灯、落地灯和台灯。"

我把这些匆匆写在了一张便利贴上。乐高男凑了过来很想听听我们的对话，我不得不把他赶走，然后写下：

"她说我们只需要几件必要的单品。"

我放下笔，再次全神贯注地听夏洛特的话。当我回过头去看记事板的时候，我看到乐高男在我的话下面加了一个"☺"表情，然后气冲冲地走开了。他去用我们尚未到手的钱为不属于我们的家购买我们根本不需要的东西了。

我向夏洛特询问关于 hygge 的事，她告诉我丹麦家庭会在沙发上放置沙发罩或毯子以及大量靠垫来营造温馨感。

"丹麦人的靠垫甚至分冬夏两种。"她告诉我,"靠垫的市场很大——手头拮据买不起新家具的时候,你可以花上五百丹麦克朗 [1] 买一个很棒的靠垫,这样你的房间看上去就会焕然一新。"售价高达五十英镑,或者说九十美元,就一个靠垫?这对我来说简直无法接受,我怀疑自己相对于这个时尚的国度来说太吝啬了。

"大多数丹麦人在家居上花费得多吗?"我问。

"我认为我们把家居设计支出放在首位。"夏洛特说,"金融危机爆发之前的数据显示,丹麦是世界上人均家具支出最多的国家。而且丹麦人十分重视良好的设计、工艺和品质。我们希望买回来的商品能够使用很久,甚至传给子孙。"她列举了几位丹麦设计大师,如阿恩·雅各布森、芬恩·居尔和保尔·亨宁森——在跟安妮-路易丝的谈话和乐高男的设计杂志中我早已听闻过他们的大名。当前,我得学会辨认他们的作品或者在一系列灯具中找出保尔·亨宁森的作品,但是夏洛特告诉我大多数丹麦人对他们的设计师十分了解。

"在丹麦,人人都知道阿恩·雅各布森的大名,都了解他的作品——不仅仅是设计粉。"她说。设计是国民意识的一部分,这个观点有助于我理解为何我们见过的丹麦家庭看起来都如同报纸生活版的增刊一般。我了解到保尔·亨宁森的作品十分受欢迎,几乎 50% 的丹麦人家中至少拥有一盏

---

1 1丹麦克朗,相当于 1.0469 人民币。

保尔设计的灯具。"人们愿意支持丹麦品牌，"夏洛特解释道，"他们喜欢手工作品。我们的设计值得赞美，也让我们骄傲，所以是的，我们愿意花钱。自从 20 世纪 60 年代开始，更多的丹麦人开始拥有自己的房子，男性与女性都能获得工作机会，我们能负担更多的家具和设计费用。"

我发现乐高男正在偷听，他已经急不可耐地想要拿出我们"应急"用的英国信用卡来刷了。我赶紧让夏洛特推荐五样丹麦设计核心单品，以满足我家这位北欧室内设计迷，并让我们的家更加 hygge。她欣然接受了这一挑战。

"首先你们应该买一个厚实的木制餐桌方便用餐、闲聊和放松。"她开口说道。我正打算为那张原有的橡木六人餐桌感到沾沾自喜，她却补充道："在丹麦一张餐桌一般至少要配八张椅子，这样大家就可以围坐在一起。"妈的，很明显我们朋友不够多。"再买两把椅子，"我写道，"或许还需要一张更大的餐桌。"乐高男眼睛一亮。

"然后我会买一把手工椅，像是阿恩·雅各布森或者汉斯·韦格纳或是博奇·莫根森（Børge Mogensen）的作品都行。"夏洛特继续说，"丹麦风格的家居一般来说还应有一盏创意灯具，如保尔·亨宁森的 PH 灯或阿恩·雅各布森设计、路易斯·波尔森（Louis Poulsen）制造的 AJ 灯。此外，还要配一个库布斯（Kubus）烛台——这非常丹麦，很多丹麦家庭都有。最后，我可能会买一些皇室哥本哈根餐盘。"她补充说。我望着洗碗池旁边堆放的宜家骨瓷盘，知道我们可有事要做了。

"好吧。"我干脆利落地回答，并决定把我们的新家去宜家化。"这些伟大的设计真的让丹麦人感到幸福吗？"我问。乐高男一只手已经伸到了大衣口袋里，他正在摸车钥匙，打算正式开始他的"购物疗法"。

"我想是这样的。"夏洛特说，"当我们的身边充斥着高品质的设计时，我们的情绪也会受到影响。如果我们周围的环境令人愉悦，我们就会感到温馨和安全。这让我们更加幸福。"

我问她本人是否幸福。"当然，如果满分是十分的话，我给自己打九分——总得留点进步的空间。"

"比如？"我忍不住追问。

"那涉及到个人隐私。"她回答道。我担心自己恐怕冒犯到了她，但是她的语气很快缓和下来并和盘托出。"我希望生活在海边，希望我的男友求婚。这样我就是个完全幸福的人了。"

我对夏洛特表示了感谢并向她道别。我转头看了看我丈夫，现在他正在往脚上套靴子，暗粉色的海景如油画一般美丽，开阔的海景衬托出了他的侧影。或许我的幸福计划应该从对自己拥有的一切更加感激入手，我天真地想。接着乐高男在便签纸上写下"快点！！！"，然后贴在了我脑门上。泡沫破裂了，我很快就抛弃了那个想法：在接下来的十二个月里原谅他总是把湿毛巾扔在床上，而且总是投不进脏衣篮的毛病。我抓起大衣出门了。

*

我们去购物，大买特买了一番，完全没有把名字中有两个"l"的银行经理艾伦放在眼里。乐高男把买来的东西组装好之后变得特别开心，在接下来的几天里我们的房子开始像个家了。我试着往好的方面想，但是我那盲目乐观的计划遇到了一些挫折。

我第一次出糗是因为把纸张扔进了错误的垃圾回收桶。星期一早上八点，两位蓄着胡子的绅士上门拜访，我跟邻居们的交往正式拉开了序幕。我还没有穿好衣服，甚至还没来得及打开咖啡机——我的意思是我还没有做好接待访客的准备。但是两位胡须先生一点儿也没有放弃的意思。他们不停地按门铃，我只好起来开门，生活在一栋玻璃房子里根本无处可藏。他们穿着两件厚夹克，两只眼睛躲在奶瓶底眼镜后面不停地眨着，讲起了丹麦语。我向他们解释说我还不懂他们优雅的语言，最后他们终于发了善心。胡须先生一号用蹩脚的英文告诉我"邻居们"发现回收桶比平常更满，因此通过垃圾找出了犯人。胡须先生二号举着一张溅了茶渍的物业账单作为证据，上面的收件人是乐高男。我的新邻居们竟然翻过我们的垃圾桶（或者说，是他们的垃圾桶）。我原谅了他们的古怪举动，礼貌地问他们希望我把废纸扔到哪里。他们指着一个跟我用过的那个一模一样的垃圾桶，只不过在左边几英尺远的地方。

我当即悔过自新，表示下次会做好，同时也免费上了一堂垃圾分类课。原来丹麦人极其重视循环利用。几乎90%的包装都会得到回收利用，纸皮、易拉罐、瓶子、食物和有机垃圾都有不同的回收单位。如何正确地进行垃圾分类，这是一门有待我去掌握的艺术，但是我知道当地的超市里放置的塔迪斯[1]式样的亭子是用来回收瓶子的。一天下午，我们试着扔了一个进去，接下来的激光演示让我们目瞪口呆。那部神奇的机器先是扫描了瓶子以评估其回收价值，接着吐出了一张优惠券，下次购物可以抵扣十二便士或者说二十美分。我高兴坏了。

在丹麦，不仅普锐斯[2]车主、瘾君子和赶时髦的人对环境热心，环保已被看作是人们的基本义务，也是融入丹麦社会不可或缺的一部分。在邻居们热情的鼓舞下，我继续着实地考察的任务，发现丹麦早在1971年便成立了官方环保部，是世界上第一个成立环保部的国家。如今，丹麦的清洁能源在世界上极具竞争力，该国30%的电力来自于风力发电。2013年，丹麦赢得了世界野生动物基金会最负盛名的奖项——给地球的礼物（Gift to the Earth），以嘉奖其在最雄心勃勃的可再生能源和气候目标上的领导力。同时，在过去的两年中它连续被联合国气候变迁绩效指数评选为最环保

---

1 塔迪斯（Tardis），英国科幻电视剧《神秘博士》中的时间机器和宇宙飞船。
2 普锐斯（Pirus），丰田汽车公司的一款混合动力车，革命性地降低了车辆燃耗和尾气排放。

国家。丹麦政府计划到 2020 年时减少 40% 的二氧化碳排放，环保部制定了一个到 2050 年"丹麦无垃圾"的共同目标——他们希望届时所有的东西都能被回收再利用。当大多数国家在环保承诺上一再食言的时候，丹麦人却为自己设定了愈加艰难的目标，而且一直走在践行的路上。

我深受感动，决定以后严格执行我的公民垃圾回收义务并以此为傲。一个星期之后，当两位胡须先生再次上门检查我是否把易拉罐放到了正确的垃圾桶时，我迫不及待地想要告诉他们这一点。他们对于我的环保觉悟点头称赞，然后便飞速离开了。

*

除此之外，没有人跟我们讲话。要是我以为世界上最幸福的国家人人好客，那我可就大错特错了。我想念伦敦，想念噪音。以前的我会一边工作一边听 747 客机的引擎在希思罗机场跑道上呼呼作响，或是响着刺耳警笛的警车疾驰而去抓捕罪犯，而现在我只能听到鸟鸣、拖拉机声，甚至听不到任何声音。这里如此寂静，大多数时候我唯一能听到的只有遗忘已久的耳鸣，那是青春时期经常去听糟糕演唱会的后遗症。我们的小狗终于从英国来到了这里，但是却被花园里的麋鹿、野兔和狐狸吓坏了，立刻躲到了洗衣间。它不停地呜咽，只有洗衣机的转动才能让它有所缓解。最后，当我们终于让它安顿下来之后，我们却被猫头鹰的叫声吵得连续三晚没合眼。

我想念朋友们，我发现用 FaceTime 跟他们抱怨猫头鹰不如一边喝酒一边抱怨来得有意思。我们已经做好准备，接受了一切都要重新开始的事实。我们相信这会让我们得到"解放"，逼迫我们去尝试新的事物、遇见新的人，拓宽我们的眼界。但是当我们发现自己坐在家中，*再一次*只有我们两个的时候，我们觉得无聊极了，完全不知道如何开始我们的丹麦社交生活。

"如果丹麦的人口跟伦敦南部相当，"我告诉乐高男，"我们就要把社交范围缩小到，比如说我们家附近方圆二十公里以内，并把人群限定在二十岁以内的年龄差，我们*真正喜欢*的人数量可能更少。换句话说，就算我们的朋友圈不大，我们也不可能喜欢所有人。"

"好吧。"乐高男似乎不太确定。我等待着他的反驳，等他告诉我一切都会好，但他没有这么做。相反他却说："你应该记住他们可能也不喜欢*我们*。他们可能已经有了足够多的朋友，就像我们在英国时那样。"好吧，现在我感觉可"好"多了……

"会好起来的。"乐高男最终说道。他往我身边靠了靠，把我揽在怀里。"我们只须要好好地了解这个地方。你应该多出去走走，见见人。"他或许是对的。在家工作，通过 Skype 和 FaceTime 进行社交对一个女人来说没什么好处。

但是海边的斯迪克斯维尔的公交系统实在是不怎么样。自从乐高男开始上班并占用了我们唯一的交通工具——一部租来的乐高汽车，班次稀少的公车和火车便让我吃尽了冻伤的苦头。气急败坏的我决定是时候买一部自己的小汽车了。

我来自英国，因此在丹麦上路比较容易。来自于欧盟以外国家的移民只有通过考试才能驾车上路。2013 年开始生效的法规允许那些来自于被视为"拥有跟丹麦一样道路安全等级的国家"的新移民上路，只要更换一本当地驾照。但是也有附加条件：申请者必须是在十八岁之后通过考试拿到驾驶证的（大多数在十六岁就通过考试的美国人就此被排除在外），而且在过去的五年中没有违规记录。

跟丹麦的其他东西一样，小汽车一点也不便宜。新车需要交纳 180% 的税，这使得它们的价格比英国高了三倍。这意味着一辆在英国售价为一万英镑的掀背式汽车在丹麦要卖到三万英镑——增加的购车成本让我们只能选择购买二手车了。

"这就是大多数人都开'火柴盒'的缘故吗？"

"我想是这样。你一个人出去没问题吗？我是说买车。"

"当然。"听起来似乎不太自信，但感觉却像这是 21 世纪的女性必备的基本技能。

信心倍增的我出发去最近的一家汽车行。当发现回伦敦的机票钱都要比在日德兰打二十分钟的的士便宜后，我决定还是搭公车。两个小时之后，我完好地出现在展厅里，即刻被仿皮、汽车香氛和廉价的须后水的混合香味包围了。

根据我的价格预算，只有两部车我能够负担得起。第一部车像是一个锈迹斑斑的马口铁盒安装在四个轮子上，闻起来就像是有一群流浪猫曾经生活在那里，定期大小便。第二部是一辆艳红色的汽车，让我想起了电动踏板车。没有一辆入得了我的法眼，但是悠闲地试驾一圈之后我发现：这玩意儿能跑；较高的驾驶位意味着我可以俯视其他司机。在这片维京人的大陆上，这对于一个身高五英尺三英寸的英国人来说真是新鲜极了。

　　"就它了。"我告诉经销商，他递给我一份九页的文件——丹麦文。我问他我能否把文件带走进行翻译或者至少让我在附近找本丹麦语英语双语词典。但他表示愿意为我翻译。我不知道这是否正常，但是我的旅行指南上写着丹麦的二手车商要遵守公平交易原则，销售人员不得赚取佣金，所以我觉得自己不会被敲竹杠。那个小伙子对我坦诚相告也没什么损失。一不做，二不休，我心想。

　　所以我对他表示了感谢，他为我搞定了这笔交易。但是最终的价格还是比预想中多出了几个零。

　　"这是为什么？"我指着第四页上一串触目惊心的"零"问道。

　　"哦，那个用来购买冬天的轮胎。"

　　原来在丹麦不仅仅是沙发靠垫要随着季节更换。尽管销售人员不会强制客户购买冬用轮胎，但还是会强烈建议。多花五千丹麦克朗购买轮胎，能保护我不在零下几十度的严寒中一头冲向壕沟，这钱似乎花得挺值。我指着另外一串数字问道那是买什么的。

"这是为了春天时装配夏天轮胎，并将冬天的轮胎存放到轮胎旅馆的费用。"丹麦的轮胎还有自己的旅馆？我的天啊，生活水平简直冲上云霄。

"我真的需要这个吗？"我问。

"我们建议顾客将轮胎存放到安全的地方，并由专业人士进行保养。"他回答说。

"好吧……"我不知道能否省下这笔钱：由乐高男进行轮胎装配或把冬用轮胎放进车棚。我决定冒险一试。

销售员指着另外一串数字说："这个是车牌的钱——"

"——车牌不包括在内吗？"

"不！"他似乎被逗乐了，"不然的话谁都知道你的车有多老啦！"

"你没开玩笑吧？"

他收起了笑容，无疑是在向我表明他无比认真。"每个司机都要领一个新的号牌，由数字和字母随机组成。"

原来，平等在丹麦如此重要，政府甚至不愿意任何人因为他们车子的新旧程度而被人评价。这似乎值得称赞，但我敢肯定任何长了脑子的人都能看出来我那辆西红柿颜色的车子绝不是最新款的高档车。我憎恨为了冠冕堂皇的理由而进行"抢钱"的行为。

"接下来还有登记税、环保税、反补贴税……"我甚至可以感觉到名字中有两个"1"的艾伦反对的目光,想象着他在我快速签字走人的时候失望摇头的情形。

接下来的几天里,我发现那辆西红柿汽车时速达到七十公里每小时的时候就会咯哒咯哒作响并发出高分贝的刺耳声音,除非我打开丹麦公共电台,并打开雨刮器把灰尘从一边扫到另一边,搞得我视线模糊。但它是我的,只属于我一人。我的冒险之旅就此开始。

本月知识点:

01.

一月的丹麦非常非常冷。

02.

钱买不来幸福，但可以给你汽车、蜡烛和非常美味的蛋糕。

03.

猫头鹰的叫声非常吵。

04.

胆小鬼不适合移民。

忘记朝九晚五吧

　　人人都说，自由职业者的好处之一就是可以穿着睡衣、拖鞋往返于睡榻和电脑之间。经历了十几年脚踩四英寸高跟鞋、身穿只能干洗的套装的生活之后，这样的画面似乎新鲜又陌生——这是一个我乐于听闻却无意进入的新天地，有点像拉斯维加斯。然而，仅仅过了四个星期，我便发现自己穿着印花绸两件套、束着一条松紧腰带，在下午两点半欢快地敲着键盘。我告诉自己这没那么糟糕，因为今天是星期五，而且日德兰的冬天不管什么时候总是黑漆漆的，所以穿睡衣没什么不妥。另外，我正在对身处美国的对象进行电话采访，那里正是清晨。但实际上我邋遢得不行。我发誓四点半一到就去沐浴更衣梳理头发，像个体面的成年人那样。四点半成了我的分水岭，这是因为乐高男每天都会在这个相当尴尬的时间到家，我不愿任何人看到我的邋遢。

　　他曾让我措手不及。几个星期之前，我正穿着睡衣敲着键盘，前门突然开了，一阵刺骨的寒风扑了进来，门口站着一个人，在令人崩溃的黑暗中看不清样子。

"是谁？"我担心有人闯了进来或是胡须先生们卷土重来。

"是我。"乐高男回答。

"你在那儿干吗？"他生病了？被炒了鱿鱼？乐高总部遭遇导弹袭击被疏散一空了？（我的人生格言：能添油加醋干吗还要理性思考？）"关上门，冷死了！"

"谢谢你的'热烈欢迎'。"乐高男回应道。他放下背包，解释说公司里四点钟的时候就没什么人了。"有孩子的人下午三点钟就收拾好东西去学校或日托班接孩子了。"

"三点？"

"嗯。"

"大家都那么早下班？没人愿意最后离开，或者叫个外卖熬通宵？"

他耸了耸肩："我没看到这样的人。"

这让我大跌眼镜。在伦敦，要是我们两人都能在晚上七点之前赶回家准时收看《弓箭手》[1]，那绝对值得大肆庆祝一番。通常情况下，我们只能在周末见到彼此，或者在加完班或与朋友聚会结束后的下半夜在床上见到清醒的彼此。

但在这里，下午四点成了新的晚上七点。在丹麦，下午四点是交通拥堵时间。下午四点，我还没有开始下半天的工作，至少还有几个小时可以消磨，但他却已经回到家里，打

---

1 《弓箭手》(*The Archers*)，自 1950 年起开播的 BBC 电视剧。

算开着音乐聊天或翻找东西。

下午两点半，我正打算把新的事态和乐高男提早回家的事情理出个头绪，就听见汽车开进我们私人车道的声音。当时我正在跟纽约的一位时间管理专家通话，门把手的转动让我心下一惊，赶紧喝下一大杯水。我得装出那声下意识的咒骂其实是咳嗽，疯狂的狗吠其实是 Skype 线路的杂音。

"那么，感谢您抽出宝贵的时间，"我一边说一边划拉完最后一点笔记，"不再打扰了！"我有点激动地说道，以免声音被狗吠盖过，它正对着归来的男主人兴奋地呜咽。不一会儿，乐高男就带着他那典型的狂风与噪音进了门。小狗亲昵地扑到他的身上，为我赢得了一点时间来思考我这身明显过于随意的装扮。或许我应该脱掉这身晌午的休闲睡衣向休·赫夫纳[1]致敬？

"你回来这么早！"就算是看萨拉·伦德（Sarah Lund，请自行谷歌，不用谢）的三角恋系列被他抓了个现形，我也不会比现在更羞愧。

"是啊，到了星期五大家走得更早。"他把头靠在门上看着我这副邋邋尊容。"你没穿衣服！你还好吗？病了吗？"

我打算装病，没什么生命危险而且好得很快的那种，但却因心理压力过大而放弃了。"没有，"我不好意思地说道，

1　休·赫夫纳（Hugh Hefner），美国实业家、杂志出版商，世界著名色情杂志《花花公子》的创刊人及主编，花花公子企业首席创意官。

"这是，呃，为了写一篇专题报道。"我撒了谎。

乐高男环视了一圈，杯碗盘盏一片狼藉，我全身上下满是点心碎屑。"什么专题报道？'邋遢何以成为新时尚'？"

"你要知道这套睡衣是斯特拉·麦卡特尼[1]的。"我无力地辩解，接着赶紧转移了话题，"你上午过得……怎么样？"

"挺好的，谢谢。我一直在学习丹麦式的'工作-生活'平衡。"

"你不是刚——你午饭时间就到家了！"

乐高男没有理我。"显然到了星期五，八点半之前到公司就行，然后——"他发了一个奇怪的喉音，"Mooooaaaarrrnnnssssmullllll。"

"不好思，你说什么？"

"这个词写作'morgenmad'，意思是早餐。"他解释道。我们还没开始学丹麦语，他就已经掌握了一些跟美食有关的词汇，这让我有点嫉妒。"大家轮流烘焙，带蛋糕卷和油酥点心到办公室。有一个家伙凌晨四点就起床烤今天的面包了。"

"天哪！这里明明有那么好的蛋糕店……"我就算早起两个小时也不可能做出更美味的丹麦烘焙，我情不自禁地想。

"是啊。Mooaarrnnssmull 持续了一个小时，然后我们开了一个会，大家觉得我们需要再开一个会才能把事情定下

1　斯特拉·麦卡特尼（Stella McCartney），披头士乐队贝斯手保罗·麦卡特尼和美国摄影师、动物权利活动家琳达·麦卡特尼的第二个女儿斯特拉·麦卡特尼创立的个人品牌。

来，然后我便又去开了一个会，会上供应更多面包和咖啡，接着我们在十一点半用午餐，用餐完毕之后我们得知今天是某个人的生日，所以我们又吃了蛋糕。之后大多数人便开始收拾桌面准备周末放假了。"

"真忙啊……"我阴阳怪气地说道。

"对啊，我好撑。"他一本正经地说，接着便一屁股窝进沙发，翻起了一本室内设计杂志。

据我所知，丹麦人的工作主要就是吃点心。乐高工厂似乎多年以前就取缔了自动贩卖机和一切糖制品，但现在却为员工免费提供黑面包、水果和胡萝卜。

"那么世界最大的玩具制造商只不过是依靠 β 胡萝卜素、全麦和孩子般的生活热情而维系着吗？"

"每天固定做五件事，就能所向无敌。"乐高男耸了耸肩。

午餐是一场公共事件，每天十一点到十一点半，大家纷纷离开办公桌到员工餐厅用餐。员工餐厅窗明几净，陈设以乐高积木原色为主，有大量猪肉、鲱鱼和各种各样的 smørrebrød（一种传统的单片全麦三明治）供应，但看不到一个布丁。

"啊，你们也不能太随心所欲。"我告诉他。

他解释说因为砂糖十分罕见，morgenmad 和其他能够吃到甜品的机会就尤其重要。他在本周参加了第一个丹麦生日聚会，一位同事的办公桌上堆满了彩旗，所有团队成员聚在一起唱了一支鼓舞士气的歌。

"我不太确定那首歌的主题，但是它穿插着很多动作，要是你不了解的话很难加入进去。但是到了最后一句，我猜跟长号有关……"他飞快地比画了一下来支持自己的观点。我告诉他，我刚刚看到丹麦人位列世界最豪放国家之首。

"他们天生就不知道什么叫尴尬。"

"有道理。"他点点头，"实际上，他们经常在办公室唱歌。"

"真的吗？"这对我来说就像猫薄荷一样有吸引力。"你怎么不早说！快点说说。你知道我喜欢奇奇怪怪的团队建设歌……"

"好吧，好吧，我就给你说说。"乐高男似乎有些不情愿，"但是你得答应我不能写到文章里，也不能当成趣闻讲给别人，行吗？"

"当然不会！"我撒了个谎。

"呃，实际上公司里有一支办公室乐队……"（听到这里，我乐得拍起手来）"……他们只要有机会就表演，而且——"（他不以为然地看着我）"——不许偷笑。"我意识到自己永远不会受邀观看办公室乐队的现场演出了。"而且他们喜欢把流行金曲改编成有关团队的歌曲……"

"说下去！"越来越有趣了。"比如？"

"好吧，这个星期有人用阿巴合唱团[1]的《妈妈咪呀》

1　阿巴合唱团（ABBA），瑞典的流行组合，成立于 1972 年，乐队名称来自于四名成员的姓名首字母的缩写组合。这两男两女在事业走上坡路时曾是两对夫妻，在事业开始下坡时又分别劳燕分飞，是流行音乐史上著名的夫妻组合也是著名的离婚组合。阿巴合唱团于 1982 年解散。

（*Mama Mia*）改编了一首关于我们部门的歌。我最爱的那段旋律配的歌词是'我们努力工作，只为完成 KPI'——哦，这个词的意思是'关键业绩指标'。"他补充说道，"怕你不明白……"

"我当然知道，"我撒了个小谎，"别停啊！"

"不好意思。之后就是'de de de'…"

我也跟他一起唱了起来，希望快点听到后面的故事："De de de de de de de, de de de de de de…"然后乐高男开始唱下一句：

"我们一致认为，我们是一群有趣的家伙……"

"De de de de de de de, de de de de de de…"

"然后……然后……我不记得了。"

"试试看！"

乐高男把脸揉成一团尝试着去回想，最后摇了摇头，松开了双手。"不好意思，我想不起来。"

"那好吧，前面两句歌词够惊艳的了……"

"谢谢。"他接受了赞誉，好像创作者正是他本人似的。"我们还敲鼓。"他一边说一边走出了房间。

"什么？"他可不能丢下这枚重磅炸弹就没事人儿似的走开。

"开会的时候还有下车间的时候，"他在厨房里喊道，"大家经常打鼓。用水桶，或是箱子，或是小手鼓，只要能打出节奏，什么都行。"他说得好像这是世界上最正常不过的事儿似的，就像从文具柜里取出新订书机一样。

"然后……人人都会参与？"我挪动着脚步，跟在他后面，想要打听更多的细节。

"是啊，不管什么事大家都一起上阵。人人平等，还记得吗？尽管还是可以看出谁才是头儿——他们一般会打最大的手鼓。"

"哇！"没能亲眼目睹办公室打鼓的欢乐景象让我感到非常失望。"有人打得很好吗？他们最后会不会选出最佳鼓手？"

他知道我在想什么。他知道我打算把自己的打鼓水平跟其他人比较一番，并准备开始炫耀。

"不会。"他断然说道，"不管鼓打得多好，歌唱得多动听，长号吹得多动人，吹牛皮很让人讨厌。公司里流传着一句老话——'要乐高不要自高'——被大家奉为圭臬。"他告诉我说，有人告诉他和他的非丹麦籍同事，他们应该读一读20世纪30年代的丹麦-挪威作家阿克塞尔·桑德莫斯（Aksel Sandemose）的作品，以便更好地了解如何"融入"丹麦的职场。桑德莫斯在小说《难民迷影》（*A Fugitive Crosses His Tracks*）中列出了十条生活在丹麦的法则，也叫"詹代法则"。我用谷歌翻译加上我自己的理解总结如下：

1. 不要以为你很特别

2. 不要以为你和我们一样好

3. 不要以为你比我们聪明

4. 不要想象自己比我们好

5. 不要以为你懂得比我们多

6. 不要以为你比我们更重要

7. 不要以为你很能干

8. 不要取笑我们

9. 不要以为有人很在乎你

10. 不要以为你能教训我们什么

"哎呀，在这里不能太积极，是吗？"

"哦，还有一条，大家心照不宣。"

"是什么？"

"'不要纵容全勤主义'。要是有人甘愿自我牺牲，经常加班或超量工作，那么就会有人扔一本关于工作效率或时间管理的小册子到他们的办公桌上，而不会对他抱以同情。"

"天哪！"这跟伦敦的生活截然不同。在伦敦，在午夜回复邮件或在办公室待到晚上八点被视作一种荣耀。但是在丹麦的企业文化中，这意味着你不能准时完成工作。每张办公桌都配有液压装置，如果员工愿意可以站着工作，事实证明这非常有益于身心健康（根据《社会心理与人格科学周报》发布的调查结果），同时也有利于召开简短、机动的非正式会议，这类会议通常被称作"短会"。他们不会对同事说"您能坐下来"谈一谈吗,而是说"您能站起来吗"。"我们能节省一半的时间。"乐高男说。

他还告诉我,公司里没人称呼彼此的头衔,也没人打领带——实际上,你更容易看到高管们穿着脸书上常见的连帽衫而非套装四处闲逛。最后我终于成功说服乐高男,允许我在午餐时间去办公室找他(我答应了他几个条件,包括不能提起阿巴合唱团或请他们展示打鼓)。乐高总部位于比隆镇给人以晕晕欲睡感的居民区,从踏入它的玻璃大门开始,我就有一种闲散的硅谷人员参观谷歌总部的感觉。圆形的沙发坐起来十分舒服,看上去就像是标志性的乐高积木的翻版,我思索着如果玩一玩接待区那一大池白色积木会不会有失体统。乐高男出来接我,陪我一起穿过办公楼。我们路过了许多间会议室,全部以玩具命名。几个星期以来我丈夫总是在电话里跟我说上午九点半在 **Tinsoldaten**——"锡兵"开会,然后是在 **Bamse**——"泰迪熊",现在我心头的疑惑终于打消了。每个房间的桌子中央都放着一个装有乐高积木的大玻璃碗,借此鼓励员工和访客一边聊天一边搭建积木。"有几次开会的时候,大家在碗里翻来翻去寻找合适的积木,我都听不清他们讲话了。"乐高男告诉我。

在丹麦,乐高不仅仅是一家公司——它已然成为了一种生活方式,一盏能够激发人们狂热投入精神的文化灯塔。丹麦人对本国最为著名的出口品牌颇为自豪,现在全世界约有一百三十多个国家的父母经常穿着袜子踩在翻倒的乐高积木上喃喃咒骂。此外，乐高在网上也网罗了一大批成人粉丝，他们自称为 AFOLs。（"不是'找不到女朋友的怪胎吗'？"我有些难以置信。"不是，"他表情严肃地告诉我，"我告诉你大卫·贝克汉姆和布拉德·皮特都声称自己是 AFOLs 一员，实际上我是跟名人同一挂的……"）2014 年乐高电影打破了票房纪录，电影所传递的关于创造力、团队合作及"游戏力量"的主题引起了轰动，它比迄今为止任何一部儿童电影所吸引的报纸版面都要多，甚至引起了反资本主义宣传组织的谴责。这场免费的公关活动刺激了票房和玩具的销售量，"托派"乐高高管们倒也乐见其成，许多受到激励的年轻人开始尝试更加丹麦化的生活。

午餐（全麦面包、沙拉和猪肉，果真没有一点砂糖）之后，我设法参观乐高工厂打算一探究竟，并在那里遇到了一群来自日本的游客，他们专程飞到丹麦享受这一殊荣。我看到了迷你人偶的制作室，从黄色的笑脸到 U 形手掌再到戴着夹式头盔的头发，不一而足。几件残次品被野蛮地丢弃在旁，只有最完美的玩具才能通过打包区，由精灵进行包装……我的意思是"工人"。

乐高不是货架上最便宜的玩具，但品质却无人能及。乐高创始人克里斯第森先生曾因其子哥特弗雷德得意洋洋地宣称自己在每个玩具上少涂一层油漆从而节省了一大笔开支而对其大加斥责。克里斯第森先生命令他将全部商品召回并重新刷漆。他说："只有最好的才是足够好的。"——这句话已被奉为乐高公司的箴言。

如今，乐高公司市值约为一百四十六亿美元（约合八十六亿英镑），是世界上最大的玩具制造商。现存的乐高积木有五千六百亿片，平均每人八十六片（自小到大我从来都不是乐高的粉丝，但我还是忍不住想要知道是谁拿了我那八十六片……）。乐高每年要为他们的玩具汽车制造四亿个轮胎，是世界上最大的轮胎生产商。哦，*每秒钟*便有七套乐高玩具售出。又售出一套。又一套。又一套。

现在，克里斯第森先生的孙子谢尔掌管着公司，这让他成为了丹麦最富有的人。但是他远离了热带避税天堂和哥本哈根的灯红酒绿，选择生活在比隆这个乐高发迹的小镇。乐高总部仍设在闭塞的日德兰半岛，乐高鼓励世界各地雄心勃勃的人前往这个无名之地。克里斯第森家族不仅在比隆安家，还出资为此地修建了飞机场（丹麦第二大飞机场，坐落在仅有六千人口的小镇）、一座教堂、一处社区活动中心、一间学校、一个青少年俱乐部和一座图书馆。日德兰半岛的居民十分爱戴乐高的老总谢尔，他故弄玄虚地将自己的姓氏改为柯克·克里斯第森（Kirk Kirstiansen），现在他被大家亲切（虽然有些乱来）地称为"KKK"。

我敢肯定乐高男对他的新工作十分满意。这挺好的，不然我们就得露宿街头了。没有压力……我问乐高男最喜欢这份工作什么地方，他给出了这一答案。除了食物、唱歌和乐高商店的员工优惠，最棒的就是这份工作妙趣横生。"许多人都说，来到这里之后他们不再像以前一样对工作满腹怨言。他们选择乐高不在于薪水多少，而是基于自己的乐趣。教育完全免费，所以任何人都能接受任何想要的培训。你知道反正要交上一大笔税，那不如就舍弃高薪的工作，做自己喜欢的事。"

"所以大家都不愿意牺牲自己的事业来换取更高的收入？"我问。

"确实如此——因为赚得越多，交的税越高。"

他告诉我自己学到的一个新词"arbejdsglæde"，这个词概括了丹麦人对于工作的态度——"arbejde"是丹麦语的"工作"，"glæde"在丹麦语中的意思是"幸福"。这个词的字面意思是"快乐工作"，这对斯堪的纳维亚人的生活质量而言至关重要。这个词为北欧语系特有，其他地方暂未发现。相比之下，我在工厂参观中遇到的游客告诉我日本也有一个词汇概括他们对于工作的态度："karoshi"，意思是"过劳死"。在丹麦根本不用担心这一危险。

当天晚些时候，我跟乐高男正在规划下一周的日程，他突然告诉我说自己将出差两天。"团队进修。我们要带上宽松的衣服和开放的思维，'通过瑜伽来激发敬业度'。"

"什么？"我气急败坏地问道。乐高男有生以来从未拜过太阳[1]。

"电子邮件里这么说的……"他指着电脑屏幕，自我辩

---

1 瑜伽招式，拜日式。

解似的说道。

"'通过瑜伽来激发敬业度'是什么意思？"

"我也不知道，"他耸了耸肩，"但是看样子到了下周就有人陪你一起穿睡衣工作啦。"

*

乐高男的工作-生活平衡艺术似乎已渐入佳境。不过作为一家家族玩具企业，做的又是让孩子开心和激发创造力的生意，乐高绝不存在激烈的竞争。我不禁开始怀疑乐高男的经历是否独一无二。丹麦的所有工作场所都大同小异吗？我决定拓展研究范围，调查丹麦其他职场领域。

我做了一些调查，发现公共部门的雇员工作也不差。数年之前，美国广播公司新闻主播比尔·韦尔（Bill Weir）来到哥本哈根见到了简·戴恩（Jan Dion），之后让这位丹麦清洁工享誉全球。简告诉比尔自己有多么热爱以捡垃圾为生，因为他每天只需要工作五个小时，剩下的时间可以跟家人在一起或是去孩子的学校教手球。（文化部的一项调查显示，53% 的丹麦人会从事某种志愿工作——埃克塞特大学最新的一项调查显示，这让他们感到更加幸福。）简告诉全世界，在丹麦没有人因为他的职业而对他抱以歧视，他每天都十分幸福，因为他可以沿路会会朋友，一些上了年纪的妇人还会给他买咖啡喝。我灵机一动，决定跟我家的垃圾工人谈一谈，但是1.他很忙，2.他不会讲英文，3.他不爱喝咖啡（或许他是唯一不喜欢咖啡的丹麦人）。我之所以知道这一点是因为，当我拿出咖啡壶打算给他倒上一杯的时候，他做了一个"咖啡，真恶心"的表情。我们无法通过咖啡饮料建立感情。但是他对我微笑，我们通过一系列复杂的手势建立了沟通。我知道他喜欢他的工作。

"你幸福吗？"我裹着一件鲜红的茧型大衣站在门口，防止小狗溜出门外到雪地里撒欢。我的垃圾工人直愣愣地看着我，好像我是个怪胎似的，然后点点头想要逃走。

"你幸福吗？满分十分的话你打多少分？"我举起了手指。

这时候，女邮递员骑着小摩托及时赶到并帮忙翻译。我觉得自己蠢极了，赶紧解释说我正在请我的垃圾工人给自己的幸福指数打分。

"好吧……"她也像看着精神错乱的病人那样看着我，然后飞快地对垃圾工人说了些什么。他们互相看了几秒钟，然后用手指在脑袋一侧画了几圈，表明他们认为此人脑子出了问题。

"Otte？"垃圾工最终回答说。

"八分！"我大喊，未等女邮递员翻译，"他说的是八分，对吗？"我望着她希望得到肯定回答，同时为自己能用丹麦语数到十（或者说是八）感到异常兴奋。女邮递员点点头，又做出一副"这个女人真他妈疯了"的表情，然后骑着电动车绝尘而去。

这次"调研"让我信心倍增。我开始留心身边的种种迹象。我约见了距离我们最近的大城市奥胡斯（Aarhus）的一位瑜伽老师，采访了她并做成了一篇专题报道。艾达是个一脸稚气、身体健康、皮肤呈古铜色、讲话慢条斯理的维京人。如果这都是瑜伽的功劳，那么我也想参与一下，我心想。我跟她讲了我的幸福计划，她说她认为丹麦人总体上保持着完美的工作-生活平衡。"一旦失衡，我们通常会想办法解决。问问你自己'我在这里幸福吗'。如果答案为'是'，那么就留下来；如果答案为'不是'，那就离开。我们意识到，如何度过日常的大部分时间十分重要。对我而言，就是简单生活——花更多的时间跟大自然和家人在一起。如果工作太辛苦，就会有压力，然后就会病倒，最后根本就无法工作。"她告诉我说，她曾在哥本哈根做政治顾问，后来因为压力过大头发大把掉落。"我失去了大部分时间，总是疲惫不堪。有一天我从自行车上狠狠地摔了下来，心想'这太疯狂了，我要做出改变'。"

艾达第二周便辞去了工作，开始接受瑜伽师的培训。得益于福利系统提供的安全保障，丹麦人改行也相对容易得多。辞职后有五个星期的留验期，之后便可以跟遭到解雇的人一样获得同样的福利待遇——两年之内领取原薪水的80%至90%。丹麦的劳动力市场有一种"弹性安全"模式——一个富有弹性且相对安全的劳动力市场意味着雇员很容易遭到解雇，但是他们会受到政府保护和照管，直到他们找到喜欢的工作，期间的支出全部由财政负担。统计数据显示，25%的丹麦劳动力每年跳槽一次，40%失业人员会在三个月内找到新工作。在经济合作发展组织的三十四个发达成员国中，丹麦在终生培训方面的支出位于榜首，政府、工会和公司共同出资为雇员提供培训和学习新技能的机会，这有助于雇员在变幻莫测的就业市场上跟上形势。工作变动不影响养老金领取或休假时间，所以在丹麦换工作没有任何后顾之忧。你可以不断跳槽，仍能获得同样的福利和休假天数。该体系运转良好，现在丹麦的失业率仅为5%。约2/3的丹麦人加入了工会，一旦出现问题，他们还能抱团为维护工人权益而抗争——这成了民众坚强的后盾。

"这意味着在丹麦，我们都有选择的权利。"艾达说。现在她可以按照自己喜欢的方式选择喜欢的时间去一间烛光瑜伽室工作。"我会给自己打八分。本来应该是十分，但是我还没有找到自己的人生伴侣——不过我很乐观！目前，我对自己的改变十分感激，我觉得自己真正活了一回。"她说得好像特别简单似的。不容易，但很简单：生活不太对劲儿，所以就做出了改变，现在一切都很完美。我不记得自己有哪一次做出重大决定而没有被生活狠狠教训一顿的了。毕竟我以前不是生活在丹麦。

我想知道，丹麦人是否更加勇于做出抉择，或者说更加自信。马丁·本耶格伽德认为是这样。作为一名商人和企业家，马丁在2013年出版了《只赢不输》一书，这让他成为了丹麦快乐工作的模范。他曾为一家美国公司工作了十五个月，期间的工作压力巨大，最后他彻底失眠了。"我不知道你有没有试过不睡觉，但如果老是这样，情况就变得每况愈下。在彻底失眠的第三个晚上，我想'我得做出改变'。我要离开这个让我不舒服的工作环境。辞职那天，我睡得像个小孩子，自那以后我每天都感觉很棒。"马丁还是一位长跑运动员、旅行爱好者，同时也是七岁大的敏特的父亲。马丁身材高大，皮肤呈古铜色，虽然已经三十八岁，但看起来十分年轻。他坚持认为每一天都应该"精彩无比"，因此每天都会抽出时间给自己充电、做运动和找乐子。对了，他给自己的幸福感打了实实在在的满分。

"丹麦在快乐工作方面的发展一直走在前沿。"一个下着毛毛细雨的星期三午后，马丁午睡醒后告诉我。"我认为这要归功于人人平等和我们伟大的社会保障体系。要是人人自危，你就很难获得幸福感。但是丹麦人知道即便是丢了工作，他们也不会露宿街头，政府会关照他们。这意味着他们在工作时效率更高、压力更小而且更加幸福。在美国，大家都没有保障，人人都得靠自己。是的，他们不用缴纳重税所以很容易赚大钱，但是他们也要自己管自己。万一发生什么意外，你又没有保险，那么……"他搜肠刮肚，终于找到了合适的词，"……你就操蛋了。但在丹麦，我们的'工作–生活平衡'恰到好处。"

在丹麦，工作与玩乐的共生关系似乎事发偶然。第二次世界大战之后，工业取代农业成为主要就业领域，蓬勃发展的城市需要更多劳动力。政府首次发布海外广告，号召工人们前往丹麦就业，各个阶层的女性也获得了"朝九晚五"（或者说"朝八晚四"）的机会。我在丹麦的性别、平等和种族中心"KVINFO"查到，1960年至1990年间丹麦的劳动力增加了一百万，其中约有八十五万为女性。在此期间，已婚女性和中产阶级女性进入职场逐渐为大家所接受，而在此之前只有未婚或手头拮据的女性才会接受有偿就业。对于职场女性而言，育儿成了她们的头等大事。工作时限、儿童保育假和产假得到规范，工作与生活平衡的观念就此确立下来。现在，这成了丹麦人的头等大事。为了跟家人团聚，人们会在星期五早下班。如果父母病倒了，他们就休假一天跟孩子待在家里，薪水照发。世界经济合作与发展组织的调查显示，这些措施让丹麦在工作-生活平衡上居于榜首，荷兰、挪威和比利时紧随其后，英国和美国分别位列第二十二位和二十八位。

丹麦每周法定工作时间为三十七小时，为欧洲国家最短。但丹麦统计局的数据表明，丹麦人的实际工作时间只有三十四个小时。员工每年有五个星期的带薪假期，此外还有十三天的公共假期，也就是说丹麦人平均每个月只需要工作十八点五天。这让一些初来乍到者感慨颇多，一些借调到丹麦的美国人坚持从早上八点工作到晚上六点，这样他们回去之后就不会感到无所适从。

丹麦人尽管工作时间不长，但由于他们十分享受工作，所以总是全身心投入。丹麦安博管理与分析公司的一项研究表明，57% 的人会在抽中彩票且余生衣食无忧的情况下继续工作，即使不缺钱也愿意有偿工作，丹麦奥尔堡大学的一项调查显示 70% 丹麦人对此表示"认同或强烈认同"。欧盟委员会最近的一项调查显示，丹麦雇员的满足感在欧盟成员国中最高，而且世界竞争力年鉴也指出，丹麦在员工激励方面也名列前茅。"欧洲晴雨表"的最新调查显示，丹麦员工的幸福指数为欧盟最高，Randstand.com 的另外一项研究也表明丹麦雇员是世界上最幸福的。还有，沃里克大学的研究表明，当员工保持积极心态时，工作效率会提高 12%。实际上，在经济合作与发展组织展开的一项员工生产力调查中，丹麦位列世界第三。他们的工作时间不算长，但完成质量相当高。在联合国全球创新趋势调查中丹麦位列全球第九，世界银行将丹麦列为欧洲最适合做生意的国家。幸好丹麦人不爱吹牛。

但北欧职场也不全是 smørrebrød 和歌声。尽管在丹麦工作有种种显而易见的好处，但职场压力——艾达发现——变得越来越普遍。

海宁大学附属医院职业医学科主持的一项研究表明，在丹麦，十名雇员中就有一名认为自己经常压力过大。他们的研究结果得到了丹麦国家社会研究所、国家公共卫生研究所和国家就业环境研究中心的数据支持。个体工会发布的结论更令人触目惊心——丹麦雇员与公务员联合会、丹麦律师与经济学家协会和金融服务工会认为，30%的雇员感受到了职场压力。

工作-生活平衡趋近完美的丹麦竟然也存在压力问题，这让我深感意外。没有精确数字表明究竟有多少丹麦人因压力而停工，大家对于压力的来源也莫衷一是。丹麦职场幸福专家、woohooinc.com 网站创始人亚历山大·柯尔沃夫认为智能手机、笔记本电脑和远程办公的盛行或许难辞其咎。

"人们不得不在晚上查看讯息，这一现象变得越来越普遍。"亚历山大说，"这没什么好处，你总是得不到放松和休息。"这一观点得到了某些工会的支持，丹麦律师与经济学家协会甚至宣称50%的员工不得不在本应休假的时候继续工作。

丹麦的大企业形势也发生了变化。丹麦移民局的统计数据显示，在过去的二十年间来丹麦就业的高技能外籍员工增长了500%。所谓的"高学历移民"在事业与健康的鼎盛时期来到丹麦并缴纳了大量税金，他们对国家的福利体系造成的负担微乎其微，却为丹麦的财政收入做出了巨大贡献。这加剧了丹麦本国人在职场上的竞争感，使得他们压力倍增——我采访过的一些人均抱持这样的看法。听到"吸血鬼外国佬，不远万里来到这儿，偷走了我们的工作"这种陈词滥调，我感到十分不可思议但又无力辩驳。这让许多丹麦本地人倍感焦虑。

丹麦人对职业生涯抱有很高的期许。"我们知道自己的工作岗位十分稳固，政府为我们提供了一张安全网，"一位在一家丹麦大公司任中层管理的女士偷偷告诉我，"所以如果我在工作中感到不开心，我会想'我的老板会怎么做'。我们意识到，跟欧洲其他国家相比我们的待遇相当不错。但是如果我们觉得还不够完美呢？呃，我们会认为是哪里出了问题。我知道有些人因此而辞职。"大多数丹麦人希望能够享受工作，这十分符合"arbejdsglæde"（快乐工作）理念。对许多人而言，工作不仅是为了赚钱，他们期望更多，因而会变得有些极端。乐高公司的一个"线人"告诉我，就在这家玩具制造商更换了咖啡供应商后，公司内部发生了一场骚乱。

"内部留言板乱七八糟。"我的秘密线人说，"决定更换咖啡供应商的那个人被揪了出来，大家全都疯了！公司里有一种由来已久的特权文化，只要对工作稍感不满，大家就会情绪低落——或者说至少认为自己情绪低落。"

还有一种理论认为，"压力"近年来声名鹊起，丹麦人比之前更加频繁地被问及这一话题，因此倾向于产生"是的，我有压力"的心理。丹麦就业环境研究中心的研究员近来表示担忧，他说过度强调压力会引导受访对象得出压力过大的结论，即便事实并非如此；有些丹麦人甚至为此开始休"压力假"作为"预防"措施。

职场幸福权威亚历山大还有一种推测："我认为丹麦的压力并不比其他国家大，只不过这里的民众得到了很好的关照。"对那些被诊断为压力过大的雇员，当地政府会为其提供一年的带薪休假，然后才会建议其压缩工作时间并提供就业咨询。"在美国或者英国，企业希望你们能坚持下去；而在丹麦，如果你认为自己压力过大，你的雇主和医生会认真倾听你的心声——并竭尽所能地提供帮助。"

"那么，你的意思是丹麦人都有点心软？"我暗示他。

"我们富有同情心，"亚历山大纠正了我，"我们帮助人们恢复健康，好让他们的工作更加高效。"

这话听起来似乎有些道理。丹麦在幸福感、员工激励、工作-生活平衡以及生产效率等方面仍高居榜首。好吧，没有十全十美的事，但我十分确定关于丹麦的工作-生活平衡这门艺术，我还有很多东西要学。

在幸福调查现场度过了难挨的一天之后，我在下午六点时给自己倒了一杯"疗伤"酒，开始思考我是否能把丹麦的工作-生活平衡理念运用到我的码字生活中来。我放弃了一份令人艳羡的职位来到了这里成为一名自由作家——大多数日德兰人对此无法理解，很多人问我打算何时去找一份"正式工作"。这里的人都不叫我的名字，而是称我为"乐高男的太太"。唯一能够定义"我"的只有工作，而不是一个甩着马尾辫的黄色人偶。我的工作一直是我的身份象征，因此减少工作量的念头让我感到非常可怕。

我一早便领悟到"金钱买不来幸福"的真谛。选择记者这一职业后，我了解到一份职业可能听上去有趣，实际上并不会为你带来财富、游艇和香槟（除非是新闻考察之旅）。我明白成功和幸福绝不应该用金钱去衡量。你可以日以继夜地工作增加银行存款，然后将日常生活交给别人打理，换取自己头脑清醒，讨好自己以持续前行。迈过一道基础门槛后，有一道简单生活公式：少买闪闪发亮的东西等于少加班等于更幸福的生活。

那么拒绝工作对我而言何以如此为难，即便我忙得没有时间吃饭、呼吸和上厕所？我做记者的时候就是这样，现在更加严重了。做自由记者的坏处就是，你永远也不知道明天的薪水从何而来或者什么时候就断了收入——所以在傍晚、周末和苍凉孤独的午夜时分，在本该倍感压力地醒来并硬着头皮在最后的限期之内解决一个问题的时候，我却停下了脚步，这似乎有点愚蠢。不过，这不正是我们搬来这里的理由之一吗？英国的医生警告我们说，工作-生活失衡或许是导致我不孕的一个原因。两年的荷尔蒙注射让我的身体臃肿发胀，各种不孕症治疗让我变成了人体针垫。如果可以，我本打算尝试着在这里放松身心，远离难以受孕的焦虑和繁忙的工作。

"要是工作太辛苦，你就会有压力，然后你就会病倒，最后根本无法工作。"我又给自己倒了一点酒（我有没有提到"休息片刻"的事儿？别轻易下结论），再次回想起维京女神艾达的话。第二杯下肚，我的情绪又高涨起来。或许是博若莱红葡萄酒起了作用，我虚张声势地把电脑光标移到屏幕左上角的苹果标志上。我要像丹麦人一样，我心想。不再整夜做收件箱的奴隶。现在是丹麦时间下午六点二十五分，英国时间下午五点二十五分，距离我供稿的几家报纸和杂志社的委托编辑下线还有整整三十五分钟，他们还有整整两千一百秒的时间可以跟我进行邮件沟通，或发送最新改动，或催我截稿或委托采访任务，而我到明天早上才能看到这些内容——前提是伦敦人会准时打卡下班，但实际上不太可能。飙升的肾上腺素与愤怒混合在一起，我晃动着鼠标点击了"关闭"。世界安静了。我听到的"呼呼"声不过是这栋现代化的北欧房间里繁杂寂灭的声音。LED 灯暗了下去，地球却依然在转动。

没人因为我未回复一封紧急邮件，而在电话里冲我大喊大叫；没人从伦敦发射信号枪照亮整座日德兰半岛，提醒我需要立马起身工作；没人打起遇险信号灯。我惊人地意识到自己并不像想象中那样不可或缺。我的第一反应是，担心我的事业从此停滞不前，我可能会永久失业。但是接下来我试着做了几次深呼吸，不让自己像个大傻瓜似的。显然这是一个行之有效的方法。

我拥有了一个"夜晚"，虽然比普通丹麦人多工作两个小时。我在森林里遛狗，感觉自己像是在出演《谋杀》[1]，随时可能发现一个浅墓穴。我看电视，跟丈夫交谈，生活还在继续。到了早上呢？除了一大堆提出要帮助我提高男子气概的邮件和一些公关备忘录，我的收件箱十分安静。这是我的丹麦生活的第二课。

---

1 《谋杀》（*The Killing*），一部美国犯罪电视剧，在 AMC 首播于 2011 年 4 月 3 日，翻拍自丹麦电视系列《谋杀》（*Forbrydelsen*），共四季。

本月知识点：

01.

在这个世界上的某个地方，有人拿了我那份乐高积木。

02.

詹代法则让人得到大大的解脱。

03.

如果我在任何地方都会感到压力，那么来丹麦准没错。

04.

我不那么重要。如果我休息一下，没人会死。这不失为一件好事。

休闲与语言

有了大把空闲时间后，我跟乐高男总要想办法把它消磨掉。在英国的时候这根本不成问题。我们充分享受社交生活，有一大票总是想见却没时间见的朋友和家人，因为我们总是忙得不可开交。现在我们闲了下来，却没有了朋友和家人。我们挑了一个周末回到英国，一下子见了很多人，感觉自己就像客串明星——只能在附近的美食酒吧逗留一晚。回到斯迪克斯维尔之后，我们意识到自己要从头开始。有些家乡的朋友计划来看望我们，有些给我们寄来了几箱吉百利乳酪蛋和英国杂志，我对他们衷心感激。但是我们还要在丹麦生活九个月，不能每隔一个星期就横跨北海回到英国去继续社交生活。我们要是真打算像丹麦人一样，就得走出家门，结交一些真正的丹麦朋友，给自己找点事儿干。这让我有点忐忑不安。

"接下来干什么？"乐高男问。那是一个星期四的晚上，他有点坐立不安。我能看得出来，因为他刚刚主动清理了洗碗槽，现在正拿着价格不菲的丹麦设计师烛台从餐桌的一端走到另外一端，然后又走回来，思考着怎样摆放才好看。

"你说'接下来干什么'是什么意思？"我把目光从书上挪开，手指放在刚刚读过的那句末尾，以免过会儿找不到地方，我希望不会被打扰太久。

"呃，我们整理了房子，遛了狗，看了《边境缉凶》，而现在才晚上七点……"

"所以呢……？"

"所以，我们现在该干点儿什么？"

"哦，我明白了。你干吗不看看书？"我心不在焉地朝着书房扬了扬下巴。

"看过了。"他拍了拍脑袋，好像家里所有的藏书都被他装进了脑袋里一样。

"好吧……"我四下寻找着书签。谈话可能要持续一段时间。

自从接受了"工作-生活平衡"这个新观念后，乐高男就一直茫然若失。他就像那些彩票中奖者一样，面对着一辈子的荣华富贵却无所适从。由于丹麦人一周只工作三十四个小时，我们还有一百三十四个小时需要消磨。我很乐意利用这些额外时间听听音乐、看看书、吃点东西，但乐高男不行。他觉得我老是闷在房间里也不"健康"。

"那么，"乐高男一直在耐心等待，"你觉得他们都在干什么？"

"他们？"

"丹麦人。我的意思是，一整晚。"

"我不知道。"我从沙发上站了起来，发现垫子陷下去了一大块，这说明我在那儿坐了很久。天哪，或许乐高男是对的……"咱们可以问问周围的人，我想。"我极不情愿地说道。可以想见，我肯定会被迫干点什么，而不只是悠闲地看看书。"咱们可以看看正常人都干什么，我想——"

"——我们就是正常人！"

"别人，"我赶紧纠正，"我是说别的正常人。"

"好吧。你说得对，好主意。咱们一起去。"

第二天我便着手调查我们的第二故乡的善良人民如何度过每周的空闲时间，以及追求闲适是否会影响幸福感。我打着这个新幌子拜访了"私享家"——丹麦社会学家比亚内·易卜生（Bjarne Ibsen）——以了解丹麦的休闲活动现状及其成为北欧人生活重头戏的原因。

"丹麦人跟所有北欧人一样，喜欢加入各种形式的俱乐部、联谊会或社团来追求一种兴趣爱好，"比亚内说，"这一切都发端于体操。"

"体操？"我有些意外。

"是的，丹麦有着悠久的体操传统。19世纪下半叶农民阶层现代化之后，人们认为体操有利于社会的健康发展——"

我这个"俗人"对此解释为："这么说政府鼓励农民做

后空翻还有翻翻滚啥的？"

"我觉得那叫前滚翻。"乐高男一边在桌子上的零碎堆里翻找眼镜一边咕哝着。

"不好意思，前滚翻。那么，为什么是体操呢？"

"哦，"比亚内继续说道，"这是一项既可以在室内又可以在室外进行的运动，无需任何设施，那时候这项运动更接近健美操而非竞技体操。'全民健身'成为战后北欧的主要目标。"他告诉我。这话听起来冠冕堂皇。研究表明，适度锻炼有助于减少抑郁的风险，促进心理健康。那么，走出家门活动起来是否有助于提升丹麦人的幸福感呢？

比亚内认为是这样。"我们当然倾向于认为这对民众具有积极影响。"他说，"起初是运动俱乐部，现在则出现了各种各样的团体。"丹麦政府素来支持兴趣社团的发展，二十五岁以下愿意发起或加入社团的年轻人可以享受免费场地、设施和补贴。市政当局——相当于县或州——通常也会为二十五岁以上的市民免费提供设施。丹麦目前约有八万个社团，90% 的丹麦人加入了各种协会，每个丹麦人平均加入二点八个团体。比亚内告诉我这里流传着一句俗语："两个丹麦人一起就能组成一个社团。""就算是没必要的事儿，我们也会成立社团。由于共识文化盛行且丹麦人不喜欢冲突，即便有一丁点分歧，我们也会分裂成更小的团体。"

"比如说业余兴趣小组？"

"完全正确。"他告诉我在西兰岛（Zealand）邻海岸的博恩霍尔姆岛（Bornholm）的伦讷（Rønne）小镇，大家成立了一个轮滑俱乐部，但是组织者们无法就俱乐部的某条管理条例达成一致。"于是他们分裂了，"比亚内说，"现在镇上有两家轮滑俱乐部。"

"丹麦人为何对俱乐部如此热衷？"我问。

"俱乐部契合了北欧国家关于团结、和谐与平等的理念。理论上，成为俱乐部会员能让你变得更加活跃，对社区生活的参与度更高，有助于培养一种对于集体的责任感，这对信任社会的建立至关重要。多项研究表明，加入俱乐部有助于提升信任度，因为它会鼓励我们选择一种互联互通的生活方式——这对我们大有裨益而且会让我们感到幸福。"丹麦的俱乐部同样打破了阶级界限——正如幸福经济学家克里斯琴在我着手开展调研之前告诉我的那样，在丹麦的俱乐部或社团中人人平等，所以你会看到一名 CEO 同一名清洁工一起踢球的场景。

追求个人爱好有助于提升幸福指数，这一点早已得到证实——澳大利亚幸福研究所开展的一项调查表明，业余消遣同样有助于提升生活品质和工作效率，令事业更加成功。所以聪明的丹麦人将个人激情和追求与集体氛围结合在一起，融入到俱乐部或社团当中，归属感和既有的社交圈让丹麦人幸福指数更高。我问比亚内是否认为自己是一个幸福的业余爱好者，他给出了肯定答案。他给自己打几分？"九分。"

我决定从丹麦人的幸福行动中分一杯羹，试着找出自己在兴趣爱好方面有哪些选择。自"垃圾桶风波"之后胡须先生们再未露面，但住在隔壁的女人每次在外面遇到我都会跟我挥挥手，虽然不太热情。她像极了《谋杀》中的萨拉·伦德，但迄今为止我只见过她身穿毛毛虫羽绒服的样子，至于她是否喜欢法罗高领毛衣还有待观察。上周我试探性地对她说了声"Hej"（丹麦语的"你好"），她也同样回应了我，我感到兴奋极了。然后我们简短交谈了两句——用英语——关于我们从哪里来，以及我们在斯迪克斯维尔究竟做些什么。我得知这位友善的邻居来自日德兰的大城市奥胡斯，单身，四十岁，喜欢带设计感的椅子（似乎所有丹麦人都一样）。今天，我打算采取进一步行动。

"那么，呃，这里的人业余时间都干吗？"我的语气就像是想跟她闲聊一下似的。这不是我的本意，所以我换了一种方式："你加入了什么，呃，俱乐部吗？"我漫不经心地问。

"有啊，"她告诉我，"我打太极、玩手球、狩猎，还上一些健身课，比如间歇训练和尊巴舞。"我就知道。"你呢？你都干什么？"

"那个……"我尽量把音拖长好给自己一点思考的时间，最后不得不坦承，"我们还没加入任何俱乐部……"

"哦。"她看我的眼神就好像我从不用牙线一样（我当然用牙线，请诸位切莫误会）。"那你们在伦敦都干什么？"

"嗯……"我回望过去的十几年光景。过去的十二年里，繁忙的工作日程和频繁的社交活动之余，我记得唯一的一次消遣活动是我跟乐高男在 2009 年参加的一次人体素描课。那是我们无比乐观的新年计划——"完善自我"的一部分，结果惨不忍睹。整个事件在一场托尼·哈特[1]风的画廊展示中达到高潮，我弄哭了一位年迈的模特，因为我把她画得跟诺埃尔·埃德蒙兹[2]一模一样。（我："说实话，我也不知道是怎么回事，就算我想画诺埃尔·埃德蒙兹也画不出来！你瞧。"我尝试了一下，结果失败了。出人意料的是，这没什么用。）乐高男创造了一种阴部区域特写而脸部或手部淡描的独特风格，结果出来的作品活像园林铲。五周后我们便不再去上课了。

"那个，"我告诉我的邻居，"我们在伦敦工作很多。我的意思是，非常多。"

"是吗，那你们上过丹麦语的课了吗？"

该死！我早就知道自己应该干点什么，而不是每天晚上窝在沙发上看伊恩·麦克尤恩[3]。

我们的资料已经通过审核几个星期，而我还没有注册夜校——这类学校由政府出资，为所有移民提供长达三年的培

---

1 托尼·哈特（Tony Hart），全名 Norman Antony Hart，英国艺术家、儿童节目主持人。

2 诺埃尔·埃德蒙兹（Noel Edmonds），英国电视节目主持人、电视监制。

3 伊恩·麦克尤恩（Ian McEwan），英国文坛最具影响力的作家之一，代表作有《赎罪》等。

训。（"我相信我们不用花太多时间就能学会！"寄出自动申请表格后，我和乐高男笑着说。太天真了。）

"我已经把这件事提上日程了。其实我今天下午就要打电话给他们！"我推卸责任一般告诉乐高男我们已经有了第一次业余时间安排。爱丁堡大学的一项研究表明，学习第二外语对大脑具有积极效用，尽管没有直接证据表明这会让我们更加幸福，但似乎我们应该通过学习丹麦语更好地融入丹麦，并深入了解丹麦生活的秘诀。所以我决定试一试，给我们两人都报了名。

当地的语言中心每个星期开两次晚课，所以在一个寒冷漆黑（意外吧！）的星期二夜晚，我们开着车去上了第一课。起初并不太顺利。

"Hvar hedder du？"一个骨瘦如柴的长发女人朝我们大声喊道。

"哦，您好！不好意思，我们是来上丹麦语初学者课程的。"

"Hvar hedder du？！"她有些不依不饶。

"不好意思，我们还没开始学丹麦语，我只想确认一下——我们是否走错了教室？"

"HVAR HEDDER DU？！"奇怪的女人朝我们大吼起来。

"不好意思，"我的声音弱到爆，"我不明白您的意思……您说的……是丹麦语吗？"我的老天呀！

这个骨瘦如柴的怪女人喊了一连串句子（"HVOR KOMMER DU FRA？HVOR ARBEJDER DU？HVOR GAMMEL DU？ER DU GIFT？HAR DU BØRN？"）。一滴冷汗顺着我的衣领淌了下来，我仿佛回到了1994年在校长办公室挨骂的场景。

最后，一个乌克兰女人发了善心，跟我们解释说老师在问我们叫什么，从哪里来，在哪里工作，多大年纪，是否结婚以及是否有小孩。

我很想吼回去："关你屁事！"但我只是理智地说："我说过了，我们还没有上过丹麦语课，听不懂您的意思，也不知道怎样用丹麦语回答……"

但"坏老师"没有理我，她转过身去，用红色的大写字体在一张白板上写下了许多精选的短语。

"我想她在测试我们。"乌克兰女人小声说道。

"什么？"

"我觉得她是想看看我们的本能反应，好决定我们应该上哪一级别的课。"乌克兰女人显然比我们会的多。

最后我们跟几个波兰男人、那位好心的乌克兰女人和六个菲律宾女孩分在了一个班。好心的乌克兰女人在一家"fiskefabrik"上班——听起来十分光鲜，实际并非如此（那是一间鱼类加工厂）。几个波兰人在酒店做清洁工和干洗工，菲律宾女孩们则在当地换工住宿。我感到十分意外。

"在丹麦不是人人平等吗？丹麦人不是自己清扫房间自

己养育孩子吗？"课间休息的时候我对乐高男咕哝着。

"我也以为是这样。"他承认。但事实证明，丹麦的生活品质对波兰和乌克兰同学和对我们具有同样的吸引力，这种吸引力足以超越背井离乡、更换工作和远离家人朋友带来的动荡不安感。一个菲律宾女孩告诉我，她和朋友们在丹麦换工比在家乡做护士、理疗师和心理医生赚得多。跟正常情况下没有机会遇见或共处的人组成一个群体非常有趣，但我发现自己作为一名外来移民有点丢脸。我的同学除了母语之外也能说流利的英语，同时还懂一点其他语言，而我们只会用法语问最近的车站在哪儿。事实证明，一名三十多岁的单一语言者学习一门新语言绝非易事——细节决定成败。

老师问我们是否会在业余时间练习丹麦语，我告诉她我正在看《谋杀》为上课做准备。她看上去有些不解。

"我的发音有问题吗？'Killing'。"我放慢了语速。

"你看 Killing？"她似乎有些莫名其妙，于是我换了一种发音。

以英语为母语人士的语言学习指南第三课：若有疑问，试试用不同的发音再说一遍（第一课是大声再说一遍，第二课是放慢语速）。

"Kooling？"我再次开口。她似乎难以置信。我又试了一次："Kelling！"

老师高高扬起的眉毛活像两顶尖帽，眼睛朝上转了几圈。"或许不是……"我小声咕哝着，乐高男正忙着查谷歌翻译。好心的乌克兰女人一边翻查她的丹麦语词典，一边插话进来。

"我想你们说错了，你看，"她指着正确的词条读道，"'Killing'的意思是'小猫'，'kylling'读作'kooling'，意思是'小鸡'，而'kælling'读作'kelling'，意思是……"她打住了话头。

"什么？"我越过她的肩膀费力地看着词典上的小字，但被坐在她旁边的波兰男人抢了先。

"这个词的意思是'婊子'！"他饶有兴致地念道。我的脸变得绯红。

真行。语言学校的第一课，我就开始叫老师婊子。那堂课剩下的时间我没再开口，但也学会了一些让人意想不到的词，比如说"slut"（英文"荡妇"）的意思是"结束"或"完成"。所以，每次洗完衣服，我的洗衣机亮起的红色"slut"指示灯并不是在骂我喽！

透过语言可以了解一个国家的方方面面。我们得知丹麦语中有很多描述丹麦变化多端的天气的词汇，但却没有"请"这个词。我们还在因"fart kontrol"（限速）和"slut spurt"（大甩卖）而窃笑不已，老师又教我们丹麦语的乳头是"brystvorte"，意思是"乳房疣"，"gift"有"已婚"和"毒药"两个意思。

"是巧合吗？"另外一个波兰人问道，他正深陷一场离婚官司的泥潭。"我觉得不是。"

*

　　我只关心怎样才能把丹麦语装进脑袋里——这门语言被联合国教科文组织评定为世界第九难学语言。我拜访了日德兰半岛科灵语言中心主任索斯·尼森（Søs Nissen），希望能够得到一点安慰。她戴着北欧风的方框眼镜，身穿一件闪闪发亮的银色蝙蝠袖高领毛衣，留着亮丽的"波波"头，看上去就像一只光彩照人的猫头鹰。我试着对她倾诉我的难处，同时忍着不要对她说出我觉得她像只猛禽。

　　"我觉得自己说不好丹麦话，"我说，"你觉得我能搞定吗？"

　　索斯请我坐下，她告诉我说好丹麦话从来就不是一件容易的事。"以英语为母语者面临的最大问题是丹麦语中有九个元音，外人通常很难听出其中的差别，更别说讲出来了。"

　　"我已经有过惨痛经验。"我把婊子、小鸡、小猫的事一股脑儿都告诉了她。

　　"英国人和美国人需要多加练习发音技巧才能掌控好自己的嘴型，特别是'g'和'r'的分别。这就跟学踢球或弹钢琴一样——你得亲自上阵，一遍又一遍地练习，不能只是机械地读或指望通过观察别人而学会这门语言。"

　　令人失望的是，只有20%以英语为母语的人搬到丹麦后能够掌握丹麦语。"也不是完全没有可能，"索斯坚持道，

"你只需要多加练习。说英语的人面临的一个问题是，所有的丹麦人都跟他们讲英语。我们不太习惯听到别人用洋腔洋调来讲我们自己的语言——这在我们看来相当别扭。遇到外国人的时候，我们习惯说德语、英语或西班牙语。"

"丹麦人的语言天赋怎么这么高？"

"我们只是有学习语言的浓厚传统。"她轻描淡写地说。学校从三年级就开始教英语（大概八九岁的时候），外国电影和电视节目全都配上字幕而不会配音成丹麦语。这增加了外语，尤其是英语，在丹麦人日常生活中的曝光率。正如索斯所说："如果你是个丹麦人，除了本国五百五十万人口之外没人能懂你，那你理所当然要学一门外语。就连我九十岁高龄的父亲都能讲一口流利的英语和德语。"我的天哪，我心想，我还不如一个耄耋老人……

"这能让我们的大脑维持运转并对我们形成挑战——终生学习会带给我们一种成就感。"

研究表明，丹麦人幸福感全球居首也有语言的功劳。国家统计局指出，终生学习有助于促进心理健康，提升自信心，赋予人们一种使命感，同时也能使人们感到与他人的关系更加亲密。

索斯告诉我丹麦人非常热衷于学习，许多退休老人会在冬天上夜校学习西班牙语或意大利语，这样他们就能在来年夏天去这些国家度假的时候，点上一杯啤酒并四处转转。"我们热衷学习、热爱旅行，这是两者的完美结合。不过在我印象中，以英语为母语的人似乎对语言学习不太在行——你们没有夜校文化吗？"我告诉她，她的看法是正确的，没有提诺埃尔·埃德蒙兹素描事件。"你们也应该尝试着享受学习，"索斯说，"这能提高你们的出勤率。如果你们能跟丹麦人多交流，对你们也有好处。加入几个俱乐部——这是提高丹麦语水平的好方法。"

她跟我的邻居聊过？我很纳闷。难道日德兰还有兴趣游说团？我决定反客为主，问问索斯终生学习和业余活动究竟给她带来了多大乐趣。

"我有多幸福？满分十分？我会给自己打八分。"还有进步空间，我稍感轻松——难以置信的是夜校竟会让人*那样*幸福。但紧接着她又改口道："或许应该打十分。"

"十分？"怎么会？

"呃，我想了想，想不出更幸福的方式了。"她告诉我。我不知道这是否是因为她已经掌握了让我怀疑人生的世界第九难学语言的缘故。

"只要勤加练习，肯定能学好丹麦语！"她最后给了我一个猫头鹰般睿智的建议，然后我便风风火火地离开了她的办公室沿着走廊走了出去。

*

"显然，我们必须得加入俱乐部去体验丹麦式生活。"我在回家的路上告诉乐高男。他点点头，思考了一下我们可以培养的爱好。

"自行车俱乐部怎么样？咱们已经买了自行车，"他提出，"我知道你不经常骑……"我刚要表示抗议却随即意识到上一次戴自行车头盔的时候乔治·W.布什还是白宫的主人而且微喇牛仔裤还在流行。"……但你很快就能捡起来。"他兴奋地继续道，"你记得他们怎么说——你从不会忘。"

"因为骑自行车就像骑自行车？"

"对！此外，丹麦以自行车而闻名啊。"

他说得没错——自行车已经成为一种信仰，不分年龄与职业。丹麦全境共有七千五百公里的自行车道，丹麦人总是骑自行车，风雨无阻。丹麦政府最近发起了一场"全民自行车运动"，旨在让更多的丹麦人参与到骑行当中。丹麦人对自行车如此着迷，甚至可以选择三轮灵车来走完生命的最后一程。哥本哈根一半的通勤者利用自行车上下班，《福布斯》杂志近期的一篇报道称骑行为丹麦的空气污染、交通事故和拥堵治理节约了两千万英镑的成本。丹麦设有自行车专用的安全道，就算喝了一杯酒，你仍然可以骑车回家；要是喝了两杯甚至一瓶的话，那就得让的士把你和自行车一起送回家，这里所有的士都配有自行车停放架。如此高度的文明让我深有感触。由于丹麦人普遍选择骑车出行，私家车作为社会地位的象征而高人一等的现象也逐渐消失了，所以经常可以看到总经理跟洗碗工一起骑着自行车在通勤路上等红灯的情景。丹麦社会对骑自行车没有任何偏见，因此骑行被视为维系丹麦平衡的一大利器。《环境与健康展望》杂志发表的一篇报道称，每天骑行三十分钟能够延长十四个月的寿命。哈佛大学医学院的一项研究也表明，骑行有利于关节健康。难怪哥本哈根人个个都那么光彩照人、春风得意。

据我观察，丹麦人会在工作日穿着通勤装踩自行车上班。但是到了周末，他们就会换上全套莱卡装，并带上功能饮料防止低血糖。我答应乐高男去试一试，但同时表示我喜欢随性的"周末"生活。"我不打算变成兰斯·阿姆斯特朗[1]"。

"什么？服用EPO[2]然后上奥普拉[3]的节目？"

"我说的是'身穿短裤屁股油渍渍的'。"我澄清，"要是能穿正常的衣服我就去，至少看起来不像是尿了裤子。"

"好吧……"乐高男举起了双手，那眼神分明在说"那可是你的损失"。几分钟之后，我发现他在网上给自己订购

1　兰斯·阿姆斯特朗（Lance Armstrong），美国职业自行车运动员，十次参加环法大赛并实现环法车手七连冠，创造了环法历史上的奇迹，退役后深陷兴奋剂丑闻，被剥夺七个环法自行车赛冠军头衔，并遭终身禁赛。
2　EPO，促红细胞生成素，这里指EPO兴奋剂。
3　奥普拉（Oprah Winfrey），美国演员、制片、主持人。

了几套相当前卫的莱卡连体装。

接下来的那个周末，我跟"兰斯"便出发了。我踩着一辆杂牌自行车，这辆车（似乎）比我上次骑的时候顺眼多了；乐高男则骑着一辆改装的山地自行车，这辆车是什么时候混进我们车棚里的，我一点儿印象也没有。

这次丹麦市郊的首发之旅开始十分顺利，直到一个开着拖拉机的农夫拦住了我们，说我们的前灯装得不对。他先是对我们讲起了丹麦语，接着叹了口气，眼睛骨碌骨碌转了几圈，意识到自己可能正在跟两个尚未掌握丹麦语这门强大的语言的英国蠢货打交道，尽管纳税人出钱为他们安排了密集的课程。至少，我猜他是这么想的。

"合适的前灯？"我难以置信地问道，"大白天的！太阳——"我刚想说"明晃晃的"，但严格说来并非如此，所以我赶紧打住，"——还有几个小时才下山呢！"

"那没关系，"他摇了摇头，"这是规定。"

在我的印象中，前灯是一个自行车手是否负责任的标志。从小到大，我们只会在车身贴上德士古（Texaco）加油站免费发放的反光带，并把哗啦作响的凯洛格（Kellogg）麦片塑料包装袋绑在辐条上，以提醒路人为我们让路。即便这样，我们也活了下来。但我必须承认，我曾摔伤过几次，还有一次弄到手臂骨折。跑题了。

"前灯和尾灯任何时候都要装好，并向前后直射出光线。"爱管闲事的农夫用手比划着，最后勉强做了一个手镯乐队[1]的经典曲目《像个埃及人一样走路》(*Walk Like An Egyptian*)中的标志性动作。"前灯安装时要留出一定的角度,防止造成对面来车的盲区。"他继续说道,"车灯不能——"他的手腕轻轻一转然后指着我的自行车,"——吊儿郎当。"我感到自己的自行车受到了冒犯。

乐高男向他保证,下次有机会一定让他看到整改好的自行车,但是爱管闲事的农夫还是不肯罢休。他把注意力转移到了我丈夫的单车上。

"车灯每分钟的闪烁频率为一百二十下!"

"我没听错吧?"自行车灯不仅要安装正确,位置准确,通过丹麦标准认证,就连闪烁的频率都有规定?万一我们遇到一只癫痫的獾怎么办?

爱管闲事的农夫兼业余热忱骑手(我猜的)耸了耸肩:"这是**丹麦**的规定!"他特别强调了"丹麦"两个字,好像在向我们表明,他不确定我们国家执行的是哪套不负责任的骑行准则,但是在丹麦他们喜欢按规矩办事。

"好吧。我们会弄好的。谢谢你。"

我们继续前行,但是就连乐高男也觉得兴致遭到了破坏。一个小时之后,我感觉到冷,虽然穿着 Sweaty Betty[2]

---

1 手镯乐队(The Bangles),1981 年在洛杉矶组建,由四位既是主唱也都是表演者的女孩组成。她们起初在该市的帕斯利地下广场演出,以诱人、性感和多姿多彩的风格著称。后来她们改变了这种"车库"乐队形式,成为一支走柔和平缓的流行音乐路线的乐队。

2 Sweaty Betty,英国运动时尚品牌。

瑜伽短裤，但大腿上已经蹭到了车链上的油，而且我的屁股也隐隐作痛。

"得给你买几条运动短裤下次穿。"乐高男对着一瘸一拐的我说，"现在出的款式都有软垫，我可以给你买几条当做生日礼物。"

我一句话也没说，一想到心爱的人送我高科技运动装当生日礼物，我就觉得恐怖至极。乐高男把我的沉默当成了鼓励。"实际上，我发现有些耐磨抗菌的运动装很适合你穿，这些衣服显然可以防止鹅口疮……"我恶狠狠地瞪着他。乐高男有些不解，接着他意识到自己可能惹毛了我，便索性最后一搏："这些衣服都配有硅胶挂带。"

"听起来可真诱人。"我告诉他，"我可能会丢下你，自己孤零零地去骑行。我不确定自己是否适合参加丹麦的骑行俱乐部，而且我希望收到一份得体的生日礼物，谢谢。"

看着我像约翰·韦恩[1]一样走开，乐高男没有辩解，而是开始研究起别的可行的爱好（我希望是适合作为礼物的闪闪发光的东西）。

"游泳！"一个小时之后，他在我面前挥舞着 iPad 宣布。"你知道吗，"他双手捧着它，眼睛盯着屏幕，好像在做一场重要演讲似的，"游泳二十分钟就能向身体发出信号释放产生欢愉感的内啡肽，人体动力学的研究表明这有助于身体健

1　约翰·韦恩（John Wayne），好莱坞著名演员。

康，能让你开开心心地回到家中。"乐高男知道我对跟健康有关的事儿全都深信不疑。

"真的吗？"我回答道。

"当然！你觉得怎么样？离咱们家不远的地方就有一个游泳馆，"他指着外面说道，"那里有游泳队还有俱乐部之夜。或者你可以先去听一下介绍，我说，看看自己喜不喜欢。实际上他们今天晚上就有一节儿童免进的夜场游泳课。"乐高男激情高涨。*又来了。真心累。*

"我觉得今天够累的了。"我开口说道。

"但游泳，"他敲了敲屏幕给我看市立游泳馆的网站，"能帮你减轻疲劳。一池子温水，他们还有一间汗蒸房——可以帮你放松肌肉！"

我有一种预感：我们肯定会去。

*

几个小时之后，我们走进了一间大型的、满是氯气味道的休闲中心。我们买了两张泳池票，前台微笑着用心照不宣的口吻说："祝你们玩得尽兴！"

"那话是什么意思？"离开柜台的时候，我低声问。

"她只是想表现友好。"乐高男的话听起来似乎缺乏底气。我们推开安全门，来到了"bad"（沐浴）区，我感觉脚下似乎在晃动。*真奇怪，*我心想，但没有停下脚步。前往更衣室的路上，我听到了一段旋律。

"有音乐，从……那边传过来的。"我伸手指着。

"泳池那边？"

"肯定是。"

"哈。"

我们默默地往前走了几步，乐高男说："那……是……巴里·怀特[1]在表演吗？"我们停下脚步仔细听了听。

"你知道吗，我觉得有可能。"

我们走向了不同的更衣室。我必须在大庭广众之下更衣沐浴，更衣室的墙上还挂着几幅示意图，标明哪些重点区域需要脱掉泳衣彻底冲洗，然后才能进入游泳池（好吧，有头、腋窝、腹股沟和脚，满足你们的好奇心）。我原以为会有一位泳池看守检查我做得是否正确，但实际上并没有人过来监督我沐浴。至少一起下水的人都干干净净的，我安慰自己。

冲洗干净之后，我推开转门来到了泳池边。出乎意料的是，我看到了一片人头攒动的烛海，跟着爱情海象[2]的《爱之小夜曲》(*Love Serenade*) 轻轻摇摆。

"我的天……"我嗫嚅着。

"坏了……"脸色苍白的乐高男在我身边悄声说道。

---

1 巴里·怀特（Barry White），美国歌手，曾三获格莱美奖，以低沉的男低音和浪漫的形象而闻名。

2 爱情海象（Walrus of Love），巴里·怀特的绰号。

"你告诉我今晚是'儿童免进'夜。"我压低声音从容不迫地说,"网站上到底是怎么写的?"我倒吸了一大口凉气。

"嗯?"

"可能……"

"什么?"

"可能是,让我想想,'成人之夜'。"

"真行。"

"对不起。"

"所以你带我参加了一场类似上个世纪 70 年代的泳池色情聚会?"

"的确,看起来有点像。"

"你真行啊。"

"那,既然来了……"

乐高男是那种很实际的家伙。他辩解说,既然已经来了就不如下水游一会儿,但是我们得改变泳道,绕开那些卿卿我我的情侣。

"上下系统都坏掉了。"我低声对乐高男说道,灌了一嘴可疑的氯气。

"'上下系统'?有这么个系统吗?"

"不是吗?"我不常游泳(你没发现吗?)。"还是循环系统?"

"如果你说的是逆时针,是的,那是'系统'。但是,"没戴眼镜的他眯起眼睛看着泳池远端,"浅水区那边好像有人在进行爱抚，我还是在这儿待一会儿吧。"

我又游了几米，突然被一对跟着马文·盖伊[1]的《性爱疗法》(*Sexual Healing*)节奏舌吻的风流情侣挡住了去路。

我们打算去冲浪按摩浴缸，但是当我们挤过去之后，发现一群十来岁的青少年笔直地坐在那里，十几只手从下面伸出了水面。

"我的老天啊……咱们今天就到这儿吧？"我哀求乐高男。

"好吧，另一边见。"他飞快地离开了游泳池，速度比驯养海豹还快。当我费力从一对"干磨蹭"[2]（要不是有水的话）的六十来岁的老人旁边绕过去之后，他已经朝更衣室走了一半路了。

"你们这就回去了？完事了？"当我浑身湿漉漉地出现在大堂的时候，前台问道。

"是的，我们今天过得够刺激的了。"我经过她身边时低声嘟囔着。

她跟乐高男打了个招呼，他正在水中有氧操的宣传册旁边不安地走来走去等着我。"下周一还有一个男性保健之夜，有啤酒、手撕猪肉、桑拿和汗蒸，只要一百九十九丹麦克

1　马文·盖伊（Marvin Gaye），美国摩城唱片著名歌手、曲作者，有"摩城王子"之称。
2　干磨蹭，生殖器互相摩擦碰撞，模拟真实性交的动作，但两人保持衣冠整齐。

朗。需要我为你预定吗？"她拿出一块木板，旁边用线拴着一根铅笔。

"呃……不好意思，不用了。"他结结巴巴地说道，然后头也不回地转身走出了休闲中心的旋转门。

"星期天怎么样？"她在柜台后面冲我们喊道，"星期天是全家裸体夜！"

"嗯，我想我们没时间……谢谢了！"我礼貌地回复道，乐高男已经在启动车子了。我赶紧小跑几步跟他会和，车子呲溜一声驶离了停车场。

*

接下来干什么，我一点儿主意也没有，于是我决定开启"爱好周"，每晚尝试参加一个爱好俱乐部，然后到周末的时候再决定加入哪一个。我希望通过这种方式多见些人，并结交一些现实生活中的朋友。

乐高男说他会全力配合，并列出了一串跟海有关的消遣活动，以充分利用我们住在海边的优势。我发现我们的第二故乡由四百零六个岛屿组成（数量甚至超过了希腊——把这一点收到你的酒吧问答游戏文件夹里），拥有七千三百十四公里长的海岸线——所以最远的地方距离大海也不过五十公里。除了奥运会优势项目——帆船，丹麦人还喜欢皮划艇、帆板冲浪、航海、滑水和下海游泳。

"在三月份？"我满腹狐疑地问道，一边撸下毛衣袖子盖住双手取暖。

"显然一年四季都可以。"他说，"俱乐部说大约有两万丹麦人会在冬天下海游泳，即使水面被冻住。"

"那怎么可能？"

"我不知道。"他老实承认，声音略显焦虑。"我希望不用我'以身试水'。"

我四处打电话求人，说尽了好话，想看看有没有新相识不介意我跟着他们一起去参加兴趣俱乐部，而且我还把这一周的活动成果记了下来。一周下来，我的日记如下：

星期一：跟一位来自美国的移民母亲（我在超市里偶然听到她在说英语于是便追上了她）先是打排球然后去打手球。在肾上腺素刺激和有氧运动的双重打击下，结果惨不忍睹。（手眼协调能力还停留在十一岁的水平，我那时放弃了团体运动，因为活动总是安排在放学后，跟《左邻右舍》[1]冲突。）打排球搞得我手腕淤青，手球又把手掌弄破了。教练立刻给我报了名（虽然只是兴趣小组）。上床睡觉前吃了山金车药片。怀疑明早要打石膏。

---

1 《左邻右舍》(*Neighbours*)，澳大利亚最长寿电视剧，1985年开播后，持续播出了二十多年。

星期二：丹麦语夜校，然后跟乐高男的同事一起去大城市的唱诗班。都是丹麦文歌曲，不知道自己在唱什么。唱诗班的女教师试着用英语给我一些指示，但是有些东西似乎因为翻译而失真了。亮点有："把自己想象成一条鱼"，"记住，你的嘴里有土豆"，还有"假装你的屁股很大！"但总的说来挺好玩。我发现唱歌有助于释放内啡肽并减轻压力，此外哈佛与耶鲁大学的研究还表明，合唱有助促进身心健康。就这么定了，我决定报名。我正式成为了俱乐部的一员，这可是我的第一家丹麦俱乐部！

星期三：本地瑜伽课（本想上维京女神艾达的禅修课，但来回三个小时的车程可能会起反作用）。瑜伽显然能够让人心情愉悦，提升血清素水平。只是冥想没那么轻松，因为我听不懂丹麦语而老师只会一句英文："感受你的彩虹！"整整九十分钟，她不停地重复着这一句。到了下课的时候我还是没找到我的彩虹在哪儿。失败。

星期四：还是丹麦语课。我还是很差劲。好心的乌克兰女人升到了顶级班。波兰离婚男和几个菲律宾女孩跟我和乐高男留在了差生班。

星期五：跟友善的邻居一起去烹饪俱乐部。我发现在丹麦一顿普通的晚餐也能成为头等大事，你要挑战折餐巾和三道主菜，而且你要明白要是你没待够六个小时就回家，那就意味着这顿饭吃得很糟，你也会因此得罪饭局的主人。用俱乐部一位会员上周在"狩猎俱乐部"活动时猎到的一头鹿做鹿肉汉堡。对许多日德兰人而言，狩猎、聚会和宴请高居幸福爱好榜单之首。

星期六：为了变得心灵手巧，参加了大城市的缝纫课。旧金山州立大学的研究表明，学会一项新的技能有助于提升幸福感。警告：要是你迷了路，上课迟到，然后发现自己一块布料也没带因此只能花三个小时整理线轴的话，这个研究结论可能不适合你。他们就连八卦也全用丹麦语，所以大部分我都听不懂，但显然丹麦有许多缝纫俱乐部互相憎恨。比如用针的鲨鱼俱乐部和喷气机俱乐部。可怕。

星期天：本应休息一天，但早上八点就被一阵震耳欲聋的响声吵醒了，接着闻到了一股烧糊的橡胶味。摩托季开始了。友善的邻居告诉我们，冬天实在太危险，只能等天气转好的时候保险费才够用，所以摩托车俱乐部会在第一时间上路。反观乐高男的一周，自从在零下一度的天气里下海游泳之后，他对跟海洋有关的个人爱好就没那么热衷了，兴致又回到了骑行和跑步上。

*

兴趣开发让我们筋疲力尽，这一天剩下的时间我们过得很随意。加入合唱团让我很兴奋，而且我打算继续上语言课。但我不确定自己是否抓住了丹麦休闲和俱乐部文化的重心。

"顺其自然不是更好吗？"我跟乐高男提出了这一点。"喜欢打网球就打网球，想跑步的时候就去跑步。干吗非得搞得那么正式？"

他脱下了那件油渍麻花的黑色赛车连体装，这件衣服让他看起来就像一只四肢伸展的海豹，然后考虑了一会儿。

"我不知道。我跟几个同事聊过，他们都说自己喜欢提前几个星期安排好要做的事。他们给我的解释是，这样会让他们感觉安心。"他向我转述了自己上周跟一位乐高同事关于 morgenmad（早餐）的对话。"就好像这样的安排能给你安全感，你知道自己什么时间要做什么——你的社交生活提前几个星期就安排好了，所以没什么好想也没什么好担心的。而且业余时间那么多，知道我们将把这些时间用来干些有益的事还是很高兴的。"

我像邻家女孩一样热衷于做日程表，但仍忍不住心生感触，条条框框有损休闲的乐趣。但是我知道，成为某件事的一部分——这种归属感——能让你变得幸福。除了你的职业或婚姻状况或，就我们而言，国籍之外，它会给你一种身份认同。参与让我对丹麦有了家的感觉。我不再只是"乐高男的妻子"或是"那个刚搬到这里的奇怪的英国女人"——现在我是奥胡斯首席合唱团（好吧，唯一的合唱团）的女低音，是在丹麦语课堂上叫老师"婊子"的怪女人。在工作和"人妻"之外，我找到了栖身之所，这感觉棒极了。

本月知识点：

01.

搬家能让你认出谁才是朋友。

02.

丹麦人喜欢讲规矩。

03.

我不是语言学家。

04.

我也不是赛车手。

05.

更不是游泳选手。

06.

在水里也能"干磨蹭"。

07.

一整个星期都忙着丰富业余生活，到了周末瘫在沙发上会很享受（如果周末还不让你休息一下你会很生气）。

大丹狗与其他动物

"你明天做什么？"我的**正式**新朋友——友善的邻居问道，她反手拂掉了脸上的一块面包屑，结果又蹭到了额头上。

当天是星期六，我和乐高男打算去遛狗。我们的遛狗活动主要包括防止它在别人家的花园里拉便便，手上套着黑色塑料袋跟在它后面，还得提防它猛扑向别人。随着春天的到来，我使用刮冰器启动汽车的次数越来越少，这个沉睡的海边小镇渐渐有了生气。突然之间，当地的商店里有了人气。小船从拖车上被卸下泊在码头，树木似乎有心要吐出新绿。左邻右里朝着我们微笑，随着新季节的来临，他们卸下了冷漠无礼的外表，像我们房子周围的灌木丛中的山毛榉树叶一样尽情舒展自己。草芽儿破土而出，花儿也开始露脸，日德兰半岛的园丁们开始大显身手。斯迪克斯维尔的大街上出现了大量"双牛仔"。

友善的邻居正在外面挖什么东西。她跪在草地上，手里握着泥铲，看到我们过来便脱掉了那副结实耐用的园艺手套。

"明天？"我打量着她精心修剪过的草坪和新种下的球茎，默默祈祷小狗暂时不会想要"方便"一下。"没什么计划，我不觉得……"我撒了个谎：我知道我们明天没事可做，跟下周末一样根本没有安排，下下周也没有。尽管我们最近参加了许多休闲活动，但我们的社交生活一如刚到丹麦时一样毫无进展，所以我们打算对任何邀请都"来者不拒"。对陌生的事物敞开怀抱是一种非常有意思的体验。本月以来，我参加了一场特百惠[1]聚会（是的，聚会仍定期举办）、一个鼓与贝斯之夜、一场赛螃蟹比赛（海边日德兰非常盛行的活动），还有一场列队舞会（结果喜忧参半）。

"那么说你们到时有空喽？太好了！"友善的邻居把泥铲当成棍子插进了土里，然后支撑着抬起了身子。"你们想不想来看奶牛跳舞？"

"什么？"

乐高男狐疑地盯着这位友善的邻居花园里桌子上的空啤酒瓶和半满的酒杯。我对他使了一个眼色暗示："这是一个自由的国度，一位女性可以在花园里喝酒，只要她愿意……"

"本周日是奶牛跳舞日！"

一听到"奶牛跳舞"，我就被吸引住了，但是乐高男似乎还有些云里雾里，为此我们这位友善的邻居继续解释。"这

---

1 特百惠（Tupperware），塑料保鲜容器厂家，总部在美国。

是此地的一项传统——是农夫们的节日。每年春天，他们都会把关了一冬的奶牛放到田里去撒欢，它们就会跳舞。我指的是奶牛，不是农夫。"她澄清道。

我想起了已故的外祖母，每次电视里播放迈着欢快舞步的弗里塞奶牛的安佳黄油广告，她都会困惑不已。"他们到底是怎么让奶牛起舞的？"她感到十分不可思议，完全不晓得电脑动画这回事儿，《侏罗纪公园》肯定会让她惊掉下巴。

"奶牛不可能跳舞。"乐高男直截了当地说，将我拉回到现实当中。他皱着眉头，好像有人故意想要蒙他似的。

友善的邻居宽容地笑了笑，就像父母费力地对小孩子解释某件简单至极的事情时一样。"它们当然可以！呃，我们说'跳舞'——实际上就是跳跃，还有转圈跑，因为它们非常兴奋，明白了吗？"为了说明这一点，她指了指自己的草坪，结果我们的狗以为这是让它随便撒欢儿的意思。它像往常一样弓起背，膝盖抖动着准备冲出去。我还没来得及拉它回来它便一个箭步蹿了出去，我趴在了地上，手中还拿着一只塑料袋，嘴里不停地道歉。

"别担心，没事儿。"友善的邻居说道，尽管她皱起的鼻子清楚地表明完全不是这么回事儿。"那么，明天早上我接你们去看疯狂的奶牛好吗？"

"好的，谢谢你。对不起……"我一边晃动着手里装着留有余温的狗便便的黑色塑料袋，一边吞吞吐吐地说，这样就不用大声说出"抱歉我的狗踩了你草坪"。

友善的邻居点了点头，然后继续说道："你们有没有想过要训练小狗？"

我告诉她我们有考虑过，一旦找到愿意接收它的犬类收容学校，我们就会把它送过去。

*

第二天的奶牛派对要多疯狂有多疯狂。这个仪式标志着丹麦所有的有机奶牛户外季的开始，我们了解到所有通过有机认证的动物在四月至十一月间每天都要在户外吃草至少六个小时。我们在本地的农场里遇到了一群孩子，他们的小脸蛋都涂成了奶牛的样子（虽然手法有些不太专业）。父母们拿着手机，摆好姿势，准备抓住那些美好瞬间。孩子们一边"哞哞"地学奶牛叫，一边四处乱蹿。天冷得要命，刺骨的寒风切割着每一寸裸露的肌肤，大家都裹着户外冲锋衣，免受寒风的侵扰。日德兰的春天已经来临，但那并不代表太阳已经做好了露面的准备。有些孩子甚至还穿着风雪服，脸上的泽西奶牛油彩让他们看起来就像是奥柏伦柏人[1]。

用丹麦语倒计时之后（我要高兴地跟诸位汇报，现在我也能加入倒数了），牛圈大门缓缓打开，几十头牛跑了出来。果然，这群兴奋的泽西奶牛连蹦带跳地跑到了草地上。不知

1　奥柏伦柏人（Oompa Loompas），电影《查理与巧克力工厂》中生产巧克力的小矮人。

哪里传来了几声牛叫，所有的奶牛突然停了下来。有几头炸起了蹶子，一股恐慌的气氛油然而生，接着它们便一只接着一只掉转过头跑回到牛圈里。

"嗷嗷嗷！"失望的人群齐声呐喊，一位怒气冲冲的农夫费尽全力想要把这些奶牛再次赶出来，结果却是白费力气。经过五个半月的圈养生活，这些奶牛似乎已经忘记了丹麦的气候。它们也认为丹麦的天气冷得有点难以接受。一个穿着防水连靴裤的女人打算用一捆新鲜的青草把它们从牛圈中引诱出来，但是它们一点儿兴趣也没有。大家开始呐喊、跺脚（农夫）和大笑（我们），最后大家决定到此为止然后回家。

"平常不这样，"友善的邻居信誓旦旦地保证，听上去有点失望，"通常情况下场面十分精彩，奶牛们非常开心！"

我们没有看到真正的舞蹈场面，只好花了十分钟用我们友善的邻居的手机在 YouTube 视频网站上观看了前一年的盛况。我们看到一群奶牛左右跳跃欢快地飞奔，不由得发出"哦"和"啊"的惊叹，即便是心有疑虑的乐高男也不得不承认视频十分震撼。

在此之前，我以为奶牛是相当迟钝的生物。在 YouTube 之外，我只见过奶牛反刍、伏卧和预测下雨，或是搭配着炸薯条和红酒出现在法国餐馆里。不管是哪一次，它们都没有表现出喜悦或任何强烈的情感。但是假如丹麦生活甚至可以让奶牛幸福呢？那些从未走出过牛棚的非有机的奶牛会怎样呢？户外奶牛回归牧场之后可能感到很"嗨"，但是那不也意味着当它们被关进牛圈的时候感觉更差吗？那些常年待在牛圈里的奶牛对外面的世界一无所知，它们不会指望青草带来的欢愉，也不知道自己错过了什么，它们会不会对自己的命运更加满足？我想到所有的研究都将丹麦人列为世界上最幸福的民族，那么最幸福的奶牛又生活在哪里呢？圈养奶牛由于从未走出牛圈而对自己的命运感到满足，生活在日德兰半岛的丹麦人从未想过要放弃一切去巴西当个桑巴舞教师，因此他们感到同样满足。要是阿尔弗雷德·丁尼生[1]在今天造访丹麦乡下，他会说曾经热舞然后放弃要好过从未起舞吗？丹麦人之所以幸福并非因为他们的经历比其他人更加非凡，而是因为他们生活在一个可以预期的稳定环境中，是这样吗？难道我一直生活在一个非有机奶牛的国家吗？

我把这一理论抛给了乐高男，但是他的注意力全都在手机上。不甚疯狂的奶牛表演让场面少了些许壮观，这让乐高男有种上当受骗的感觉，他正在搜索其他的动物比赛并提议去当地的动物园逛一逛。在那里，我们意外目睹了一次狮子喂食，眼睁睁地看着一只刚刚被宰杀的马当着一群小学生的面被这群狼吞虎咽的猛兽撕咬得四分五裂。

"就像阿斯兰[2]扑向图普纳斯[3]先生的场景一样……"我

---

1 阿尔弗雷德·丁尼生（Alfred Lord Tennyson），英国维多利亚时代最受欢迎及最具特色的诗人之一。

2 阿斯兰（Aslan），《纳尼亚传奇》中的狮王。

3 图普纳斯（Mr Tumnus），《纳尼亚传奇》中的半羊人。

战战兢兢地嗫嚅着。

乐高男的脸都绿了，他提议今天到此为止。我们的反应让我不禁好奇，难道我们格外脆弱，还是维京人在面对生死大事时比一般人更加务实？

星期一，我约了在烹饪俱乐部认识的一位本地人（不是射杀小鹿斑比的那个）一起共进午餐，他几乎就要成为我另一位**真正**的朋友（万岁！）。木法沙[1]和它的同类撕咬小马屁股的画面在我脑海中久久挥之不去。我对他描述了这次经历，想看看他对此作何反应，然而我这位"准"朋友十分泰然自若。

"所以呢？"他又呷了一口咖啡，示意女服务员无须推荐手撕猪肉或是牛肉汉堡。

"但是还有**孩子**在场啊！"我试着用塔伦蒂诺[2]式的恐怖画面来说服他，但是这个维京人竟然不为所动。

"还有呢？"他回应道，"丹麦的孩子对那种事儿早就见怪不怪了。""那种事儿"指的是支离破碎的四肢和血腥的屠杀。"我七岁的时候，就在学校组织的一次旅行中观看了一只狼被解剖的场面。"

"啊？"我把卡布奇诺泡沫溅到了高领外套上，赶紧四下寻找纸巾好把自己擦干净。

"那是富有教育意义的。"他耸了耸肩，解释说丹麦的博

1　木法沙（Mufasa），《狮子王》中辛巴的父亲。

2　塔伦蒂诺（Quentin Tarantino），美国导演、演员及奥斯卡获奖编剧，以擅长拍摄血腥场面而闻名。

物馆多年以来一直有公开解剖活动，解剖的动物从蛇到老虎什么都有。我以为这是 20 世纪 70、80 年代才有的事，当时健康与安全还有政治正确之类的观念尚未问世，但是维京人非常肯定地告诉我，这项活动至今依然盛行。"我九岁的外甥女是忠实粉丝。她让我们在她今年生日的时候带她去看解剖蛇。"热情高涨的可不止维京人的外甥女，动物解剖在丹麦十分受欢迎，博物馆有时不得不在学校假期的时候一天举行两场解剖活动以满足大家的需求。孩子们围聚在操作台四周，动物学家一边动手一边讲解，包括他们使用的解剖刀还有各种内脏器官。（"长得跟香肠差不多。"维京人告诉我。）

"这些东西不会让你崩溃吗？"

维京人想了想："我记得气味是不大好，但其他部分都挺有趣的，而且孩子们还能学到知识。他们需要认识自然的残酷，需要学会面对生死。"

"九岁的孩子？"

"为什么不行？"

我告诉他，在我的成长历程中从没有人如此形象地向我们这代人揭示生命的残酷现实。就连我们班那只丧命于梅丽莎·文森特的猫口中的仓鼠都被委婉地称作是"离开"。它被装在一只 Start-rite[1] 鞋盒中埋在中学的花园里，这是我们距离它的遗骸最近的时刻。我们那时候的学校旅行都是去埃

1　Start-rite，英国童鞋品牌，创建于 1792 年。

文河畔斯特拉特福¹的安妮·海瑟薇²小屋或是贝肯斯科特模型村（Bekonscot Model Village）之类的地方。我们从不会跳上一辆充满三明治和化学掩臭剂味道的电车，去看一条野狗的内脏。

"那你们可错过了不少。"维京人回答。

他给我讲了大学时期全班一起去屠宰场露营的经历："我们正在学习设计应用，他们有一些非常酷的激光用来切割生猪，然后拼接起来然后填满……"他回忆着切割整齐的动物尸体，看上去十分怀念似的，然后咬了一大口手撕猪肉三明治。显然，丹麦人对动物没有什么感情。但是这套哲学在世界其他地方却不太受用——马里乌斯便是很好的例证。

马里乌斯是一只生活在哥本哈根动物园里十八个月大的长颈鹿。尽管十分健康，但专家却认为从基因的角度来看，它并不适合繁育后代，因为它的基因与其他太过相似，所以动物园决定把它杀掉。这一行为引发了全球性抗议，两万七千人在网上签名请愿，呼吁动物园重新考虑这一决定。其他国家的一些动物园表示愿意收留马里乌斯，但哥本哈根动物园声称这些机构的道德标准与自己不同。有些官员说把长颈鹿送往别处意味着它可能会被卖给马戏团，或余生都要在一家"不合格"的动物园度过。他们声称，安乐死是比较好的

1　埃文河畔斯特拉特福（Stratford-upon-Avon），莎士比亚的出生地与故乡。
2　安妮·海瑟薇（Anne Hathaway），莎士比亚的妻子。

选择。哥本哈根动物园的科技总监告诉美国有线电视新闻网（CNN），自己的工作主要是挽救物种而非单个动物。

因此，2014 年 2 月 9 日年幼的长颈鹿吃完了最后的晚餐——经典的丹麦燕麦面包后，便被一把手枪射中了头部。这一切都是当着动物园游客的面进行的。动物园的工作人员随后进行了一场公开解剖，热情高涨的丹麦儿童和他们的父母好奇地想要看看这个动物的内脏长什么样，于是纷纷前来围观。遭到解剖的马里乌斯被喂了狮子——再一次，当着所有凑热闹的人的面。丹麦人那令人毛骨悚然的硬心肠令世界各大媒体震惊。一封发给英国《卫报》的信中指出，"对马里乌斯的公开处决和公开投食于狮子"让"人们更容易从心理上理解丹麦的黑色犯罪……"。

我跟哥本哈根大学生物伦理学教授、丹麦动物伦理委员会前主席彼得·桑德（Peter Sandøe）谈了谈，想要了解他的看法。彼得是"马里乌斯门"的主要评论员，跟我的维京朋友和我遇到的其他丹麦人一样，他不明白这有什么好小题大做的。

"丹麦在两代之前一直是农业社会，所以我们就把动物只当成动物。"他告诉我，"大多数出身农业背景的人持有相同的观点——认为长颈鹿马里乌斯是不能进行配种的种鹿，所以要杀掉它。羊也是这样——一群羊中只能有一头公羊，否则它们会互相打架，杀掉它们是最实际的办法。"

国际媒体的盛怒让他感到十分意外，〔"有一次在接受英国广播公司（BBC）采访后，我甚至收到一封来信将我比作阿道夫·希特勒，我觉得有点过分！"］他怀疑是那血淋淋的喂食场面让非丹麦人感到愤慨。"长颈鹿在一群包括小孩子在内的观众面前当众被肢解，支离破碎的身体又被喂给了其他动物，他们觉得有些反胃。但是民众应该有能力面对。要是他们不愿意见到一只动物被肢解，却愿意到马莎百货（Marks & Sparks）挑选一包塑料包装的猪肉，那他们就是伪善。"

我告诉他，对于这一"罪名"我感到十分愧疚（虽然我很开心他提到了我最喜欢的英国高档超市和下装供应商作为文化参照）。看起来，丹麦人很乐意在吃掉动物的肉之前观摩屠宰过程，素食主义在这里几乎前所未闻。"大部分丹麦人都吃肉，"彼得承认，"丹麦的素食主义者微乎其微——约占总人口的3%—5%，而在英国这一数字约为10%。"

丹麦人不会为吃动物食品而感到愧疚，荤菜可能也有助于提升他们的幸福感。奥地利格拉茨医学院的一项研究表明，素食主义者罹患抑郁和忧郁的比例更高。

"我们对动物不像，比方说英国人，那样感情用事。"彼得说。我很好奇，当动物不可避免地受到伤害或死去的时候，这种心理疏离是否可以保护丹麦人远离创伤。要是斑比的妈妈被射杀或《狮子王》中辛巴的父亲死掉时你不会心碎，那么生活当然不会苦闷，而且整个人也更容易快乐起来。要是你在吃牛肉汉堡的时候不关心这头牛活着的时候是否开心，那你操心的事就少了一件。

但在丹麦，并非所有的肉食主义者都对此深以为然。2014 年，丹麦的农业与食品部长丹·约根森（Dan Jørgensen）颁布法令，规定所有用于制作食品的动物在被宰杀之前都应处于昏迷状态，这有效禁止了东正教和穆斯林律法中规定的宰牲仪式，两种教规均规定动物在屠宰时要完好无缺而且意识清醒。但在实践中，这条规定并未对现状做出太多改善。最后一家允许宰杀鲜活动物的丹麦屠宰场早在 2004 年就关闭了。自此以后，丹麦的七千多名犹太教徒便只能从海外进口符合教规的肉食。拥有二十一万信众的丹麦穆斯林团体将遭到宰杀之前昏迷的动物视为清真，只要脑震荡不是这些动物致死的原因（数据来源于美国国务院——丹麦政府没有宗教团体的官方记录）。但这项规定还是让犹太教徒和穆斯林大为光火，引发了他们的联合反抗。他们声称这项法规无关动物福利，纯粹是移民政治和种族融合政治。

大多数丹麦人的立场十分明确：动物应该尽快而且尽可能无痛苦地被宰杀，他们认为如果动物被宰杀时仍然清醒的话，是不可能做到这一点的。世界各地的犹太和伊斯兰媒体指责丹麦政府有伊斯兰恐惧症且持反犹立场，但丹麦国内两大宗教的大人物们却没有使用这些字眼。丹麦人的反应更加慎重，或许是因为他们明白世俗的偏见也是"丹麦特色"的一部分。

"这项法案十分顺利便通过了，"彼得说，"因为宰杀未陷入昏迷状态动物的做法早在十年前就停止了，所以这项法案更像是释放了一个信号，而不会真的惹恼宗教人士。这是一项聪明的政治举措，就像英国首相托尼·布莱尔禁止英国制作貂皮皮草一样——英国早就不生产貂皮皮草了，所以这项法案只是为了美化他自己。"

是啊，皮草。丹麦人与皮草的关系是另外一件让我感到疑惑的事。我们在阴冷的隆冬季节初次来到丹麦的时候，曾见过几位阔太太穿着长至脚踝的动物皮草。那时我才知道，丹麦是世界上最大的貂皮出口国，而哥本哈根是世界皮草贸易中心，中国和俄罗斯是其最大的客户。但这显然违反了大多数丹麦人的动物福利原则。

"实际上，皮草生产是可持续的。"彼得说，"貂的繁殖周期同它们在野外时一样，它们不会被运到其他地方（这对动物而言相当痛苦），它们依靠鱼骨和不再下蛋的老母鸡的骨髓为生。一旦貂皮被剥掉，它们的肌肉就会分泌生物柴油。"奥胡斯市就使用这种物质作为巴士燃料。"一点儿也没有浪费，"彼得告诉我，"此外这项产业还创造了许多就业机会，因此政府不会关停。"归功于丹麦皮草的声誉，丹麦的一千五百名养貂户的皮草价格比其他地方高20%。此外，在精心控制的饮食下产生的光泽度更高的皮草以及丹麦设计师在作品中公开支持皮草也发挥了一定作用。跟欧洲其他国家不同的是，在丹麦没有动物权益抗议者试图关停皮草生产，而且大多数丹麦人并不介意穿皮草。作为一个生活在大肆鼓吹善待动物的时代的英国人，我曾因扔掉皮鞋而遭到警告，曾在采访斯特拉·麦卡特尼之前被禁止吃金枪鱼（真事儿），丹麦人对动物的态度对我来说还真有点震撼。

狩猎对于丹麦各阶层的民众来说，也是一项接受度颇高且十分流行的休闲活动。"狩猎在丹麦不像在其他地方一样只是存在于书本中，"彼得告诉我，"人们接受狩猎这项活动，只要动物在被带回家吃掉之前得到迅速射杀就行，一点也不残忍。我觉得英国利用猎狗或骑马猎狐狸倒是个问题，因为这被看作是上层社会的事儿，而且狐狸的死亡方式十分残忍，我们丹麦人从不猎杀狐狸。"

彼得告诉我，他认为英国和美国（打个比方）把动物"放进笼子，好让大家关心走失的小狗或动物园里的动物，但他们接着却回家去吃猪肉。人们有点过于感情用事，对于小猫和长颈鹿之类的小动物同情心泛滥。在丹麦，这种分化动物的倾向不那么明显。大多数人认为寻求动物福利非常重要，我们不愿意让它们无缘无故地死去，但我们也不会对小动物倾注人类的情感"。

虐待动物在丹麦是违法的，但有趣的是人兽性交却是被允许的。"任何与动物发生性关系的人，如果从生理或心理上伤害到动物都会受到惩罚。"彼得解释道，只不过丹麦政治家迄今为止还没有看到有何必要自找麻烦制定一部新法规完全禁止人兽性交。"不过，"彼得告诉我，"应该说民意调查显示，大多数丹麦人希望出台禁止法案，所以最终还是有可能会出台。"（实际上，就在本书付梓印刷的时候，我得知农业与食品部长丹·约根森已经宣布将禁止人兽性交写进明年的《动物福利法案》。)

我们花了一小时的时间谈了狩猎、皮草和宗教，可聊的话题便没多少了，所以我决定回到稍微沉闷的话题，询问了他对于在丹麦养狗的看法。

"不是要跟它们性交，"我慌忙补充道，惊讶地发现这竟然需要澄清，"就是训练之类的……"

作为一名既得利益者和表现糟糕的杂种狗的主人，我十分关心丹麦人对狗的态度，以及小狗是否是我的新同胞们"感情泛滥"的唯一对象。《基督教日报》近日报道，丹麦家庭养狗的数量同过去相比大幅增加，目前丹麦约有六十万条狗，每年还在以七万条的速度增加。丹麦统计局称，丹麦人在宠物身上的花费增加了三亿克朗。贝尔法斯特皇后大学的研究称，养狗有益于心理健康，同豢养其他宠物的人或普通人相比，养狗的人血压和胆固醇水平更低，健康问题更少，这已经得到证实。这很可能会让丹麦人更加幸福，我心想。我在住处附近见过不少狗，整座日德兰半岛似乎正是为它们打造的，到处都有拴狗的挂钩，商店和咖啡厅外面都放着水盆，里面的水会定期补满。日德兰还有小狗专用的沙滩，以及两百个所谓的"宠物狗森林"，可以让你的宠物狗在里面撒欢。

"许多丹麦人都养狗。"彼得告诉我，"他们当然十分宠爱它们，这些宠物狗已经成为了家庭的一份子。我想他们对于狗确实有点'感情泛滥'。但是跟英国和北美不同的是，大家不会从收容所领养狗。大多数丹麦人会购买纯种狗甚至有贵族血统的狗，大家似乎很乐意知道他们的狗的来路。"他们购买纯种狗的时候，显然很想确保这些狗行为得体。我们越来越清楚地认识到，训练对于我们的杂种狗来说十分必要——这也是为了我们在丹麦社会的名声考虑。

我问彼得是否认为自己属于我所研究的幸福丹麦人的一分子，他告诉我说自己确实非常幸福："我觉得丹麦人普遍都很幸福，尽管我们很喜欢抱怨——我们被宠坏了！就我个人来说，我会给自己打九分。从专业的角度来说也许是满分。"总之，就连一个整日里为长颈鹿之死辩护且收到将他比作希特勒的恐吓信的丹麦人都很幸福，这就是工作带来的满足感。

过去几天的所见所闻让我仍有些茫然，但我决定让自己的狗表现得更加丹麦化。于是，我回到家里打算给它找一个宠物狗训练营，好让它学些规矩。

"你要上学了。"我告诉它。

"呜呜呜呜。"它表示抗议。

"不仅是我要尝试着像丹麦人一样生活，你也要。我们已经来了四个月了，我还没发现融入丹麦的迹象……"我责备它。"现在你也得去上夜校了。"我给它进行了登记注册，训练在接下来的一周便开始了。

第一堂课上，一个身材矮小的女人穿着一件多功能马甲教小狗捡东西、坐下、从森林里营救小孩和站在一只倒扣过来的洗涤盆上。她屡战屡败，没人知道为什么。第二天一早起床的时候，我发现乐高男把洗涤盆给了我们的狗，它一点儿也不想把洗涤盆当成蹲坐台，相反却开始拼命地撕咬。

"小狗似乎在吃我们的洗涤盆。"我说。

乐高男看了看小狗，然后指着刚刚送来的一叠信说："是的，但至少他没把女邮递员吃掉。一步一步来嘛……"

本月知识点：

01.

丹麦人从不过分挑剔。

02.

在丹麦，动物只是动物，宠物狗除外（而且它们教养良好）。

03.

丹麦方式是唯一的方式。

04.

……丹麦人认为外来者应该有一份工作。

05.

奶牛不会跳舞。

传统与遭到斥责

天空飘起了毛毛细雨，有如漂白的石板一般，我们在前往面包店的路上看到几个身材魁梧的男人正忙着在街边按照相等的间距竖起一根根白色的杆子。我们的狗不厌其烦地嗅着一根又一根，然后尽可能在每一根杆子上面都"撒"下了记号。这段湿滑的路让我们比平常花费了更多时间。

待我们选好星期天的早餐点心（是的，这就是我们的"吃货"生活——到处都是 snegles……），取下挂在外面的拴狗绳时，我们看到每根杆子上都升起了一面丹麦国旗。白色的十字悬浮在血红色的长方形涟漪上，在微风中飘荡——整条路显得气势磅礴，也让这里变得比我们想象中更加宏伟。

"你怎么看？我们是不是赶上了皇室来访？"乐高男满怀希望地问道。

我不禁想道，不管丹麦女王玛格丽特多么平易近人，在星期天一大早访问海边小镇斯迪克斯维尔绝不是她的皇室行程中最重要的事。

"或许吧……"我在考虑怎么说才能不让他那么失望。

我们开始朝前走，小狗忙着去抓我护在怀中的纸袋，里面装着香喷喷的烤面包。这个月油菜花开遍了日德兰半岛，我们四周的田野成了一片金黄的海洋。我们走过拐角快要到家的时候，迎接我们的是本地教堂那熟悉的身影：那是一栋漂亮而朴实的典型北欧建筑，像亮白色的火箭一样伫立在灰色的苍穹和柠檬色的田野中。教堂里点起了蜡烛，尽管现在才上午十点钟，已经有十几辆车停在隔壁的空地上。这可不太寻常。通常情况下，教堂只是安静地伫立在那里。看上去高大优美但用得不多，也从未有过任何活动或使用的迹象，就像一件精心设计的北欧风的装饰品，但眼下却有了生气。小狗停在路上抬起一只爪子，耳朵向后耷拉着，尾巴在身后直直竖起，表现得十分警觉。

"自从咱们搬来之后，我还没见过有人进那间教堂。"乐高男说。小狗拼命地想要甩掉狗绳，好离现场近一点。我们正对活人造访我们的小镇感到费解时，就听到远处传来一声低吼；起初还算安静，后来变得越来越响亮。这一次，绝不是狗吠。我听出了引擎的声音，混合着嘈杂的音乐和震耳欲聋的贝斯。逐渐增强的声音振聋发聩，最后一辆巨大的亮黑色悍马出现在我们的视野中。有色玻璃的车窗跟黑帮似的，后面跟着一队加长轿车，正缓缓驶过我们乡间小路的拐角。

我们在这一带见惯了拖拉机，或是用来拖吊拖车或小船的家庭轿车。有一次，乐高男还看见了一辆甲壳虫（那可是激动人心的一天……）。但自从来到丹麦后，我们还从没见过这样的阵势。几辆美式大功率高速汽车、一驾灰姑娘式的马车，还有几辆豪华轿车陆续开到，在这片田园风光中显得十分违和。教堂的停车场看起来就像是周六晚上的利兹市中心，或是一群人在开会。一群穿着毕业舞会装的少女还有一群穿着套装的男孩突然涌到草地上，尽力避免让华服沾到泥浆或草叶。

小狗兴奋异常（新人！可以跟他们玩！他们可能还带着吃的！这真是太棒了！）。自从搬到这里，这是它或者说我们最兴奋的时刻。它呜咽了一声，摇了摇尾巴，稍作停顿后便冲了出去，狗绳从我捧着油酥点心的双手间挣脱掉了。"见鬼的宠物狗训练不过如此……"还没等我说完它已经跑开了。

像电影慢镜头一样，我们看着它兴奋地朝着一群少年跃去——就像是电影《黑骏马》开场的微缩版，只是结果惨不忍睹，这也是无可避免的。乐高男一跃而起，就像一个令人印象深刻的养狗的超级英雄，丢下手中的面包袋开始追赶，双手指向天空就像尤塞恩·博尔特[1]一样。受宠物狗训练课的启发，我则采取了不同的策略。我掰了一小块油酥点心拿在手里大喊："宝贝！过来！"希望能把它诱骗回来。

但是小狗就跟没听见似的。它拖着狗绳，摇着尾巴，舌头从嘴角耷拉出来，跳起来扑向一位刚刚从最新款的豪华轿

1　尤塞恩·博尔特（Usain Bolt），前牙买加跑步运动员。

车中走出来的娇小的金发女郎。她跟小狗打了声招呼，它误以为是鼓励，于是回应了她。它一跃而起，把两只泥呼呼的爪子搭在了她浅粉色的**真丝**连衣裙上。

"不……！"乐高男吓得大叫。

但已经来不及了。

豪华轿车女郎和她的朋友们发出了尖叫声。我也尖叫起来。女孩的父母却表现得异常冷静，他们轻轻拍了几下连衣裙，看看有没有什么地方被撕破了。他们不知道这条狗是从哪儿冒出来的，直到看到一对疯狂的英国夫妇穿着长筒雨靴拿着一袋烤面包赶到了现场，喘着粗气冒着汗，嘴里一遍又一遍地嘟囔着"Undskyld!"（丹麦语"对不起"）。我们一边思考如何用丹麦语说出"我们十分抱歉！请让我们跪倒在你们丹麦的泥浆里谢罪，让我们赔一条新的连衣裙，或者至少让我们付了干洗的钱"，一边重新套上狗绳。女孩的母亲变戏法似的从汽车的后备箱里拿出了一个衣袋。女孩点了点头，拉开了拉链，里面装着一条一模一样的淡蓝色连衣裙。我们牢牢地抓住狗项圈，吃惊地看着女孩爬到遮挡严实的豪华轿车后座。几秒钟之后，她又爬了出来，飞速换上的浅蓝色连衣裙让她看起来光彩照人。

"我没看错吧？"乐高男问。

"我觉得没有。"我没把握地回答。

"她带了一套**备**用连衣裙？以备不时之需？"

我茫然地摇了摇头，女孩友好地向我们挥了挥手，然后转身朝教堂走去，身后还跟着几个朋友和家人。这群善解人意的人似乎没打算跟我们纠缠不休。既然没人接受道歉，我们便慢慢回到了大路。

我不知道刚刚看到的这番景象是怎么一回事儿。太疯狂了。回家的路上，我们发现每个邻居的花园里都竖起了眺望台和遮阳篷。餐饮车结队而来，穿着白色厨师服的人卸下搁板桌和一箱一箱的食物。

"这里要举行大型派对而我们没有受到邀请吗？"我说出了心中的疑惑。这时一辆移动的 DJ 面包车缓缓驶过，仿佛正是为了印证我的怀疑。

"我觉得你猜得没错。"乐高男点点头。

快到家的时候，我们看到了那位友善的邻居。我对她说了声"你好"，并询问今天是否有什么特别的事要发生。

"嗯，对啊！现在是坚信礼[1]季！你们英国没有吗？"

我解释说我们也有坚信礼，但没有这样的"季"，还是名媛风的。

"噢，我知道了。"她同情地说道。她把头歪向一边，那表情仿佛在说"为所有未能出生在丹麦的人抱以同情"。

"我们也不会坐着汽车全家出动。"乐高男补充说道。

"汽车？哦，那是一种传统，"友善的邻居告诉我们，

---

1 坚信礼，一种基督教仪式。根据基督教教义，孩子在一个月时受洗礼，十三岁时受坚信礼。孩子只有被施坚信礼后，才能成为教会的信徒。

"为了特别的日子总得准备一辆好车。"

这是当然的，我心想，因为人人都知道耶稣喜欢豪车……

为了让我们相信坚信礼"是本地的大事"，友善的邻居表示歉意后便离开了。她忙得不可开交，一边要包装礼物，一边还要为受邀参加的**两个**坚信礼事后派对做准备："所以今天够我忙的了！"

事后派对？礼物？豪车？整件事跟我自己的坚信礼相差了十万八千里——当时我十二岁，在外祖母家里吃了一个火腿汉堡，然后到当地的天主教堂里用油彩和灰烬快速涂抹了一番。我穿着一条愚蠢的印花裙裤，头上还戴着同款的发圈。没有美食，也没有移动 DJ，更没有遮阳篷。我妈妈用她那辆藏蓝色的雷诺 5（我记得是涡轮增压的）把我们三个送到那里，然后又把我们带了回去。

*

回到家后，上午剩下的时间我们一边给小狗洗澡一边暗中刺探坚信礼的进展。花卉被送达，气球也到了。乐高男甚至认为自己看到一个巧克力喷泉被送到我们那位年迈邻居花园里的露台，那是为某个幸运的孙辈或是别的什么人准备的。我充满了好奇，同时意识到自己不太可能获邀参加坚信礼（至少这一"季"不行），我又同文化专家珀内尔取得了联系以了解更多，她曾帮助我们度过了一月份的 hygge。

"坚信礼非常盛大，"她告诉我，"这是丹麦的一项传统！"啊，又是老一套。从二月"忏悔节"的盛装打扮并享用特制蛋糕，到复活节 DIY 纸质桌巾和特制蛋糕，再到圣诞节的编织圣诞心、丑陋小精灵、杏仁糖猪和特制蛋糕，丹麦大事小情都有固定的仪式（还有特制蛋糕）。传统和按部就班沿袭至今的风俗习惯给了丹麦人一种安全感、稳定感甚至归属感。我最近看到明尼苏达大学一项研究发现，宗教仪式能够让生活变得更加富有趣味性，我不由自主地认为丹麦人可能理解了其中的奥义。就像爱好俱乐部，我想，在这里不仅晚上和周末的时间被提前安排——甚至一整年都已被提前规划！

丹麦人认为，只有这些事情得到妥善处理才能让人安心——诸多传统意味着事事始终能以令人宽慰的方式得到解决。未知变成已知。"传统就像是我们的信仰，"珀内尔说，"对于大多数丹麦人而言十分重要。"坚信礼也不例外，自有一套规则和仪式。

"大多数丹麦人到了十四岁左右就会跟四十名同龄人一起在一场大型教堂仪式中得到承认。这对孩子来说十分有趣。人人都有新衣服穿，到处都飘着彩旗，朋友和家人在教堂里只有站着的份儿，"珀内尔说，"之后大家会拍很多照片，在歌声和演讲的陪伴下享用三道主菜的大餐，接着还会举行一个娱乐派对，接受大量礼物。近些年来，丹麦人在坚信礼上变得十分物质——跟二十年前我那个时代相比变化很大！"

"我也一样！"我告诉她。我对她讲起了发圈门事件，我们一致认为自己的童年物资极度匮乏，今天的年轻人根本不知道自己有多幸福。接着我回到了正题："丹麦人现在会为坚信礼花多少钱？"

"大把钱。"她回答说，"现如今大多数父母均从事全职工作，还有很多夫妻离异，他们通常会因负罪感而一掷千金。就像是，'我们不能花很多时间陪你但我们给你准备了一个大派对！就用这个来补偿你！'。此外，许多丹麦父母不敢说'不'。孩子们沐浴在礼物的海洋中，就像是婚礼之类的。"

她告诉我，丹麦有送钱作为礼物的传统——金额至少要足够招待你本人（包括食物和饮料）。跟这户家庭的关系越近，送上的金额就越高。要是你想送份包装精美的礼物，那可得花上一番心思。在丹麦，即将参加坚信礼的青少年的愿望清单上，占据前几位的是苹果手机、平板电脑、手表、珠宝和度假旅行，北欧银行的一项调查显示，丹麦青少年在坚信礼时收到的礼物平均价值为一万七千丹麦克朗。丹麦的平等也不过如此嘛，我心想。高街在坚信礼季变得异常资本化，许多商店在橱窗中贴出海报，上面写着"别忘了，直到 6 月 1 日前你都可以兑换坚信礼礼物！"，并打出坚信礼卡片、套装、裙子、鞋子，当然还有特制蛋糕的广告。至于现金，丹麦青少年在"蓝色星期一"立刻就会用掉。不，我说的不是新秩序乐队（New Order）的那首单曲，而是教堂仪式结束后的第二天，刚刚参加完坚信礼的孩子们放假一天去购物狂欢。我得到可靠消息说，许多孩子会买些衣物和小玩意儿，然后拿着战利品跟朋友比较一番，再灌上一肚子苹果酒。

"那么，"我冒昧地问道，"你知道的，'上帝'那一套呢？没有他什么事吗？"

"呃……"珀内尔的语气似乎是在暗示"没有"。我了解到，丹麦的坚信礼就是上帝确认他对个体的承诺——在受洗的时候上帝便做出了守护他们的承诺。换言之，丹麦的坚信礼是上帝对你说"好"，而不是你对上帝做出承诺。从这个角度看，你是否打算成为教徒，甚至是否相信上帝根本就不重要。

"丹麦的新教不要求人们对上帝心存敬畏。"珀内尔说，"坚信礼在福音派路德教教会中不是一场圣礼，而是从童年步入成年的仪式——所以人人都有份儿。"我几乎都能听到我的老外祖母在坟墓中发出啧啧声表达不满了。"大多数丹麦家庭将坚信礼看作一场成年礼，毕竟从整体上来说，我们并不是一个宗教色彩浓厚的国家，来自父母的压力（受施坚信礼）不是很大。有些家庭会对孩子说，'就算你不参加坚信礼，我们横竖会给你办一个大派对，你也会得到礼物'。这样一来就能确保只有孩子心甘情愿才会受施坚信礼。"这被称作是"非坚信"，但跟传统仪式一样热闹而且礼物成堆。

尽管如此，许多青少年还是选择去教堂。"我觉得那是因为这是一种自主的行为，"珀内尔说，"这是丹麦年轻人为自己所做出的第一个选择，丹麦社会认为鼓励孩子像成人一样做出选择十分重要。"看起来，这似乎比宗教更加重要，至少对大多数丹麦人来说如此。

我约了丹麦的教堂牧师马努·萨林（Manu Sareen）一起喝茶，想看看他对此是否介意，但他对于"信仰"的事似乎看得很淡。"丹麦人对待宗教的态度十分有趣，"马努说，"没有几个国家像丹麦这样，大部分公民都是国教教徒——丹麦总人口为五百五十万，教徒约为四百四十万，然而大多数人只是习以为常，对于信仰并不怎么上心。"大多数丹麦人一出生就加入了国教，父母会为子女在当地教堂注册，除非他们提出世俗化的特别请求。根据不同地区的法律，丹麦人最多要缴纳工资的 1.5% 作为教堂税，但丹麦人将此视为公民义务，认为这就像其他税负一样都是为了让丹麦成为一个伟大国家。因此丹麦的路德教国家教堂由财政税收进行资助，但是丹麦临终关怀资讯中心的数据显示，只有 28% 的丹麦人相信来世（在美国这一比例为 81%），只有 16% 的人相信天堂（在美国这一数字已攀升至 88%）。《贝林时报》2014 年的一项调查显示，在丹麦，每五个人中就有一个自称无神论者。

我告诉马努我觉得这非常有趣。许多研究将宗教与幸福感联系在一起，哥伦比亚大学的研究者发现信仰可有效对抗抑郁。尽管丹麦的幸福指数高居世界榜首而且教会成员众多，它实际上却是宗教化程度最低的国家之一——教会参与度低，大量世俗学校和民间机构异常活跃，民众经常在国家民意调查中强调自己为无神论者。

"除了洗礼、结婚、葬礼和圣诞节，大多数人极少去教堂。"马努说。同基督教国家相比，复活节在丹麦算是非常盛大的节日，48%的丹麦人非常注重"与家人一起共度"复活节，但是丹麦官方网站显示只有10%的民众会在复活节提到"教堂"和"基督教义"。在2013年开展的一项调查中，丹麦统计局发现只有3%的民众经常去教堂做礼拜。这种普遍淡漠导致的结果就是，宗教团体不得不努力吸纳会员，偏远地区的教堂开始关闭。一些与时俱进的教堂依然坚挺，有些城市教堂开始供应"意粉"——人人都能领到一碗意粉，一个小时内随意进出。"在丹麦，教堂随时对你敞开大门，"马努说，"就像我们的福利体系——在你有需要的时候随时接纳你。"这就像是安全网拓展到了信仰领域，让丹麦焕发勃勃生机的并非定期参加教会活动，而是丹麦生活方式。马努确信这正是他保持活力的秘诀："我会给自己打九点五分。我已经得到了所需的一切，还能要求什么呢。"

温哥华不列颠哥伦比亚大学的心理学家发现，一个国家教育程度越高、财富越多，其民众就越不相信更高级的存在。全球宗教与无神论指数认定，贫困是反映一个社会宗教倾向的关键指标——所以越贫困的国家宗教色彩越浓厚。唯一例外的国家？美国。在宗教气息浓郁的美国，尽管国家十分富庶，却没有覆盖全体民众的医疗保健，职业安全感极低且社会福利安全网脆弱不堪。也就是说，美国同许多发展中国家的相似之处要比想象中更多。不列颠哥伦比亚大学的研究者发现，生活在稳定、安全和富足社会中的人不太需要神的慰藉。这就可以解释丹麦及其北欧邻居瑞典、挪威何以能成为世界上最缺乏信仰的国家。北欧人无须向神明祈祷一切顺利——因为国家已为他们安排好一切。换言之，丹麦人没有什么好祈祷的。由于缺少礼拜文化，下一代丹麦人在星期天甚至宁愿去参加聚会。英国圣玛丽大学的一项研究发现，如果父母双方都是无神论者，那么一个孩子只有3%的机会成为教徒。

但是人类由于天性对虚无并不特别热衷，所以在本质上还是需要寻找人生终极问题的答案，而这正是宗教尝试为信众所"阐明"的东西。对于丹麦人来说，这一需求在一种共享价值观中得到了满足——打造出一个具有丹麦特色、封闭而同质化的社会和一种半宗教性的绝对信仰。

马努还兼任丹麦性别平等部（Gender Equality）部长一职，因而在教堂的问题上持相对进步的观点。"性别平等与教堂，这是一个有趣的组合。"他从一盘蔬菜沙拉中挑了一根胡萝卜条咬了一口，用蔬菜沙拉搭配早茶这可不太常见。"性别平等就是以人为本，但有时候宗教活动又会违反人权，比如说堕胎。一旦发生冲突，我就要见机行事。"在推动废止丹麦亵渎神明法的时候，马努就使用了这一策略，他在丹麦的《政治家报》上撰写了一篇专栏辩称："言论自由与人权远比一个人在信仰遭受嘲讽和讥笑时自觉受到冒犯的危险更重要。"

由于大多数丹麦人不太重视宗教，所以当其他人严肃对待宗教问题时他们会感到十分诧异（参见四月的屠杀门仪式）。自1849年宪法通过以后，丹麦便一直奉行宗教自由。从那时起人人都可以有自己的信仰，宗教歧视是违法的。所有丹麦居民都可以自由佩戴宗教徽章、选择宗教服饰，十字架也好希贾布[1]也罢，在公共场合、议会和学校均不受限制。伊斯兰教是丹麦最大的"少数派宗教"，教徒约占总人口的3.7%（数据来源于美国国务院）。丹麦共有二十二个官方认证的伊斯兰共同体，他们有权削减自己税收所得对宗教团体的财政支持。普通民众与宗教团体之间一直以来倒也相安无事，直到2005年丹麦的《日德兰邮报》刊印了十二幅伊斯兰先知穆罕默德的漫画。这在国际上引发了极大争议和反抗，多国发起了抵制丹麦货的运动，大马士革和贝鲁特发生了焚烧丹麦使馆的事件。很多丹麦人对此感到不解，他们不明白为何有人如此怒不可遏。正如维京人所说："那只是印在报纸上的卡通漫画，反正大部分人会把它们扔进垃圾桶……"

---

[1] 希贾布（Hijab），穆斯林妇女戴的面纱或头巾。

但一些热衷于对移民进行施压的保守派人士却借机发动了一场"捍卫丹麦价值观"的运动。丹麦极右翼政党——丹麦民族党因此收获了大批支持者，并呼吁终止移民政策。自此以后，该党成员数量稳步增长，并在 2014 年的欧洲大选中获得了 27% 的选票，使其欧洲议会议员席位增加了两倍。

但这并不能代表大多数丹麦人的观点。社会民主党主席赫勒·索宁–施密特（Helle Thorning-Schmidt）自 2011 年起便成功地让丹麦悬崖勒马，并为这个拥有自由传统的国家的斯堪的纳维亚理想筑起了一道屏障。在去年的新年前夜致辞中，丹麦女王玛格丽特借机警告民众提防心胸狭隘的危险，并呼吁大家尊重拥有不同文化背景的人。"丹麦是一个多民族国家，"她说，"有些世代居住于此，有些迁居至此。但我们都是同一社会的一分子，因此拥有共同的命运，不论是大是小，是好是坏。"

正如幸福经济学家克里斯琴在一开始告诉我的那样，丹麦素来以宽容而闻名于世，而且 2013 年丹麦曾是纪念纳粹集中营中七千名幸存者七十周年庆祝活动的中心。偷运丹麦犹太人至瑞典境内的营救行动十分成功，90% 的难民获救（换个角度看，荷兰的十四万犹太人只有 30% 获救，而挪威的犹太人只有 60% 得以幸存）。丹麦人公开反对纳粹、倡导民主——这种观念与反犹太主义水火不容——起到了至关重要的作用。

*

　　可感知的宽容是丹麦民族自豪感的重要源泉。我发现我遇到的丹麦人在爱国这一点上完全不需要任何理由。生在丹麦毋庸置疑被当成一件幸事，就连能跟这个国家扯上一点关系也被视为十分难得。许多企业在公司名称中使用"丹"这个字，因为丹麦化在这里就是精妙绝伦品质出众的代名词。我加入了一个脸书小组，该小组致力于记录这一现象并尽力搜罗了所有的"丹麦品牌"——最新的统计数据为三百五十七个——包括丹麦航空、丹麦水产、丹麦蛋糕、丹麦木门和我最爱的丹麦润滑油。

　　我开始怀疑，这种爱国精神是否会影响丹麦的幸福感。热爱祖国并不断提醒自己来自于一个多么伟大的地方有助于提升生活满意度吗？我进行了一番调查后发现，《心理科学》杂志发布的一项研究表明爱国会让人更加幸福，这一点已得到科学证实。一项针对欧洲价值观的研究也发现，一个人的民族自豪感越高，其幸福感就越强。"难怪丹麦人都很幸福，"我告诉乐高男，"90% 的丹麦人对自己的祖国感到'自豪'或'非常自豪'。"我把笔记本电脑上的文章读给他听。国际社会调查合作组织在另一项研究中询问多少丹麦人认同"我的祖国要比其他国家好"的说法，42% 的丹麦人选择了"是的，我的祖国更好"。相比之下，其他高福利型自由国家的数据要低得多，只有 7% 的荷兰人认为自己的祖国十分优秀，12% 的瑞典人会为自己的祖国叫好。

摇旗——不论是字面意义还是引申意义——在丹麦近乎于必修课。不论信仰如何，那面红底白十字旗将所有人紧密联系在了一起，不论是社会民主党成员还是民族党人，不论是路德派教友还是无神论者。不管是大张旗鼓地在电视直播中挥舞国旗还是插在自家门外，抑或是用来装饰办公桌、装饰食物、庆祝生日或商品促销——所有丹麦保留至今的东西最后都会插上一面丹麦国旗。

丹麦国旗（丹麦语"Dannebrog"）是世界上最古老的国旗之一，据说早在13世纪便有人发现这面旗子从天而降。传说1219年6月丹麦士兵即将输掉瓦尔德玛战役（Battle of Valdemar）时，他们暂停了战斗，聚在一起祈求帮助。你瞧，上帝没有给他们武器、人力和世界和平，而是给了他们……一面丹麦国旗。红白相间的旗帜从天而降，在落到湿漉漉的土地上之前被丹麦国王敏捷地抓在了手里。这一神圣的天赐之物据说让皇家军队大获全胜——但是今天的丹麦人并不崇拜赠与他们国旗的上帝，而是对国旗本身倾注了更多的信仰和忠诚。

对这一神迹进行深入了解之后，我们在车库后面发现了一根埋在地下断成几截的旗杆（谢谢你，上一任租户），这让我们兴奋不已。我们把它挖出来接好，然后试着把它立在风里，完美再现了《证人》[1]中阿米什人合力盖起谷仓的情景

---

1 《证人》（ Witness ），1985年美国犯罪惊悚片，哈里森·福特为男主角。

（乐高男："我是哈里森·福特！"我："呃……好吧……"）。我们把这根十五英尺长的旗杆直挺挺地挪到了一块远离汽车、窗户和小狗的地方，高兴地发现它正好可以放进一个此前我们一直用来排水但效果却差强人意的洞里。以前我从没拥有过旗杆（我知道，这是第一世界的问题……），把它竖起来之后我们才意识到滑轮得用润滑油才能工作，于是我们又把它放了下来。怀着一丝"拿来"的爱国主义，我在网上订购了一面丹麦国旗（我们的前任屋主竟然没想到把他们的国旗留给我们，真无礼）。

"这只是个开头而已，"我告诉乐高男，神经开始兴奋起来，"咱们可以为客人升起不同的旗帜！或者做一面骷髅旗，开个海盗主题派对！咱们还可以设计自己的纹章！"

他看了我一眼，说我这个上午可能喝了太多咖啡，之后他态度有所软化，同意让我再买些旗子"以备不时之需"。

*

第二周周末，一位大学时代的旧友前来小住几日。每当有故乡的朋友来探望我们，我都大为感动，因为这对我们来说意义重大，我怀疑他们压根儿就没意识到。飞往这里的机票并不贵——乘坐廉价航空的话，从这里到伦敦的往返机票只需要三十英镑（约合五十美元）——但我知道离开自己的舒适区，选择飞往比隆小镇度个短假并不是所有人的首选。对于那些为了一块饼干而愿意冒险的勇敢者，我总是想要为他们提供一些特别待遇，并让这些无畏的客人尽可能过得开心。本周的贵宾会在这里住上几天，再过几日便是他的生日，我们收到指示将其称为"他的大日子"——多年来他一直拒绝承认现实。他原是瑞士人，谦恭有礼风度翩翩，每次见面都会带一大盒巧克力给我。这位瑞士朋友总是很受欢迎，所以我觉得应该准备点特别的，纪念一下他的重大人生里程碑同时又不至于太出格，以防他仍打算坚称自己"只有三十九岁"，并把我们从他的圣诞节名单上除名。我烤了蛋糕，乐高男买了酒，然后我灵光一现。

"咱们可以给他升个旗！"第二周的星期六，两杯咖啡下肚的我高兴地呼喊道。

"什么？"

"瑞士国旗！就像丹麦人过生日时那样！我们可以把它升到旗杆顶上，他来的时候一眼就能看到啦！"

"咱们不能挂一面丹麦国旗吗？也差不多——"

"——不行！"我一边吃着牛奶什锦早餐一边抗议。我把食物喷得到处都是，只好指着 BBC 新闻网上的一则报道，乌克兰总理竟挥舞着一面丹麦国旗向瑞士首相致敬。"根本不是一回事儿，"我嚼着一大口麦片费力地说，"——不行。"我先发制人否决了他的下一个提议："不能用迪美斯（Tipp-Ex）涂改液，我们得拿出诚意。"

我用导航定位好国旗店的地址，然后把乐高男手中的马克杯拿掉，并把一只胳膊伸到了外套的袖子里，他意识到自己别无选择只有同意的份儿。

两个小时之后，我们赶在客人抵达之前把旗子升了起来。瑞士国旗跟丹麦国旗有点儿不同，红色长方形底框中央的白色十字要宽很多。我们升起了国旗，满意地看着我们的作品在风中飘扬。

"看起来就像一把巨大的军刀。"乐高男若有所思地嘟囔着，回想起了他在童子军时代采集狩猎的日子。昔日的童子军大会让他眼含热泪，我不得不提醒他时间，告诉他我们得出发了。

乐高男毕恭毕敬地对着国旗敬了一个童子军礼，然后取了车钥匙，我们便驱车前往机场去接这位瑞士朋友。

回到斯迪克斯维尔的时候，社交和蜜糖让我有些飘飘然（我啪地一下打开了瑞士朋友"为此次旅程"送给我的"开胃巧克力盒子"）。我们刚转下大路朝公寓驶去便看见了那面国旗，它正在碧蓝的天空下迎风招展。

但是还没等我伸出沾满巧克力的手说出"看哪，我们为你升了瑞士国旗"，我们就发现一群上了年纪的白胡子绅士围在我们的旗杆周围。

"是我的欢迎团吗？"瑞士朋友问。

"他们或许是在欣赏我们的新国旗，"乐高男朝着新设施点头示意，"看见了吗？"

瑞士朋友目不转睛地盯着这份礼物，一只手放在胸前，说自己十分感动。"那些老人也是吗？这是丹麦的某种传统迎接仪式吗？"

"呃，不是。"

我们刚下车，胡须先生和他们智慧过人的朋友就一起朝我们走了过来，活像僵尸电影中走出来的一般，只是动作更加迟缓。

"你们好？"乐高男故作轻松地跟他们打了个招呼。

其中的一位皱了皱眉头，发出了几个我听不明白的喉音元音。我刚想对他说出我唯一会的那句丹麦语"Undskyld, jeg ikke forstår"（对不起，我听不懂），他便又说了一句，我听到了"Schweiziske"（瑞士）和"forbudt"（禁止）还有"Dansk flag"（丹麦国旗）。接着领头的胡须先生向上指着，脸成了猪肝色。

"你觉得他是不是想让你把那面国旗取下来？"瑞士朋友问。

我做了个在键盘上打字的动作，表示"我马上就去查看自己违反了哪条规定，如有冒犯我保证会把旗子拿下来"，然后两手垂直交叠在一起往下拉绳子（还不错吧？猜字比划是我最没用的天赋），然后请我们的瑞士朋友进了屋。

究竟为何有人反对瑞士国旗？回到屋里，乐高男大声说出了心中的疑惑。"我是说，瑞士可是中立国！"他一边说一边咯哒一声打开了水壶，把马克杯摆在了厨房的操作台上。"他们的手表和巧克力品质十分出众！"

"还有罗杰·费德勒[1]，"我插了一嘴，"谁能恨费德勒啊？看在上帝的份上，这个男人把'男开'穿得那么酷。"

"男开？"瑞士朋友有些不明所以。

"男士开衫。"

"哦。"

"还有厄休拉·安德烈斯[2]。"乐高男继续说道。他把热水倒进茶壶，溅得厨房操作台上到处都是，然后丢了几个约克郡茶包进去。

"厄休拉和谁？"瑞士朋友问。乐高男放下茶壶，惊恐地看着他。

"白色比基尼？《诺博士》？"我丈夫的表情就像是他正在重新思考自己是不是跟一个瑞士人交了朋友，这时传来了一阵门铃声。胡须先生又回来了，这次带了一位白发苍苍的老人做帮手。

"嗨，不好意思，我们正准备处理这件事，呃，国旗的事。"我不知所措地开口说道。这时他举起一只手，手掌对着我，然后闭上了眼睛。跟闭着眼睛的人交谈是一件不可能的事，这真让人沮丧。就像是他们已经开了小差，你说什么他都没兴趣。我只好闭嘴等着。

"因为你们说不好丹麦语，"胡须先生最终开口说道，

1　罗杰·费德勒（Roger Federer），瑞士男子职业网球运动员。

2　厄休拉·安德烈斯（Ursula Andress），一个身穿性感比基尼的拾贝者，被认为是真正的第一任邦女郎。

"我们冒昧将丹麦对于国旗的规定翻译成英文并打印下来。"

胡须先生三号递过来一张 A4 纸。我伸手接了过来，惊讶地发现纸张硬挺且有光泽。

"你们还把它过塑了？"

胡须先生三号摆了摆手，仿佛在说"这没什么"。

"他有台机器。"胡须先生一号补充解释道。

"你们刚刚做的？"

"是的，解决这个问题很重要。"胡须先生三号生硬地说。

"你们不了解丹麦的法规，这不是你们的错，"胡须先生一号用安抚的语气说道，"但现在你们已经有所了解，希望这样的事不会再发生。"

"绝对不会。"我附和着表示同意，就像一个丢脸的女学生或英国首相在廓尔喀[1]人的问题上遭到乔安娜·拉姆利[2]羞辱。

"你们会发现在丹麦国旗十分重要。"胡须先生一号继续说道，"要是有什么疑问，尽管来问我。"

"好的。谢谢您。请问尊姓大名？"

但他转身就走，没有告诉我他的名字。又是这样。

待乐高男和瑞士朋友笑够了，我大声读起了过塑的规定：

1　廓尔喀（Gurkhas），尼泊尔中部地区，廓尔喀王朝的发祥地，位于加德满都西北八十公里。

2　乔安娜·拉姆利（Joanna Lumley），英国女演员，曾出演《女王密使》中的邦女郎。

司法部国旗协议

严格遵守国旗规定十分重要 ☺[1]

除了丹麦国旗外，本国不允许升任何国家的国旗（外国大使、领事或副领事除外）。

如果要升北欧国家国旗（以及联合国和欧盟旗帜），需要从警察局预先取得授权。

在丹麦纪念全国性事件的日子，不能取得升外国国旗的授权（如坚信礼）。

其他时间，某些旗帜可以与丹麦国旗**并升**，但其尺寸**至少**要与丹麦国旗相同，而且应处于从属位置。否则将被视为一国对另一国的入侵行为，并引发战争——

我突然停了下来。"听起来真够扯的！"

"你们根本没有意识到自己的权利有多大！"瑞士朋友喝了一口茶，打趣地说道，他现在显然很开心。

许可在一定条件下发放，随时可能收回。不遵守规定是违法的，将会被处以罚款。

PS：在丹麦，亵渎外国国旗也是违法的，但是烧毁丹麦

---

1 我发现，丹麦人很喜欢用表情符号，尤其是在说了某些可能被解读为对抗性、批评性或无礼的话之后，为了冲淡其影响。——作者注

国旗是可以的——

"什么?"乐高男打断了我。
"——这张过塑纸上写的……"我继续念。

——烧毁丹麦国旗是可以的。这是因为焚烧外国国旗容易被解读成对那个国家提出挑战。然而,焚烧丹麦国旗不会成为外交事件,所以是合法的。实际上根据丹麦传统,人们会采用焚烧的方式来处理破损的丹麦国旗。

"国旗怎么会破损?"我们的瑞士朋友问,"挥舞得太勤了?"这问题把我们难住了。

丹麦国旗不能在太阳升起前或上午八点前(这取决于先后次序)升起,必须在日落前降下。
升国旗要迅速,降国旗需要特定仪式。
任何时候丹麦国旗都不能落地,因为这在丹麦代表着战争即将爆发。

"啊呀,这些旗子还真容易引发战争……"乐高男再次打断了我。我严肃地告诉他,由于丹麦的国防预算只占其GDP 的 1.3%,而且众所周知兵役制也形同虚设,战争是我们最不愿意看到的,然后接着读完了剩下的一段。

希望你们喜欢升丹麦国旗。☺

"太棒了！"乐高男从冰箱里取出了三瓶啤酒，认定这个下午光有茶还不够，得来点更烈的酒助兴。"谁能想到咱们犯了法，一天之内就差点引发世界大战呢？"

"不过，那依然是个友好的举动，我很感动。"我们的瑞士朋友喝了一大口啤酒说道，"我想你们也不知道丹麦人对待他们的国旗到底有多严肃。"

在英国，升圣乔治十字旗已经成为一种笑话——那是保卫英国同盟或足球流氓的专属。苏格兰国旗圣安德鲁十字旗则总是跟苏格兰国民党（或皮绳愉虐，这取决于你的"性"趣爱好……）联系在一起。爱尔兰三色旗代表着圣帕特里克节、吉尼斯黑啤酒和主题夜店。威尔士的龙旗让我想到了橄榄球或是某种形式的男声合唱团。2012 年伦敦奥运会期间，英国国旗作为民族自豪感的象征而非一种可疑的政治主张曾短暂复兴。一夕之间，我们的国旗代表了斯蒂芬·弗赖伊 [1]、《法国人与磨沙机》(*French and Saunders*)、姜味硬饼干和丘吉尔；一夜之间，为祖国感到自豪也得到了大家的接受——至少在那两个星期如此。那种感觉很好，所以我不禁会想，丹麦人挥舞国旗或许非常有意义。

---

1 斯蒂芬·弗赖伊（Stephen Fry），英国著名影视演员、编剧、制片人、导演。

我跟乐高男小心翼翼地叠起了瑞士国旗，然后让这位即将四十岁的单身汉带回了家，还有一个能够让他铭记这个周末的装满了丹麦出品的爱心包裹。近期内我们不会升英国国旗（"你也别想什么海盗旗了。"乐高男告诉我），但是我打算在此期间把丹麦国旗当成我自己的国旗。我们已经来了五个月，现在我开始有了更多的安定感——或许，甚至还有些轻松感。这是迈向幸福的第一步，我告诉自己。如果民族自豪感和传统能够让你更加幸福，那么我绝不想置身事外。我没有在丹麦出生、没有在丹麦长大，但是在定居丹麦的一年时间里，我会尽力让自己按照丹麦方式生活，入乡随俗。所以，或许我可以学习一些当地的风俗传统和一些值得欢呼的事。或许我可以做一个爱国的丹麦荣誉公民。我决定按照 20 世纪 70 年代民歌摇滚乐手斯蒂芬·希尔斯（Stephen Sills）的混蛋箴言生活："爱眼下的那个。"好吧，就一年而已。

本月知识点：

01.

你可以烧毁丹麦国旗，但升得慢是违法的。

02.

宗教不会让你快乐，但传统和特制蛋糕可以。

03.

丹麦的父母非常善解人意、慷慨大方。

04.

爱国主义大有裨益。

05.

小狗需要更多的训练。

只是个女孩

波光粼粼的大海令人神往，万里无云的天空一片蔚蓝，乐高男穿上了色彩柔和的短裤，就像威猛乐队[1]1983年推出的录影带里的临时演员似的。这只能说明一件事：夏天终于来到了海滨小镇斯迪克斯维尔。不过意外的是，我的幸福计划在这个月遭受了打击。

一开始情况还不错。我们坐在柳条椅中一边喝着冰汽水，一边看着左右摇摆的白色三角帆船蜿蜒而上离开码头，感觉就像在科特达祖尔[2]度假一般（淡季的科特达祖尔，注意，咱们还是别太得意忘形了……）。让我感到惊讶的是，这里渐渐暖和起来，非常非常暖和，就好像由于污染很少（或是某种戏剧效果或兴奋之情使然）太阳的照耀也更加猛

---

1 威猛乐队（Wham!），由两位高中时代的好友乔治·迈克尔和安德鲁·维治利组成。他们的首张专辑《异想天开》一经推出，很快就在英国的排行榜上名列第一，并连续两周位居榜首。
2 科特达祖尔（Côte d'Azur），法国地中海海滨休假胜地。

烈了。大地散发着热气，整座日德兰半岛看起来像是加了一层 Instagram 滤镜。我们不得不买了一把大遮阳伞以防在花园里被晒伤，但我发现那些渴慕阳光的丹麦邻居更喜欢涂上防晒油晒日光浴，直到皮肤变成古铜色。

突然之间，海边生活显得不那么荒凉了，甚至让我们产生了一种轻松的度假感。每天早上一醒来，我们就会掐指数数还有几个小时才能去海滩玩。因为我们住在遥远的北边，往往夜里十一点的时候天还亮着，所以每天下班之后还可以享受整整七个小时的阳光。这个宁静的海滨小镇现在变得熙熙攘攘，烤肉的、游泳的、划独木舟的，还有在办公室度过了相对清闲的一天之后又转战这里放松一番的水手们。有一年夏天，我打算在克拉芬公园[1]用一次性铝托盘装的煤烘烤汉堡，结果受到了官方警告。我至今仍未走出那耻辱的阴影；而在这里随处都可以点起火堆，我不太习惯接受这一事实。不仅如此，kommune（丹麦当地市或州）还准备了野餐桌、露台和随时补足的碎柴来为大家助力。这股大方劲儿让乐高男感到难以置信——"免费的木柴？难怪丹麦人这么幸福！"——我不由得心生感慨，在拥抱幸福生活这件事上，一切问题在聪明的日德兰人面前早已迎刃而解。

五位学生时代的好友过来小住了几天，她们为我带来的那种亲密无间感和雌性激素让我如沐春风。我们滔滔不绝地

---

1 克拉芬公园（Clapham Common），位于伦敦南部的大型三角都市公园。

说着话——跟我在这里的语速完全不一样，在这里我得一个字一个字地往外蹦，好让对方听懂。我们互相交流彼此的近况，吃了很多 snegles。大家一起在镇上的羞羞马喷泉前合影，太欢乐了。其中两个朋友有孩子，所以她们每天在宝宝上床睡觉之前都要 Skype，这让我想到自己多么向往这样的生活。我喜欢做家里两个天真无邪的小朋友的教母，也愿意做其他小朋友八竿子打不着的"特殊阿姨"，但那是两码事。一想到这儿，我的喉咙又有些发堵，但还是得硬吞下去。不过我真的很高兴有朋友来陪我，她们离开时我深感鼓舞和振奋，为迎接另一个月——或六个月——的丹麦生活做好了准备。

　　仲夏夜是本月的重头戏，尽管丹麦人不知出于什么原因将圣约翰之夜——即施洗约翰日前晚——从 6 月 21 日改到了23 日。到了这一天，丹麦人会点起提前一个月便着手搭建的篝火，这样一来到了六月的第三周，丹麦乡下便随处可见星星点点、郁郁葱葱的群山。

　　我跟乐高男还有小狗沿着海滩走着，深一脚浅一脚地赶赴我们的第一个圣约翰庆祝活动。空气中飘散着燃烧的木柴和香肠的味道，小狗一心只想着那香气和美食，简直像是到了天堂。本地人成群结队地走出户外，我看到了胡须先生们（一号到三号）。经过他们身边的时候，我试着跟他们说了声"hej"，出乎意料的是他们竟然点头回应了我，接着便跟我们攀谈起来。

"我们看到你们把垃圾扔对了……"胡须先生一号说。

"……但你们的小狗看起来还是挺野的。"胡须先生二号点燃了一根黑亮的大力水手烟管然后喷出了一口烟。

我对他们的"教诲"表示感谢,然后继续向前走去;但这不太容易,因为小狗被那火光给迷住了,就像原始人一样。

我们遇到了友善的邻居、维京人和我的新朋友海伦娜·克里斯滕森,她看起来就像个金发女郎(但她非常和善——是的,就是这么不公平)。大家带来了各式各样的零嘴,我对着野餐食品和将陪伴我们度过这漫长夜晚的大量啤酒望眼欲穿。维京人装备齐全的野餐篮里装着一个特百惠饭盒,里面放着一个生面团,他告诉我们这是做"麻花面包"(snobrød)或者"牛角面包"用的。为了庆祝施洗约翰日,丹麦人会把一条条生面团缠在棍子上(他们效率很高,会预先备好,并在水中浸泡过)放在篝火上烤。乐高男多嘴问了句为什么,结果大家齐声答道:"这是传统!"就跟一支节奏感十足的希腊合唱团似的,这答案我们再熟悉不过啦!

一个酷似罗伯特·普兰特[1]的男人开始用广播发表演讲,但是一阵震耳欲聋的尖刺声打断了他。他反复拍了几次麦克风,结果一点儿用也没有,不过是徒增了一阵刺耳的噪音,最后只得放弃,扯着嗓子喊了起来。

---

[1] 罗伯特·普兰特(Robert Plant),英国摇滚歌手、创作人,"齐柏林飞船"乐队主唱。

"他是谁？"我小声问维京人。

"哦，他是本地的国会议员。在哥本哈根之类的地方，通常是由名人做这种事儿，但在我们这儿通常会邀请政客或本地电台 DJ 之类的人。"

"娱乐界怎么……"我小声嘟囔着，维京人则转过身去，全神贯注地看着"罗伯特·普兰特"。"还有，呃，他都说了些什么？"我的丹麦语还不太灵光，日德兰乡下口音的咕哝我真听不太懂。

"他只是告诉大家发生了什么事——接下来我们要唱歌了。"

"哦好啊。"乐高男正说着，一位上了年纪的女士走了过来递给我们几张歌单。"我们要唱什么？"

维京人轻轻叹了口气，我想他或许在后悔跟两个英国傻瓜做朋友。他指着手中的歌单："这首叫作'Vi elsker vort land'，意思是'我们爱自己的祖国'。"

真是毫不意外啊！我心想。

一个显然是晒了太多太阳、看起来活像一只深褐色狒猴的女人用一只手在电子琴上敲了几个音符，另一只手夹着一根烟自顾自地抽着。人们开始唱歌，狒猴女人伴奏，翻乐谱的时候小心翼翼地不让乐谱被点着。

尽管事先对于旋律和歌词一点儿也不了解，我还是试着把注意力集中到那首歌上，但是一个攀爬假山的小男孩吸引了我的注意力，他的身后还拖着一个弗拉明戈舞者造型的稻草人。他用木棍挑着这个不幸的祭品，然后用拳头猛打它的脸。小男孩下来之后，一个女人沿着那堆篝火的底部添了些稻草，然后用火把点着了稻草人。噼啪作响的火舌一路向上蜿蜒，照亮了那个横跨在火堆上的小人儿。我看到一顶帽子戴在稻草人凹凸不平的羊毛制头发上。稻草人身上还披着一块花花绿绿的斗篷，下面是一条镶边的红色连衣裙。还有人灵机一动在稻草人的头顶挂了一张苦瓜脸的纸质面具。

"我有好多年没翻过女修道院学校的钦定本《圣经》了，"我悄声对乐高男说，"但我敢肯定施洗者约翰最后身首异处，而不是被活活烧死的。而且他的弗拉明戈也不出名……"

维京人无意中听到了我的话，便插嘴道："哦，那上面的不是圣约翰。今天只是圣约翰日前夜。"

"好吧……那么这个男人是谁？"我指着那个苦瓜脸问道，眼睁睁地看着它化为灰烬，引得人群爆发出一阵欢呼。

"她，"他纠正了我，"是个女巫。"

这时，那个不幸的人的红裙子着了火，黑色的烟雾翻涌到海面上空。人群中爆发出一阵欢呼声和掌声，几个人拿出手机拍下了这一瞬间。

"你们还在火烧女巫？"我战战兢兢地问。

"只是今晚，"他试着辩解，"篝火就是为了这个准备的。那是传……"

"——别告诉我'那是传统'！"

"你怎么知道的？"

"预感而已。"

"打脸的部分，"乐高男问道，"也是传统的一部分？"

"不是，那只是孩子在调皮。"维京人回答。

"好吧。弗拉明戈外套呢？"

"只是人们随意找来的，我猜。"

一阵大风让火烧得更旺了，很快棍子顶端那个粗制滥造的"女巫"就变成了一个铁丝网。人群鼓起掌来，那个顽劣的孩子跟他的朋友开始放声大笑。大家唱起了另外一支歌，我们围聚在火堆余烬四周，开始烤面包串，但是我早已失去了胃口。

友善的邻居发现了我的仓皇无措，试图安慰我。

"我们要烧掉女巫来抵挡邪恶思想。"她的口气听起来好像在说这是世界上最正常不过的事儿了。

"好吧……"

"女巫在仲夏前夜会异常活跃。所以我们要烧死一些，剩下的就跑去德国了——"

"什么？"这像是天方夜谭了。

"去了布罗肯的山里，所有的女巫都会聚在那里。"

"为什么？她们为什么要去德国？"因为啤酒和奶酪便宜？

对此维京人像往常一样耸了耸肩，然后说道："我不知道，那是德国。什么不好的事都发生在那儿！"听得出他已经有些微醉了。为了对自己对于这个强大的南方邻居的仇视进行辩解，这是一个人能想到的最冠冕堂皇的理由。

这时，维京人给我上了一堂醉醺醺的海边历史课，这正是他在大学攻读的专业，友善的邻居和海伦娜不时加以更正，以免我们对他们的祖国产生曲解。

我得知丹麦火烧"女巫"的行为始于16世纪，当时教会十分热衷于判处女性有罪并用火烧死她们。这一做法最终在1693年七十四岁的安妮·帕利斯（Anne Palles）被当做女巫烧死之后废止，她的罪名包括"迷惑"地方长官、导致与她丈夫跳过舞的一名女性暴毙，以及曾在一个农场小便而导致庄稼欠收。

"真的吗？最后那部分是真实的吗？"我满腹狐疑地问，结果只换来大家猛烈的点头。讲到撒尿的部分时，小狗轻轻呜咽了几声，好像意识到自己在附近的几家农场做过更坏的事。它从灰烬附近跑了回来，躲在了乐高男的腿后。

"所以你瞧，我们很多年没有烧死活人了！"维京人眉飞色舞地结束了说教。"在20世纪初，烧稻草女巫变得流行起来。"

"我们这么做没有什么特别目的，"友善的邻居想让我安心，"那只是——"

"传统？"

"对！"这一回答得到了维京人的呼应，他已经喝得酩酊大醉。

"但我本以为丹麦打算把自己打造成两性平等的人间净土，毕竟你们在提高女性权益这点上拥有漫长而辉煌的历史。"我还没有喝醉，不想放过这一点。

"当然，"维京人耸了耸肩，"女巫'权利'不在此列！"

"你们知道女巫不是真的，是不是？"

维京人大笑起来，乐高男扮起了和事佬："别操心了，我们谈论的是几百年前的事儿。从那时起情况一直在好转，对不对？"

"呃……"友善的邻居做了个鬼脸，看起来就像《超级无敌掌门狗》(*Wallace & Gromit*)里的橡皮泥人。

"什么？"

"呃，你们看到了附近的红色大楼吧？"

"那些古老的医院？"我问道，以为她说的是20世纪20年代的红砖建筑，镇上大多是这样的建筑，里面住着白发苍苍的退休老人。

"是……"听上去好像她也不太肯定，"只不过那些不是医院……"

"不是吗？地产代理这么告诉我们的。"

"不是。那些是医疗机构，是精神病患者住的。"我正在考虑要不要建议她换一个更加礼貌的说法，她又自顾自地说了下去。"这些是男性精神病患者住的大楼，"她朝着沙滩远端若隐若现的几栋建筑说道，"由著名的丹麦医生克里斯琴·凯勒（Christian Keller）创立。山上有他的雕像，你们知道吗？"

"那个大胡子？"

"就是他。但是女性——"她深吸了一口气，"——呃，你们从菲英岛（Funen）到西兰岛的路上有没有注意到一座小岛？"

菲英岛位于日德兰半岛东部，西兰岛还在更远的东边，是哥本哈根的大本营。正如我对家乡的朋友形容的那样，在那里可以找到"一切有趣的东西"。就连方向感不强的我也知道友善的邻居说的是哪里。这很少见。

"是的！我知道。我们开车路过那里几次。怎么了？"

"那个地方叫斯普罗岛（Sprogø），有毛病的女人会被送到那里。只不过通常她们都没什么大错儿……"

看样子，斯普罗岛是用来收容那些被看作"私生活混乱"、"心智迟缓"、"举止轻佻"或"løsagtig"（淫荡下流）的女人的。这个由克里斯琴·凯勒在 1923 年创立的机构实际上是那些有婚前性行为、婚外情或未婚生子的女性的监狱。经常有大批男人蜂拥至斯普罗岛想要找个"便宜货"，尽管没人认为男人寻花问柳有何不妥。

"那个地方是什么时候关闭的？"

"哦，20 世纪 60 年代。"

我大吃一惊。我知道这样的事不仅发生在丹麦，伦敦的马格德莱妮收容所（Magdalene Asylum）一直活跃到 1966 年，最后一家爱尔兰马格德莱妮洗衣房直到 20 世纪 90 年代才关闭。但在**丹麦**？我以为丹麦人进步更快——社会更加平等。我意识到自己对于丹麦女性的状况并不如自己想象中那样了解。

派对一直持续到晚上十一点，太阳下山后月亮爬了上来，皎洁的月光让人恍若置身白昼。我们很快回到山坡上的家中，我望着星星点点的篝火余烬，连同其他火堆一起在海岸线附近明明灭灭，就像一串珍珠。

那天晚上我做了一个噩梦，梦到许多被火舌烧得半焦的女人一路逃往德国，直到凌晨三点一缕阳光划过我们遮挡严实的百叶窗边缘将我唤醒。那时，阳光变得有些刺眼了。丹麦的仲夏意味着一天中只有四个小时的黑夜。我顶喜欢漫长的夏夜，这样就不用闹钟和鸟鸣叫我起床了。

我眯着眼睛抱怨了一声，胡乱在床头柜上摸起了免费的航空眼罩，我喜欢在凌晨戴上它。我戴上了眼罩，呼地一声栽倒在了枕头上，试图再次入睡，但我的脑子却开始活跃起来。我有些烦躁地躺在那里，一通胡思乱想，我最擅长这个。

鸟儿为什么天一亮就起床？那在丹麦的夏日里，到了傍晚它们会不会精疲力尽？附近哪里可以买到不错的胸罩？是谁第一个发现热蜡脱毛是个好主意的？丹麦的女性获得选举权是在什么时候？最后还有一个很重要的问题：假如出生在这个以文明进取而闻名于世的北欧国家的女性境遇其实并不比其他国家好会怎样？我发现自己对于这些问题的答案一无所知，于是我打算找出答案。[1]

*

在丹麦第二大城市奥胡斯坐落着世界上为数不多的几座女性历史博物馆之一。尽管无法同美国的史密森尼博物馆相提并论，但这里却收藏着种类丰富的手工艺品和档案材料，记录着多年来那些天生具有双 x 基因者的生活。一个闷热潮湿的星期一上午，我开着那辆没有冷气的红色西红柿汽车来到大城市，希望能够在丹麦女性的命运中得到安慰。一个戴着角质边框眼镜的好心女士陪我一起翻遍了博物馆里落满灰尘的藏品，并为我简明口述了北欧女性的历史。我发现早在1875 年，丹麦的女性就可以进入大学。北欧国家是最早赋予女性投票权的几个国家，芬兰始于 1906 年，挪威是 1913年，丹麦和冰岛是 1915 年，瑞典则是 1919 年。在丹麦、瑞典和挪威，各大政党在 20 世纪 70 年代就引入了自由性别配额制，鼓励女性进入政界，自此以后性别配额便被废止了，因为大家认为进一步激励已失去必要。在创作本书时，丹麦议会中的女性比例占了 40%，她们同时担任着两大联

1　重要事项但仅供参考，原来鸟儿早起鸣唱是为了护卫自己的地盘，但它们会在夏天午睡好挨过漫长劳累的一天（西安大略大学与马克斯·普朗克鸟类研究所的研究分别表明）。古埃及人用蜜蜡脱毛法（很恶心，别试）为热蜡脱毛奠定了基础——且附近没有像样的卖胸罩的店。——作者注

盟政党的领袖。我发现，丹麦人在女性权利上一直在进步，堕胎在 1973 年实现合法化，同工同酬 1976 年被写进法律。正如我在二月发现的那样，丹麦的就业政策非常注重就职机会均等，雇员的育儿假期也很长。

在丹麦，新生儿父母可以享受五十二周的假期。母亲在生产之前应休假四周，生产之后至少要休息十四周。这似乎非常合理，因为美国国民经济调查局的调查显示充裕的育儿假有利于婴儿的健康，降低母亲产后抑郁的比例。男性在婴儿降生后也有两周的假期，剩余的假期由父母双方自由分配。由于丹麦大多数男性会休育儿假，因此他们能更快地跟孩子建立亲子关系，并学习传统上由母亲负责的育儿工作。

下一步是强制性育儿假。挪威早在 1993 年便率先为父亲设立了育儿假。在此之前，只有 2% 至 3% 的挪威男性会休育儿假。目前挪威男性享有十四周的育儿假，90% 的父亲会加以使用，15% 的人会在育儿假结束后提早下班跟家人度过更多时光。研究表明，挪威延长育儿假极大改观了民众对于性别角色的态度，1993 年之后出生的男孩比之前出生的男孩承担了更多的家务。在瑞典，男性享有两周育儿假，在此期间可以拿到 80% 的薪水。

要是我们可以组建起一个家庭，我忍不住想，北欧国家是个相当不错的地方……

政府会直接发放家庭津贴到那些家有未满十八岁孩子的母亲手中，不论收入情况如何；单亲家庭及寡妇和鳏夫的子女还可以享受儿童补助金。

有了孩子之后，78%的丹麦母亲会选择重回职场——这一比例远高于经合组织国家66%的平均数。这是因为儿童保育可以得到政府资助，而且丹麦职场著名的工作-生活平衡原则让丹麦比其他地方更容易平衡事业与家庭生活的关系。传统定义中的"女性工作"跟传统定义中的"男性工作"同样受到重视——两性各司其职。

白天外出（这是自由作家的幸福之处）在人类学上是一种有趣的体验，在丹麦我发现周围的男性比英国要多得多。我并非刻意寻找，你知道，而是他们就在那里，身后通常还有个小跟班。经常可以看到男人大白天推着婴儿车四处逛，推宝宝荡秋千，下午三点半从托儿所接孩子回家，或是在超市里一手拿着生菜另一只手里抱着个婴儿四处乱转。男性正在承担各种各样的家务，而这些在英国通常是女性或有牺牲精神的祖父母的事。这似乎是件天大的好事。经合组织的研究证实，北欧国家的男性比以前更多地参与育儿生活，而且承担的家务事要比他们的英国同胞多得多。我高兴地发现密苏里大学的一项研究表明男性和女性在分担家务和育儿责任时会变得更加幸福。我用心记下了这些信息并发给我所有做了母亲的朋友，建议她们打印出来贴到冰箱上。

我跟着那些慈爱的父亲的脚步，逛遍了奥胡斯的各大商店，当然是为了调研。当季的女性时装同质化明显，色彩仅限于几种北欧的流行色，而且面料看起来非常易燃，但我发现它们并不特别性感或骨感。我身边的女性都不是"纸片人";相反,她们看起来很强壮,实际上这正是维京人的特点。在一家本地面包店,一位罕见的美国游客经过这里时告诉柜台后面的女孩:"你看起来像个维京女人!"好吧,这还真有点让人毛骨悚然,要是有人在英国对我说这样的话,我可能会认为他们在说我敦实。甚至是,**男子气概的**。这可不是什么好事,但是那个女孩看起来非常开心,还对他的"夸奖"表示感谢。在丹麦,女子的强壮被视作一种"褒奖"。即便是在时尚之都哥本哈根,我也没见过在伦敦司空见惯的那种迈着罗圈腿、化着海洛因妆的女人,或是在纽约屡见不鲜的那种骨瘦如柴、塑形过度的女人。这里的女人不愿意太瘦,她们敢吃。

我遇到的小孩子个个都看不出性别,他们没有色彩斑斓的衣服。我想起了丹麦最大的玩具连锁店 BR 那让人眼前一亮的最新产品目录,封面上男孩子在玩芭比娃娃而女孩子在玩火车。这里的孩子可以自由选择玩具,与性别无关。

丹麦是适合女性生存的地方,这让我倍感安心。不过为了发掘更多信息,我约了海伦娜和美国母亲第二天一起喝咖啡(油酥点心自然是少不了的),了解她们的看法。我做好了聆听"姐妹淘"热情分享我这精神故乡的一切的心理准备,情况一开始十分乐观。美国母亲非常推崇丹麦为那些既想照顾孩子又不想放弃事业的女性提供的就业机会,她告诉我说她在美国生下第一个孩子的时候享受了三个月无薪假期，人人认为她"超级幸运"。"相比之下，在丹麦生下我的第二个孩子简直就像做梦一样。"她说，"我有一年的假期，同时职位还得到了晋升。"

海伦娜告诉我学校里对男孩和女孩一视同仁，并为他们提供了均等的机会，而美国母亲则对"这里的女孩子都不太有'女人味'"的说法表示认同。"'Jeg kan gøre det selv'，或者说'我可以自己来'，这句话她们从开口说话就会。"这给我留下了很深的印象。但接下来，情况似乎有些急转直下。

"所以呀，母亲和孩子的待遇相当不错。但是你该听听几则关于女性的笑话——至少在我们办公室里流传过。"美国母亲说道。

"比如呢？"

"从何说起呢？"她说。"昨天我们部门的一个小伙子当着所有人的面开了一个关于女司机的玩笑。这样的话在美国的职场是绝不会被允许的。好吧，美国的女性与男性还未做到同工同酬。在这儿，如果你的职位跟异性一样，那么你们的薪水也会同样多。但丹麦人好像认为，'我们搞定了原则问题，小玩笑无伤大雅吧'。"

海伦娜对这一评价表示认同，她告诉我丹麦效仿了BBC的一档节目，一群裸体女人安静地站在一群衣冠楚楚的男人面前任由他们对自己的身体进行剖析。"他们评头论足，从女性的阴毛到她们的剖腹产疤痕，不一而足。"她告诉我。

"真行。"

节目主持人是托马斯·布拉赫曼（Thomas Blachman）也是丹麦版《X音素》（*The X Factor*）的评委，他曾在丹麦媒体辩称自己的"裸体女性秀"为一种文化服务，旨在让"男性讨论女性身体的美，而不让对话走向色情或政治正确"。想必是因为大多数女性从未如此幸运得到陌生男性对自己的身体品头论足的机会……哦不，等一下，我的错……

说到物化，美国母亲告诉我，上周末在奥胡斯的一场钢管舞表演上，她被一群身穿热裤的十几岁女孩子搭讪，她们正在为钢管舞全国锦标赛做准备。"她们分发的传单上面写着：'有孩子的家庭、老年人、年轻人、夫妇和单身汉——全都欢迎！'她们一直扭动腰肢，跟脱衣舞娘一样！"

她们还从报道中听说，丹麦的雇主仍会在面试时歧视母亲或准母亲。一般来说，面试官不会问面试者的年龄、婚姻状况以及是否有孩子——或是否计划生孩子。《平等待遇法》规定：不得基于性别进行歧视，尤其是针对妊娠情况和家庭状况；如果求职人员或雇员自觉受到不公平待遇，那么雇主应举证自己没有涉嫌歧视。但我曾为了撰写一篇英国报纸专栏而电话采访过几家工会，他们告诉我丹麦的孕妇或休产假女性通常会被雇主解雇，甚至连那些将来有可能做母亲的女性在找工作时也会被拒之千里。2012年，丹麦护士工会宣称，1/8的新任护士在接受面试时被问到是否有孩子，或是否打算生孩子。其中一人被告知："要是你很快就要休产假的话，我们就不能请你。"零售与办公室职员工会的报告称，17%的会员曾在面试中被问到生育计划。律师行业的情况更加糟糕，20%的女性声称她们的职业生涯因孩子而遭遇挫折。有些工会甚至声称雇主会解雇接受试管受精的女性。

我开始意识到，即便是世外桃源一般的北欧生活也未必能事事尽如人意。我决定求助几位专家帮我梳理一下丹麦两性平等现状。首先是桑内·松德加德（Sanne Søndergaard），丹麦赫赫有名的喜剧演员，同时也是一位自豪出柜的女权主义者。

"大多数丹麦人对自己的出身感到十分幸运，丹麦的女性不用像其他国家的女性一样做出很大妥协，如美国或英国，"我们一边喝着咖啡一边高谈阔论，"但这还不够完美。我们在丹麦不大谈论性别歧视，但是男权文化确确实实存在。我们要承认这一点并牢记在心，否则我们就是帮凶——男女皆如此。"

我提到了钢管舞事件，她则给我讲了自己在哥本哈根的公交车上看到的整形外科广告："这些东西整天循环播放，两个赤裸裸的两米高的乳房，鼓励丹麦女性'获得新乳房'！我九岁大的邻居有一天对我说希望自己能变成小男孩，这样就不用'一直得获得新乳房'了。这是她和她的朋友们从这些随处可见的广告中获取的信息——做女人需要一对大的漂亮的假乳房。太糟糕了！"过去的几年中，类似这样的事情对自由的丹麦文化时有渗透。桑内告诉我："好像这里的人以为我们是平等的，他们就可以随心所欲地搞性别歧视。由于丹麦是第一个提出诸多平等议题的国家，如同性恋权利和堕胎法，我想我们也很容易第一时间遭受冲击。"

日常性别歧视计划丹麦分会于 2013 年正式成立，该协会致力于记录那些渴望在线分享自己遭受的性别歧视经历的丹麦女性事迹——包括行为不端、性别成见和性别歧视广告等。我问桑内，对于那些大胆说出不公经历的女性是否存在大量的谩骂和侮辱性推文，就像英国一样。对此她笑道：

"推特在丹麦十分小众，所以那上面没有太多精神病患者——只有聪明人、技术宅和媒体。这很好。通常来说，当我在推特上遭受攻击的时候，那些话更像是屈尊俯就而非威胁，尽管我不知道自己更喜欢哪个……"

"什么？"

"人人都知道强奸威胁超过了底线，你可以提出控告——但是对一个用一百四十个字对你颐指气使的人你却无可奈何。"

有道理。

我联系了丹麦日常性别歧视协会的萨拉·费雷拉（Sara Ferreira），询问迄今为止用户的反响如何。

"即便是在丹麦这样一个性别平等程度从表面上来看令人艳羡的国家，性别歧视仍是一股强大的势力，"萨拉说，"我们的会员认为承认这一点让他们如释重负。我们不瞎——我们知道其他地方的女性处境比丹麦恶劣得多，但是丹麦女性获得选举权也不过是区区一百年之前的事儿。不久以前，我们还是二等公民。我们要保持警觉，留心不要重蹈覆辙。当年轻的女性——以及男性——无视现有的体制与文化力量，摒弃历史视角并错误地以为自己拥有想干什么就干什么的'自由'，这就成了大问题。"

不动声色的性别区隔是近来涌现出的一个关键的体制性问题。虽然我对丹麦的男孩女孩所做的调查不尽科学，但结果显示不同性别的孩子在学校会获得不同的就业指导。当下，更多的男孩被推向机械工程领域（丹麦工程师工会的数据显示，目前 79% 的丹麦工程师为男性），而女孩则被鼓励向人文学科方向发展。

我跟马努进行了交谈，并询问了他的观点，我曾向这位性别平等会长和教堂牧师请教宗教事宜。他坦率得出人意料，承认这是个问题并告诉我自己打算就此发表一场演讲。

"我女儿在学校参加过一场就业指导讲座，"马努说，"回来后我问她是否说了自己想要选择机械工程，我以为她喜欢这个专业。她说自己没有——她甚至不知道有这门学科！学校的职业咨询师真的需要告诉女孩子和男孩子他们有哪些选择——我们做父母的也应该这样做——才能打破性别成见。"

女性出任丹麦政坛最高领导人对此也很有帮助，马努告诉我。赫勒·托宁·施密特于 2011 年打败了所有批评者和一些尖锐的媒体后上台执政。《政治家报》批评她"对于社会民主党人来说过于着装考究，太过年轻不适合担任国家领导人，而且过于冷漠不能赢得民众的心"——这样的批评意见绝无可能被扣到一位男性政客的头上。因为喜欢名牌服装，她很快便获得了"古驰赫勒"的外号，甚至因姣好的面容而受到来自党内的攻击。赫勒一直保持着高贵的沉默，直到在一次部长级会议上她用下面这句话击败了一个十分可憎的质疑者："我们不能全都看起来像坨屎。"我爱丹麦首相。

"有赫勒作为榜样十分重要，"马努说，"就像我成为丹麦的第一位黄种人牧师（马努的父母是印度人）有助于其他移民认识到自己也可以在丹麦从政，赫勒担任首相让年轻的女孩有了仰视的对象。我们可以告诉女孩子，她们同样可以跻身政界高位，但除非是亲眼所见，否则总是欠缺说服力。作为一个丹麦女孩，知道自己可以达到很高的位置，这是一个强有力的信号。"

这番话引起了我的共鸣。我来自单亲家庭，是母亲唯一的孩子，当时在位的是女王伊丽莎白二世，首相则是玛格丽特·撒切尔，我理所当然地以为这个世界是由女性统治的。我记得十岁的时候曾在图书馆找到一本关于一位男性首相的书，当时我坚决不相信，十分笃定地认为这是应该由女性担任的角色，甚至不应对男性敞开大门。成长在以女性为中心的幻觉泡沫中具有明显的优势——没有什么是我不能做的。现在赫勒管理着丹麦，玛格丽特女王仍在王位，数以千计的丹麦小女孩体会到同样的感受，即一切都将对她们敞开大门。光是想想都让我激动不已。

"在丹麦，男女平等是一件理所当然的事。"马努说着拿出一支润唇膏涂了起来，全身上下看起来无处不像一个现代型男。"这是我们 DNA 的一部分。作为一名丹麦女人意味着良好的发展机会，且无须在家庭和事业之间做出选择。"这解除了女性的后顾之忧。但是"理所当然"可能会引发一些问题，因为这种体制并非对所有人适用。

欧盟公署 2014 年发布的一项基本权利调查显示，丹麦在针对女性的暴力行为上名列前茅，52% 的受访丹麦女性表示自己曾遭受身体暴力或性暴力——远高于欧盟 33% 的平均水平（也很可怕）。

"报告中的数字触目惊心。"当我拿出这一报告时，马努承认说，但是他迫不及待地指出丹麦的几个北欧邻居，尽管同样以两性平等著称，数字同样惊人。在芬兰，47% 的女性表示自己曾遭遇过暴力，在瑞典这一比例为 46%。相比之下，波兰遭受暴力的女性比例最低，只有 19%，英国为44%。"这可以从体制和文化上找到解释。"马努说，"丹麦女性在就业市场非常活跃，这本是件好事，但不幸的是也会让女性变得更加脆弱。丹麦社会对于针对女性的暴力不再像过去一样一味纵容，暴力不再是一件私事。丹麦女性也不再保持沉默，这一点跟那些暴力行为十分隐蔽且被视作耻辱的国家有很大不同。"

尽管马努承认公开家暴行为在丹麦不再是禁忌，但丹麦媒体在报道过程中明显集体失声。唯一曾公开表明观点并公开发表评论的人是丹麦女性暴力国家观察中心的卡琳·赫尔维格-拉森（Karin Helweg-Larsen）。丹麦各大主流媒体都曾引用过她的观点，她认为报告并不准确，将自由的丹麦女性同格鲁吉亚、保加利亚或南欧的妇女进行比较毫无意义，暴力行为在那些地区十分普遍。

我致电卡琳请她进一步阐释她的观点，对此她解释说："将比较暴力行为数据作为定义不同国家的标签，这样的做法十分鲜见。丹麦对于施加在女性身上的暴力行为零容忍，自 2000 年起就不断举行反暴力运动，明确家庭暴力并非私人问题。我们努力改变民众的观念和认知，人人都明白暴力在任何情况下都不可容忍。这些运动产生了效果——犯罪统计学表明暴力事件呈下降趋势。"丹麦政府自身的数据表明，两万六千名介于十六岁至七十四岁之间的女性曾遭遇来自现任或前任伴侣的暴力威胁——这一数字在 2000 年左右时为四万两千。

但是激烈地否认欧盟报告的调查结果真的能够帮助丹麦女性吗？难道不会让丹麦人躺在过去的功劳簿上洋洋自得地想，"哦，没问题，这里没有家暴"吗？

"不会，"卡琳强调，"驳斥这些数据对我来说十分重要，因为如果我们接受了调查结果，那么其他的欧洲国家，如格鲁吉亚，就会说，'你瞧，根本没必要搞什么性别平等或减少家暴国家行动计划，因为这在丹麦或北欧都不管用'。"看来卡琳是无论如何都不会去格鲁吉亚度假了，但她说得有道理。

"将欧盟数据用作政治用途是十分危险的，"卡琳继续说道，"比如说，减少为受虐待女性提供庇护的资金。相反，我们须要担起责任，为改善女性处境大声疾呼。"

*

我所接触过的丹麦女性对此均表示认同。但是关于丹麦之所以暴露出如此严重的暴力问题的原因还存在另外一种理论。正如桑内所说："总体来说，丹麦确实存在着大量的暴力行为。"

这大大出乎我的意料，自从搬到这里我们还从未见过任何侵犯行为。但是桑内解释说，这是因为我不是一个在星期六夜晚在镇上飞奔的丹麦青年。

"男孩们晚上出去脸上经常会挨上几拳。"桑内告诉我，"这里经常发生斗殴——如果你试图劝架，那你也会挨揍。我们会喝很多酒，也会往对方脸上挥拳头。因为人人平等观念深入人心，所以有些人会想'好吧，打女人或许没那么糟糕'。丹麦人并不认为女性是更加柔弱的性别群体。我们谁都打。我在日德兰长大，打架是我成长经历的一部分——女孩也会互相打架。"

我问维京人他从小到大是否也曾频繁使用拳头，他的回答是肯定的："斗殴时有发生。通常来说喝了酒才会这样，但是对，我们的确经常打架。"这股冲动从何而来？

"没人能说得清。"桑内告诉我，"打孩子犯法这一规定已经实施了二十年，但我们的确有一种暴力文化，"她承认，"我们是维京人。要是有人能研究一下我们丹麦人是否从整体上来说更加暴力，我倒是有兴趣看看。否则我认为很难在针对丹麦女性的暴力行为这一点上与其他国家进行对比。针对女性的暴力十分可怕，而针对男性的暴力同样糟糕。所以，如果针对男性的暴力情况同样在加剧，那么我们就需要改善大男子主义的维京文化。"

尚未有任何一项研究对北欧人是否比其他欧洲国家的人更暴力进行调查，但是丹麦政府的数据表明针对男性的暴力事件并非个案。丹麦政府最新的一项调查报告表明，约有八千名十六岁至七十四岁之间的男性曾遭遇身体暴力，这一数字自 2005 年以来攀升了 25%。

"无论如何，暴力都是个性别问题，"桑内说，"因为根源在于大男子主义文化，侵犯行为源自于一种特有的男子气概观。当这种观念与普遍存在的'男人做什么都是对的'性别歧视观念相结合，就造成了女性对这种行为进行效仿的悲剧。"

窥视丹麦生活的阴暗面让我有些失落。我发现自己生活的"丹麦"并不是一个两性平等、有精美的油酥点心、工作–生活平衡艺术令人艳羡，以及福利制度十分慷慨的国家；而是同世界其他地方一样动荡不安，而且居民更具暴力性的国家。

我的经验告诉我，即便是天堂也不能尽善尽美——但暴力行为似乎是丹麦的一个重大污点，我不知道如何应对。就像是你发现一个可爱的姑婆是一个种族主义者——善良永远无法弥补不堪的一面。

我问萨拉如何解决这个问题，她提出了"日常性别歧视计划"采取的几大重要举措："一种共同体意识和赋权意识会让你心理强大且不觉孤单。结构和文化的不平等在丹麦仍是个大问题——只不过不像其他国家那样突出。但幸运的是，正如我们亲身经历的那样，各个年龄段均有许多女性和男性打算对此发出挑战。"

桑内也对丹麦女性的未来十分乐观："我们终会迎来一次迟到已久的女性主义浪潮。丹麦只需抢回球权——更确切地说，是它的卵巢——并做出改变，以在两性平等议题上保持领先。"她注意到越来越多的男性在她的单人表演秀上认为自己前世是个女人。"我在哥本哈根和奥胡斯、欧登塞和海宁表演时也遇见过不少女性主义小伙子。"实现两性平等还有很长一段路要走，尽管如此，桑内仍是个幸福的丹麦人吗？"我会给自己打八分。"她告诉我。萨拉呢？"我可能也会打八分。"她告诉我。那么好吧。

我不能原谅那位种族歧视的姑婆，也不会忘记这个月学到的东西。但是如果萨拉和桑内能够保持乐观，那我想我也可以。我注册成为丹麦日常性别歧视计划的会员，打算贡献自己的一份力量，记录下我所遇到的所有不公，告诉所有丹麦人停止对于女司机的无礼行为。马上。

"你还好吗？"回到家里后乐高男小心翼翼地问我。他摸着下巴的胡子茬，就像每次焦虑时那样，意识到这个月真的让我很受伤。

"我还好。"我告诉他。

"咱们还继续吗？"

"什么？"

"咱们还要继续一年的丹麦生活吗？"

我看着他，那双碧绿的眸子正仰望着我，眉头紧皱，抬头纹被眉眼之间一道哈利·波特式伤疤截断，那是他在参加童子军活动时遭遇的一次意外留下的。（在巴登-鲍威尔[1]手下服役期间落下的伤还包括一截几乎被锯断的手指、掉落的牙齿和脱臼的肩膀。我可怜的公婆整天生活在恐惧之中，生怕接到急诊室的电话："你们的儿子又来报到了。"）我伸出手，轻抚着他胳膊上的浅金色汗毛，就像抚摸一只小猫那样。我告诉他，我并不打算终止我们的冒险之旅。

在这个高度紧张的时刻，乐高男告诉我他的合同期延长了。他知道这不是一个好时机，他说，但是在丹麦再待久一

1　巴登-鲍威尔（Baden-Powell），英国将军，1907 年发起了童子军运动。

点我觉得怎样。

"比如说，再待一年……？"

我扬起眉毛给了他一个"你在开玩笑吗？你现在问这个"的表情，他向我保证我们不需要马上决定，还有几个月的时间可以考虑。他为我准备了特别晚餐，有小干酪蛋糕。

本月知识点：

01.

丹麦并不是传闻中所说的性别平等乌托邦。

02.

北欧的女性主义者还要做出很多努力。

03.

……但幸运的是一些大人物正在竭尽全力让事情变得更好。

04.

丹麦现有的法律让丹麦女性的境遇比其他任何国家都要好。

05.

我住在一家精神病院。但是，或许我已经知道了……

逃离与流连忘返

　　天气依旧炎热不堪。现在时间是下午五点半，我刚做完采访准备开车回家，明晃晃的太阳刺得我几乎看不见任何东西，我拼命努力防止车子偏离车道。灼热的光线炙烤着大地，宽广平静的海面如同一面巨大的镜子将阳光同步反射回去，光线从四面八方照射过来，太阳眼镜也不管用了。汽车风扇送出的风温吞吞的，我汗如雨下，最后终于"呼哧"一声把车停在了房子外面。柏油路上升起阵阵热浪，让我有些头晕目眩。

　　撬开热得快要熔化的大门，一墙的湿气和满屋子的忍冬香气跟我撞了个满怀，它们在这个月开得格外旺盛。胡须先生一号、二号和三号正在他们的花园里闲逛，在我经过的时候，他们跟我挥了挥手说了声"hej"。我饶有兴致地发现斯迪克斯维尔的居民已经换上了盛夏的短装。此前我从没见过这么多七十多岁老人的肉体，他们也不畏惧明晃晃的太阳，一切都如同阳光海岸一般。

房间里也一样"温暖",走廊的恒温器显示当前的温度
是令人热血沸腾的三十三摄氏度。事实证明,北欧出品的暖
房具有**极好的**保温功效。我发现乐高男已经下班回家,脱
得全身只剩下一条短裤。他的身边放着一堆旅行指南,一
手端着一杯金汤力,一手在手提电脑的触控板上疯狂地划来
划去。

"你在干什么?"我们的生活品质下降幅度如此之大让我
感到有些意外。他没有抬头,于是我拿起他喝剩的开胃酒灌
了一大口,发现自己还是没有办法像往常一样平静下来,于
是又把酒杯放了回去。

"我们得离开丹麦。"他眉头紧锁说道。

"为什么?"我问,但是他已经起身在餐边柜抽屉里翻找
起我们的护照。"怎么了?工作不顺心吗?"我问道,心中
做好了最坏的打算。

"没有,工作很顺利,"他回答,"我们就是得去别的国
家,不是丹麦就行,越快越好。"

"什么?"生活对于乐高男来说从不会兴味索然。"他们
要把你调去别的国家?我还以为你喜欢这儿呢!你上个月还
说要在这里再待一年呢!现在就想离开了?"我的项目才进
行到一半,我心想。我知道上个月很失败,但我现在还不能
走。我要怎样才能找出丹麦人的幸福秘诀?我还没有在这里
度过我的第一个白色圣诞,甚至还没有尝遍这个国家所有的
应季点心……

"你的意思是回英国吗？"

"你想的话也行，"他说，"但我想去阳光更充沛的国家。地中海不错。"

"你想去地中海国家生活？"这我可是头一次听说。

"不是生活，"他看我的眼神就好像我得了精神错乱一样，"去度假！不夸张地说，这个月我们办公室里一个人都没有，拉斯说要是我们不赶快订票的话，很快就没什么航班了。"

我们关于丹麦传统的所有知识都是乐高男的同事拉斯告诉我们的。没有他的话，我们肯定会两眼一抹黑，至少是一头雾水。

"哦！"我长舒了一口气。

"我知道很多人会在七月外出度假，但是我没意识到整个国家都会停摆。"乐高男解释道，"我公司的同事大部分休假四周。"

跟意大利人一样，丹麦人喜欢集体度假，只不过他们会选择七月为生活按下"暂停"键，逃往国外的度假胜地。我很好奇这种旅行需求是否已在丹麦人的心中根深蒂固，因为维京人早在 8 世纪就已经踏足国际海域。或许旅游热也对丹麦人的幸福感提升起到了一定的作用，我想。英国哲学家 A.C. 格雷林（A.C.Grayling）形容旅行能够"拓展心智"，匹兹堡大学的科学家近日发现经常休假能够将心脏疾病致死的风险降低 30%。英国纳菲尔德健康慈善机构证实，短暂的放松还能够降低血压和压力，这必然会让人更加乐观。乐高男说服自己（或者说拉斯说服了他，到底是谁的功劳还不知道）悠长的假期是令丹麦人知足的另一原因，他决定放个暑假，丹麦式的暑假。

"我对可去的地方做了些调研，法国和希腊已经出局了。"他朝着两本被扔到房间那头的《孤独星球》旅行指南扬了扬下巴，因为他发现比隆机场没有飞往那里的航班。"大加纳利岛也一样，"他关闭了屏幕上的网页窗口，"还有特纳利夫岛、西班牙和葡萄牙也不行。"拉斯告诉他，丹麦人喜欢在度假的时候以游客的身份体验一番南欧人丰富多彩的生活方式，然后再回归自我，回归丹麦那种井然有序的生活。"哦，但是等一下……"乐高男瞥了一眼唯一的网页窗口，然后一屁股跌回椅子里，喝了一大口杜松子酒以示庆祝："成功了！"

"你找到好地方了？"我的视线越过他的肩膀，他点了点头。

"你觉得西西里岛怎么样？"

*

我们俩都打从心眼儿里喜欢西西里岛。所以我们预定好机票，收拾了行囊，两天之后便出发了。去往机场的路上几乎没有什么车，一个星期之前丹麦的所有地区便成了一座座空城，当我们把狗送到"dyrepension"（"动物旅馆"——一处新式狗屋）时，我们发现店主也去度假了。"去纳米比亚一个月，"他的小女儿告诉我，"但是不用担心，我和我男朋友会看着这里……"这话可没法让我们放心，但是我们的小狗跳得很欢，迫不及待地想要跟其他动物一起玩耍，而且它似乎并不介意被丢到这里接受代课老师的照顾，所以我们趁着情况尚好便离开了。

四个小时之后，我们坐在了卡斯特拉马雷港，望着意大利人打架、亲吻、交谈、大笑、拗造型、散步、踩着滑板飞檐走壁。汽车喇叭嘟嘟作响；脏兮兮的猫在大街上闲逛；体态臃肿的老妇人眯着满是皱纹的眼睛，缓慢地迈上回家的台阶，或是坐在椅子里纳凉。我们吃了佩科里诺干酪、意大利香肠和有着纯净的阳光味道的土豆。家家户户飘出美味的饭菜香，我贪婪地嗅着，似乎所有的感官都饱足起来。这里到处是喧闹声、色彩和激情，跟简约有序的丹麦形成了鲜明对比，这种反差让我们着迷。

我已经不记得自己有多怀念喧闹、混乱和无序。丹麦的安全、稳定和"从容不迫"很好——真的很好——大多数时间是这样。但是这也让生活失去了一些乐趣。你看不到一个性感迷人的丹麦女警把一位摩托车手叫到一边，给他一个热吻，然后挥手示意他继续；也看不到她的同事给一台停在路中间的快要散架的菲亚特 500 贴违规停车通知单，然后对着车子的后视镜涂口红，并像碧昂斯一样大摇大摆地踩着细高跟鞋走开。但在西西里岛，这是一个星期二再普通不过的画面。

离开丹麦的第一个星期，我们过得非常开心。我们在山间行走，在沙滩上信步，还在广阔无垠的湛蓝色大海中游泳。但是到了第二周，我们都有些情绪低落。在伦敦，我们从未这样奢侈地享受过两周的假期。即便是在结婚的时候，我们也只花了一个半星期的时间举行婚礼并匆匆忙忙地度了个蜜月（我知道，这是个香槟问题[1]，但情况就是这样）。从开始交往到现在，我们从未在没有家人、朋友或工作之类打扰的情况下共度两个星期的时光。现在我们终于有了机会……好吧……还真有点不适应。

那种感觉就像是承认自己不敢大声说出跟人生伴侣在良辰美景中共度两个星期一点儿也不浪漫。不过，我和乐高男发现这很难。

我看着在沙滩上嬉戏的一个个家庭，忍不住去想如果我们有个孩子的话，情况是否会不一样。要是我们带着孩子，来体验他人生中所有的第一次，这趟旅行的意义是否会有所不同。乐高男问我在想什么，但我知道实话实说会让他伤心。所以我只是说他的鼻子看上去快要着火了（难道我不是个贴心的旅伴吗？）。我丈夫极不情愿地同意涂上防晒指数为三十的防晒霜，而我则试图赶走忧伤。现在考虑这事没有任何意义。眼下，只有我们俩。但我很好奇，如果永远只有我们两个的话，生活会是什么样子。我想知道我们的生活会走

1　香槟问题，指有钱人或名人在两件绝佳好事之间抉择的情形。

向何处，对我而言是否足够。如果不是，我该怎么办。

第二周开头过得不太顺利。到了星期一，我们不断重复着对话，为了在吃饭的时候找点话题，我们在餐厅里对其他用餐者评头论足。我开始想念工作，并想知道什么时候才能继续工作。我看完了带来的所有书，两眼发直地盯着空空如也的 iPhone 日程表，盘算着还有几天才能回家。

我已经适应丹麦较短的工作时间，比以前花更多时间跟乐高男在一起，但眼下耐力测验似乎被延长到一天二十四小时。我们时时刻刻待在一起。我们的日常生活相处方式，无法将我们从自己手中拯救出来。在这间冷气不足的压力锅一般的旅馆房间里，我开始感到焦躁。很快，我们平时积攒下来的不满如同愤怒的新芽一般开始爆发。

"你又没放下马桶盖。"冲突始于一个傍晚，当时我们正准备外出。乐高男怒气冲冲地挤过我身边，把马桶盖放了下来。

"你就穿那个出去？"他上下打量着我。

"是啊，有什么问题？"

"有一天晚上，你说这双鞋子差点要了你的命。"这是真的，但是它们很漂亮。非常漂亮，而且跟我的裙子很搭。

"这双鞋子挺好的。"我撒了个谎，忍痛在房间里转了几圈，就像一个爱出风头的人一样想要展示这双鞋有多么舒服。

"挺好，"他毫不掩饰地翻着白眼，"但你至少穿件外套好吗？"

外套跟我这身衣服不搭。外套会让我显得臃肿，肚子就跟怀孕了似的，整个旅程我都很注意这一点。我不打算穿外套。

"外面还很暖和。"我抗议。

"没错，但是太阳一下山很快就冷起来了。你经常喊冷，最后总是我把外套让给你。我也很冷。"

这也是真的。见鬼。

我同意带上一条披肩，以防着凉，然后坐在宾馆的床上准备出发，乐高男还在悠闲地走来走去。我故意看了看表，我的卡西欧电子表显示距离我们的晚餐预定时间越来越近了。

"准备好了就说一声。"我希望听到他的快速答复："好吧！我也是！走吧！"

但这并没有发生。乐高男喜欢掐着时间做事，好像生活是一场《疯狂汽车秀》挑战赛似的。即便是搬来欧洲守时之都丹麦之前，我的时间观念也一直都很强。我觉得，要是干什么都匆匆忙忙的，生活就会变得压力重重；这根本毫无必要，只要做点计划就能让你准时，处变不惊，达到禅的境界（至少这是目标）。乐高男却不认同这一原则。

一年丹麦生活已经过半，我对迟到的担心更甚从前。我发现每次跟乐高男外出的时候，我就会紧张不安，担心会出什么幺蛾子，破坏我按时到达目的地的计划。这让赶飞机、应酬，甚至约人喝咖啡都成了雷区。今晚也不例外。

"咱们必须得走了，不然会错过预约。"我尽力用平静的口吻说道。

没有任何回应，我以为他在厕所里没听见。我又说了一遍，稍微提高了嗓门儿。"我说，咱们可能会错过预约——"我开口说道，但他打断了我。

"——看在上帝的份上，这可是**意大利**！什么都不准时。放轻松。"

当有人告诉你要放松的时候，你根本就不可能放松下来，这是一条举世公认的真理。相反我们都生起了闷气，直到他最终准备好要出发。我穿着那双不太合脚的鞋子，一脚深一脚浅地走出了房间；他跟在后面却忘记带钥匙，于是又折返回去。回来的时候，他手里多了一件笨重的外套。他坚持让我拿着。用餐期间，生活中积累的不满终于爆发了。

我："你为什么总是把脏衣服丢在洗衣篮旁边，你就不能放进去吗？"

他："你从来不打扫淋浴间。"

我："你总把湿毛巾扔到床上。"

他："你总是趁我上班的时候，把我麦片中好吃的东西都偷吃掉，然后假装生产商不再像以前那样在麦片中放那么多的巧克力豆了。"

我们说的都没错，都够可笑的。第二天，我们又吵了大半天，然后才宣布休战。直到这周过完，我们飞回丹麦的家，立刻计划外出。各走各的。乐高男去狗屋接小狗，而我去了邻居家喝咖啡。我跟友善的邻居对这次旅行进行了事后剖析，对她梳理了这次家庭纷争的重点。

她大笑了一番，然后耐心地解释说这再正常不过："人人都会在暑假吵架——那是因为我们在一起的时间太长了。"她接下来的一番话让我感到释怀："去年我跟我丈夫在托斯卡纳一起度了三周的假之后便离婚了。我们对着彼此的时间太久了。"

"哦，我很遗憾——"我开口说道。我一点也不知道她曾结过婚。

"不，这很好。现在我们是很好的朋友。除此之外，丹麦几乎人人都离过婚。"

"真的吗？"

"是的，七月是离婚率最高的月份。人们不是在度假时争吵然后发现他们不再彼此相爱，就是离开自己的爱人太久在短信或邮件里被抓到了偷情的证据。我和前任就是吵架的那种。下周就是我们离婚一周年了。"她开心地说道。

我挤出了一个不大自然的笑容，不太理解她面对即将到来的离婚纪念日怎能如此冷静。当她改变话题，邀请我加入她的旅行直到过完这个月的时候，我感到如释重负（"挪威，然后去法国，然后是纽约。"她平静地说）。

回家之后，我打开网页发现 Ebooks 网站 2012 年的一项调查结果表明，2/3 的夫妻会在暑假因争吵而分道扬镳。

这就意味着，我们那些经常秀出他们在游泳池边喝着鸡尾酒的如胶似漆的恩爱照片的已婚朋友有 2/3 只是在自娱自乐，我安慰自己。要不就是他们喝醉了。

争吵通常会引发离婚，我联系了几位丹麦离婚律师以证实友善的邻居的这一理论，最后接通了总部位于哥本哈根的律师安雅·科德斯（Anja Cordes）的电话。我问她友善邻居的说法是否正确："我听说在丹麦七月份的离婚申请比平时要多，因为夫妻不得不花很多时间在一起。这种说法对不对？"

"没错，"丹麦顶尖的离婚律师之一告诉我，"我们在七月份会接到更多的求助电话，假期之后我们总是特别忙。"

事实证明，丹麦的离婚率高居欧洲第四——丹麦生活方式会严重影响你的婚姻。丹麦统计局的最新数据表明 42.7% 的夫妻最后会以离婚收场。移民的离婚率也有上升的趋势，尽管这违反文化规范。丹麦国家社会研究中心的一项研究发现，丹麦的土耳其移民的离婚率在过去的二十年间上涨了三个百分点，达到了 12%。更多土耳其后裔接受了高等教育，丹麦阿列维协会会长卡格达斯·塞格里卡克（Cağdaş Sağlicak）称之为"新一代的转变"。右翼丹麦人民党和丹麦极左政党红绿联盟均声称这是移民成功融入丹麦社会的榜样——与祖国的传统分道扬镳。在丹麦，离婚是一件很正常的事。尽管并非人人都愿意承受离婚带来的情感压抑，但离婚在这里十分普遍，即便在其他地方会被打上污点，但在这里绝对不会。

"为什么会这样？"我问安雅，"为何离婚在丹麦如此普遍？"

"我想是因为大量女性活跃在职场，婴儿在家庭之外得到照看，所以离婚相对容易，而且还能从政府得到经济补贴。"她说。

在丹麦，由于两性都能获得体面的工资，女性不必依赖她们的丈夫。大多数母亲生完孩子之后就会返回职场，政府会负担 3/4 的抚育费——所以如果两个人合不来的话，也不用因为经济原因而勉强在一起。丹麦人结婚很晚，男性普遍要到三十五岁左右，而新娘的平均年龄则为三十二岁（相比之下英国为男性三十岁、女性二十八岁，美国则为男性二十八岁、女性二十六岁）。正如友善的邻居说的那样："十几岁、二十来岁的时候跟朋友在一起有很多乐趣，到了三十多岁的时候就跟其中的一个结婚。那感觉就像是欢乐戛然而止，所以你想要改变。"

在丹麦，离婚是出了名的容易。"如果夫妻双方同意直接离婚，"安雅说，"你只需要在网上填一张表格，一至三个星期后，你的申请就会得到处理，离婚令就会被寄出。"除此之外，离婚还很便宜："不拖泥带水的话，离婚只需要花费九百丹麦克朗。"

但如此高的离婚率怎么会有利于提升丹麦人的幸福感？难道离婚、丧亲和搬家不是人生的三大憾事吗？

我问安雅，丹麦离婚率如此之高为何还能成为世界上最幸福的国家。她坦白地告诉我说："那是因为我们拥有平等和自由。"令人沮丧的高离婚率至少表明丹麦人有选择的权利。他们可以把命运握在自己手中，一旦生活不如人意他们便可以采取行动。他们十分自由，而自由会让你幸福，即便离婚不会。

我问安雅她是否认为自己是个幸福的丹麦人，尽管整天都要跟剑拔弩张的离婚者打交道。"我会给自己打八分，"她告诉我，"我的生活美好、富足、令人满意。"

这些离婚案并不会阻止丹麦人再婚。丹麦统计局的数据显示，丹麦是欧洲结婚率最高的国家。丹麦式天伦之乐的秘诀似乎在于，如果你对每天跟你一起醒来的枕边人不满意，那就换一个——要是你喜欢上别的东西（或其他人），那就去大胆追求。正如友善的邻居说的那样："丹麦人非常热衷于结婚，所以我们不介意多结几次。而且大多数人相当自由。"

我告诉她我已经注意到了这一点。我母亲上次来看我，我们一起路过了当地的一家孕妇婚纱店，她登时勃然大怒（"哎呀，真是的！她就不能等等吗？"她不高兴地咂着嘴）。许多丹麦人在结婚之前就会怀孕。丹麦人也不介意当众裸露身体，从有组织的裸泳训练到混合式裸体健身课，还有许多裸体沙滩分散在丹麦的海岸线上。后者相当常见，我的公婆在最近的一次旅行中偏离《孤独星球》推荐的景点太远，反倒得以一饱眼福。

公共电视频道经常播放色情电影，舆观调查网最近对十三个欧洲国家的性行为进行了调查，结果发现丹麦人消费的限制级内容比其他任何国家都要多。丹麦人十分开放，他们甚至在 2013 年节礼日离开 hygge 中的家人去观看拉斯·冯·特里尔斯（Lars Von Triers）导演的时长五小时的性爱史诗《女性瘾者》(Nymphomaniac)首映，因为没有什么比六英尺高的阴茎投影更"圣诞"的。

那些不沉迷色情电影的人也会感谢"迪士尼色情卡通"胶片电影为他们的性生活助力。每个星期五晚上七点，丹麦的孩子都会准时坐在电视机前收看迪士尼卡通，许多父母就会利用孩子看电视的这段时间"培养感情"——用海伦娜的话来说。我见过的每一位父母都告诉我"迪士尼色情卡通"是一项伟大的发明（虽然名字很狡狯）。"重要的是，播放的时间是在傍晚，我们很有可能还没睡……"海伦娜说。

说到性的话题，就连这里的神职人员也表示支持，我曾为一家英国报纸撰写过一篇关于西兰岛牧师组织性主题聚会以提高生育率的报道。尽管如此，丹麦的生育率现如今已跌入三十年来最低谷。每千名居民只有十个孩子，政府、牧师和商业团体全都竭尽所能地推动丹麦人去做这件事。一家丹麦旅行公司发起了一项运动，旨在让更多的丹麦夫妻利用短假一起离开丹麦，鼓励他们"为丹麦而'做'"！广告声称丹麦人出门在外时的性行为要比平时增加 46%，因此短途旅行制造的人口约占新生人口的 10%。（尽管如果旅行太久的话，结局无疑会完全相反。一个星期意味着性爱时间，两个星期意味着离婚边缘。）为了让更多丹麦人加入"造人"行动，该公司还为那些在预定时处于上次经期的女性提供了"排卵折扣"。这样一来，他们就能为短途旅行留出最适合的造人时间。旅行结束之后发来阳性验孕结果的人可以获得免费抽奖的资格，赢取三年的免费尿布。不，这不是我编造的，这正是丹麦人的生活。哦，他们同样鼓励同性恋夫妻参与，以防这个计划听起来过于偏向异性恋，因为"重在参与"。

性在丹麦随处可见，而且从娃娃抓起。从 20 世纪 70 年代开始丹麦便采用了义务性教育。通过每年二月的"性文化周"中的全国性课程，丹麦孩子从六岁开始就知道生孩子是怎么一回事。到了十岁，他们会学习各种禁忌，学习如何在网络上保护自己，以及如何避免 HPV 感染。丹麦青春期前的孩子便知道了同性恋、双性恋和异性恋。作为世界上第一个承认同性夫妻为合法伴侣的国家、第一个允许无须变性即可依法变更性别的欧洲国家，丹麦一直十分重视包容性。

到了十三岁，他们开始了解手淫、避孕、性传播疾病、堕胎和性虐待。丹麦的流行明星和演员参演的公共卫生影片会在性教育课上播放，而且课堂讨论显然十分直白而且尺度很大。哇，我心想，这代人不需要通过阅读朱迪·布卢姆[1]的书或是图书馆中《查泰莱夫人的情人》那些黏糊糊的书页

1　朱迪·布卢姆（Judy Blume），美国知名作家，作品主要面向青少年。

来了解性知识……对于一个就读于修道会女校的人来说，这相当前卫。我曾在一位生物老师提到植物雄蕊的时候脸就红到了脖子根，更不用说月经了。

"课堂都是混合式的，对吗？"我一边吃着油酥点心一边问海伦娜，她正在解释她女儿在性问题上不可思议的开明观点。

"当然。我们不会作性别区分，那会导致心理压抑。"

这话或许没错，但是若对隔壁男校的马尔科·特里诺尼没有性幻想的话，我更容易集中精力在地理双学位的学习上。

丹麦的法定结婚年龄是十五岁，丹麦人一旦"上了车"便不会停下来。最近的一项公共卫生调查发现，在十六岁到九十五岁的丹麦人中，95%声称和谐的性生活对他们而言"至关重要"——这就意味着丹麦的男人和女人在十多岁的时候就开始频繁更换恋爱伴侣了。AgeForum 的数据显示，过去的十年中，六十岁左右的丹麦人离婚率和结婚率都翻了一倍，许多人在网上找到了新的伴侣。约会网站 Seniordate.dk 现在拥有六万八千名会员，Seniorcontact.dk 则拥有三万四千名用户。

单身人士可以跟任何人上床而不必接受道德审判，结了婚的也不用永远跟同一个人发生性关系。舆观调查网的一项调查显示，32%的丹麦人曾有过不忠行为（与芬兰人并列"欧洲最不忠国家"之首），51%的人承认自己曾搞过一夜情。大多数丹麦人想要跟新欢睡觉的话，要么偷偷摸摸，要么与现任分手、更换伴侣。但是对于丹麦越来越多的性猎奇者来说，还有一个去处——而且毫不夸张地说，它正位于我所住的那条街。

下午晚些时候，我们的狗开始在前门狂吠。这只能说明一件事：它的克星——送报少年来了。我和小狗每天都会玩"看谁先抢到报纸"的游戏，今天下午我赢了，使这份报纸摆脱了被撕得粉碎散落一地的惯常命运。我浏览着散发着油墨香的报纸，希望我的丹麦语课没有白上，可以神奇般地把那些辅音和元音变成顺畅的句子。很高兴，我还真的认出了几个单词。除了一条威胁罢工的新闻和披萨特卖广告外，还有一个大大的标题写着：

图坎性伴侣交换与情趣用品夜店！

自从搬到海滨小镇斯迪克斯维尔，快餐供应和工会罢工的活动始终开展得如火如荼。一想到自己一直生活在一场性伴侣交换风暴的眼皮底下，我便感到不寒而栗。出生于伦敦市郊的我素来循规蹈矩，这对我而言不啻于重磅炸弹。于是我打开了谷歌搜索。

我发现图坎俱乐部是丹麦第一家性伴侣交换俱乐部，该俱乐部由夫妻档米耶·汉森和托本·尼尔森创立，旨在通过"拓展可接受的性行为边界"，"让隐秘的梦想和希望开花结果"，这段宣传广告源自于其官方网站。

即便经过了一个关系紧张的假期，我也无意用乐高男去交换别人的另一半。但我很好奇（说实话，只是出于工作原因）。

"性伴侣交换是提升丹麦人幸福感的秘诀吗？"我看着一脸懵懂的小狗问。

它看着我的表情仿佛在说"真的吗"，然后飞也似的逃走了，走的时候还对没能吃掉今天的报纸而耿耿于怀。我怀着镇定、好奇的心情，以新闻记者的名义，拿起了电话。

"十三年前我们就开始涉足性伴侣交换了。"米耶告诉我，语气就跟一个人说自己开始榨果汁一样。"我们决定创立自己的俱乐部，依靠口口相传发展壮大，现在我们是北欧最大的一家。"

米耶解释说，大多数夫妻会过来看看有没有合眼缘的人，然后给喜欢的人发出"邀请函"。"没什么压力，"她说，"对于那些没有准备好交换性伴侣的夫妻，我们这里也提供迪斯科、桑拿和极可意按摩浴缸。当他们认为自己已经做好准备的时候，我们还会提供各种工具来为他们助兴。"

"工具"一词让我想起了满是氯气的那家休闲中心，但是米耶很快便把我拉回到现实，我意识到长久以来我的生活相当闭塞，这不是第一次了。

"我们有摇摆舞钢管、合欢凳、妇科检查椅——"

"——什么？"

"你知道的，就是医院用的那种，有脚蹬的。"

"哦。"我轻声回应道。

"我们还为那些注重隐私的人准备了房间——没有寻欢洞。"

"是吗？呃……房间为什么要设寻欢洞？"

这个问题刚脱口而出，乐高男就进了屋。他惊得把电脑包掉在了地上，眼珠向上转了几圈。我试着打出"别担心：我只是在采访一位性伴侣交换者"的手势（不容易，虽然我的字谜比划能力超强）。为了平复心情，乐高男砰地一屁股坐在餐桌上，米耶还在解释寻欢洞的事。

"你瞧，寻欢洞就是让男人把'老二'插进去的地方。"

对于这条知识，我不知如何回应。但此时好像也不是承认我是个"正常女人"，不需要石膏做成的阴道替代品的好时机。上帝啊，我真没创意，我一边想着一边决定拓宽眼界，不再盯着脚蹬之类的话题不放。乐高男脸色苍白地打开冰箱，倒了一杯烈性酒好让自己重新振作起来。

"基本上，大家怎么舒服就怎么来，"米耶继续说道，"对夫妻关系中的一方来说，这是一种很好的尝试，因为你可以得到一个信任的人，另外一对则可以看清夫妻关系的动态性。我和我丈夫踏上这条路后就再也没有回头！"

性伴侣交换似乎是在 20 世纪 90 年代发展壮大的，这一群体现在拥有专门的性伴侣交换中心，所以我自然也给他们打了电话。"丹麦人相当开放，"Swingerguiden.dk 网站负责人杰斯珀·克里斯琴森告诉我，"交换性伴侣在丹麦非常流行——特别是跟其他北欧国家相比。"约有九万名丹麦人声称他们经常交换配偶，尽管更多人承认只是"好奇"，该网站每年约有十九亿访问用户。Swingerguiden.dk 提倡线下见面、组织各种活动，甚至为那些想要学习交换性伴侣规则的新人提供指导课程。狂热的丹麦人还在 2008 年创办了国际性伴侣交换周，全国各地纷纷举行活动和集会——这一年度盛事，如今在全世界蓬勃发展。

不只是交换性伴侣，我最近了解到"苟合"（Dogging）也是丹麦另一大流行爱好。当我告诉美国母亲这一点时，她差点从阿恩·雅各布森椅中跌下来，我不得不解释这究竟是怎么一回事儿，我们英国人作为这项高贵传统的始祖是多么自豪。

"基本上，含蓄的英国人会告诉妻子他们要出去遛狗并去公园猎艳，或者只是看别人打炮。"

"所以你就称之为'狗'（Dog）合？"她表示难以置信，拉长的音调让这个词听上去更加滑稽了。

"不是我自己，"我赶忙澄清，"大家都这么说，是的。"

"现在你还会在车里干这事？在休息区？"

"再澄清一次，不是我本人，但事实就是这样。尽管我们称之为'路边停车'。就我所知，大家都没怎么休息……"

"那狗呢？"她似乎真的很关心。

"呃，好吧……"要是修女们现在看见我，一位"苟合"释疑文化大使，她们该作何感想？"我想，"我斗胆猜测，

"这么说的人中真正养狗的人很少，但他们仍然想出去寻欢，所以他们只是把这个词当作一种暗语。也许是这样？"

美国母亲对这个解释似乎感到很满意，尽管她匆忙提前离开咖啡馆去托儿所接孩子们了。我决定不把这放在心上，告诉自己她只是需要时间来吸收她的第二故乡的这份"精华"。我们已经做了整整四个月的朋友，我告诉自己，她不会让"苟合"这样的小事破坏我们的友谊！

丹麦人从 20 世纪 90 年代开始就接受了这项起源于英国的活动（他们给了我们油酥点心，我们则以"苟合"为报。不客气……）。舆观调查网近期在《哥本哈根邮报》上发布的一篇报告显示，41% 的丹麦人曾有过"苟合"的经历——位居欧洲国家之首。丹麦性治疗师琼·乌尔丁（Joan Ørting）最近对《都市日报》解释自己的同胞对于"苟合"的癖好时说道："从前我们总是在野外做爱，所以我们自然更喜欢躺在草地上而不是床上。我们现在才发现这一点，这让我们返祖归宗。"或者是在汽车里，在高速公路上的应急车道上。不管是哪种方式，这项消遣如今十分盛行，网上可以找到在线指引以及活动预告。

这样想的话，一切都有了合理的解释。这些行为完全符合典型的丹麦行为方式，了解这一点有助于我理解不论是"苟合"还是性伴侣交换，抑或其他性癖好，在丹麦完全不是无意识的行为。演讲？活动安排？"最佳实践"指导？丹麦人或许非常自由，但是他们对于性伴侣交换和"苟合"的态度似乎跟他们对待其他业余活动或兴趣俱乐部的态度没什么两样。自然，有伤风化的服装或跟陌生人性交是不可避免的，我心想，但这里自有一套规则！这是一种"有组织的玩乐"！或许有人正在某处进行记录！我的日德兰同胞中很大一部分可能经常交换配偶或在高速路上口交。但我认为这只是夜校学习的另外一种形式，所以我继续去朋友家做客，车钥匙也随意乱放，心里很清楚跟我一起回家的一定是我丈夫。当然除非我提前几个月报名参加某项有组织的活动，或者参加某种课程，最后拿到毕业证书。胸有成竹的我开始着手打消乐高男的疑虑，并解释了寻欢洞。

第二天一早，我做了一晚上妇科检查椅和瑞士奶酪墙的梦，全身无力病得像条狗。最近我经常这样，我甚至专门去找西西里岛上的各种美食（这可十分罕见）。尽管如此，我的大肚子却丝毫没有变小。走出淋浴间的时候，我注意到了这一点，于是在浴室镜面前研究起自己的身体。我最近经常头晕，而且脾气暴躁，还嗜睡，或许还有许多七个小矮人身上的毛病。我总是想小便，但又没有力气。除此之外，我的胸部都能跟帕梅拉·安德森[1]媲美了；而且坦白地说，我的头发特别有光泽。我拿起手机向疑病症患者最好的朋友谷歌医生问诊，在搜索框中敲下了"易怒""发胖""大胸"和"恶心"几个词。还没等我把症状敲完并加上基本的逻辑词

1　帕梅拉·安德森（Pamela Anderson），好莱坞艳星。

汇，一连串文章就映入了我的眼帘，标题都是：

恭喜，你怀孕了！
怀孕初期症状

还有：

验孕阳性？接下来……

"我的天啊！"

"怎么了？"乐高男正在隔壁房间熨烫他的拳击短裤和袜子，吃着一碗麦片，同时尽力避免把满是巧克力豆的牛奶泼在干净的白衬衫上。

"呃……没什么，我出去一下。"

回到浴室，我开始翻找抽屉，狠命抽出一把纤薄的长方形盒子。我们尝试了很多年，看过无数专家，他们给我开了大量注射荷尔蒙，过去的二十四个月里我每天都要接受注射。我花了一大笔钱把现有的非传统疗法试了个遍，验孕做了几百次，还得经常去药剂师那里补货。幸运的是，我还有很多存货。

我撕开一打锡纸包装，把膀胱里的尿全都淋在了上面。三分钟之后，我冲进房间，挥舞着两把粉白相间的塑料棒，就像剪刀手爱德华的翻版。

"我觉得咱们早就应该发现了。"我说。乐高男正在厨房洗碗池里擦洗衬衫上溅到的一块棕色奶渍。

"它们……?"他放下手中的抹布,"你有了……?"

"是的!"

"它们准……?"

"嗯。"

*

他依次检查着两条杠的小窗。接着我们都哭了,我的泪水把他的衬衫彻底打湿了。我和乐高男有了孩子,没有交换配偶,没有"苟合",也没用脚蹬。

本月知识点：

01.

丹麦会在七月彻底停摆。

02.

放假是好事，但是太久可能会导致离婚。

03.

……离婚在丹麦是可以接受的。人人都有这样的经历。那可能会让你更幸福。

04.

丹麦人做爱，非常频繁。他们对此十分有精神头儿，跟英国人完全相反。

05.

很可能到了三十五岁的时候，你还不知道寻欢洞是什么意思。

06.

怀孕会让你变得易怒（但你发质会变好）。

孩子很好

我发现自己已经怀孕很久，这颇有杰里米·凯尔[1]的风范（怀孕的典型征兆完全没有，说明一下——我的生物老师还没*那么*糟糕）。于是，我一下子被推进了育儿的美丽新世界。

我跟乐高男欣喜若狂。我们还能生孩子，这让两人都松了一口气，同时也心存感激。但是我们也有点儿担心，开始讨论起家的问题。

我："我们就要有孩子了，我正在孕育一个真实的生命，在我体内，就像电影《异形》。我们生活在一个语言不通的国家，五个月之后我就要'卸货'了，我得把'大西瓜'从身体里推出去。不然就得用刀把我的肚子划开。*用刀*！"

乐高男："现在我永远也当不成宇航员，或是詹姆斯·邦德了……"

---

1 杰里米·凯尔（Jeremy Kyle），英国脱口秀主持人，节目中经常会请到一些经历令人匪夷所思的嘉宾。

我暂时忘记了自己的痛苦："以前有这种可能性吗？"

乐高男："好吧，没有。但是知道路就摆在那里还是很不错的。"

我想要表示赞同，我真心这么想，却忍不住怀疑妨碍我丈夫进入 NASA 和军情六处的绝不仅仅是即将做父亲这一事实。

不管走到哪里，我都能注意到小小的、粉红色的、扭来扭去的小婴儿，并对那些留在咖啡馆和餐馆外面的婴儿车有了新的看法。

"丹麦人就这样把孩子丢在街上？没人看管？"刚刚发现这一点的乐高男表示难以置信，"你能想象这在英国会怎样吗？或者任何其他地方？"

我想起了美国母亲告诉我的一个故事，一位丹麦母亲在纽约吃饭时把婴儿留在了餐馆外面，结果她立即因儿童照管不力和遗弃罪遭到逮捕。

"天哪！好吧，幸好知道了。"他如是回应。把自己的小孩置于如此危险的境地看起来似乎不可理喻，但是丹麦人却不这么看。

"我们彼此信任。"海伦娜说，她尽管为我感到高兴，但实际上却有点恼火，因为我这位隔周周六晚陪她喝酒的伴侣要停工一段时间了。"我们总是往好的方面想——我们认为，'咱们把孩子丢在外面，让他们在婴儿车里睡觉，呼吸新鲜空气，这对他们的肺有好处'——而不是做最坏的打算，认为'一个不留神我的孩子就会被偷走'。除此之外，在丹麦没人偷孩子。"啊，又是著名的丹麦"体制内信任"，我心想。坏事永远不会发生在丹麦……

但是因为海伦娜等人相信他们的同胞全都跟"他们一样"是"值得信任的好人"，因此他们觉得十分安全，就像是生活在一个没有危险的世界。这让他们感到幸福并秉持团体观念为人处事，而他们的信任也得到了回报。依此类推——直到它成为一种自我应许的预言。

"我完全不想在别的地方做母亲，"她告诉我，"我也不想在其他地方养家糊口。"这是一种极大的褒奖。但是在这片乐高和安徒生的土地上，孩子似乎已然成为一切的中心。

"一切都以家庭为中心。"美国母亲跟我击了个掌后说道。我向她讨教在丹麦的育儿经验。"这里是最适合生孩子的国度，"她告诉我，"什么事都替你想到了，这意味着孩子会过得无忧无虑！"为了证明自己的观点，她劝我下周跟她一起去托儿所接她的两个孩子，并亲眼看一看。"你还可以亲身体验，"她告诉我，"你一生下孩子就要尽快报名日托，所以你可以先去考察一下，看看是否想把你的小家伙送到那里去。"她指了指我日渐隆起的肚皮，我下意识地往下拉了拉衣服，好挡住凸起的肚子。我已经跟这个即将到来的小生命产生了感情，把他或她交给别人感觉怪怪的，但是丹麦人出生的头几年大多是由旁人照料的。

在丹麦降生的婴儿从六个月开始到六岁上学之前都可以

进入日托班。Vuggestue（托儿所）照看婴儿到三岁，在此期间会有 pædagoger（社会教育工作者）来照料宝宝，这些教育工作者必须要完成至少三年的教育课程。三岁以下的小宝宝还可以送到 dagpleje——保育员或"日托保姆"那里，他们或许不具备相关资质，却可以在自己家中照顾多达五个孩子。公园和附近的游乐场里经常可以看到许多保育员带着婴儿的固定组合，宝宝们不是被塞在四座婴儿车里推着回家，就是跳上一辆木拖车被自行车拉着四处转。丹麦母亲非常喜欢保育员，我听说有的女性会计划怀孕来配合心仪的保育员的时间。

从三岁到六岁，宝宝会上幼儿园。在那里，训练有素的工作人员会帮助他们为上"大学校"做好准备。

丹麦人每个月在两岁以下的婴儿身上要花费两千两百至三千五百丹麦克朗，相应地这些婴儿可以得到一周四十五个小时的照管。价格根据所居住的地区和是否包含午餐而略微不同。父母也可以把婴儿送去接受一周二十五小时的照管，这样费用会低一些。从三岁开始，花销开始大幅下降，每周四十五小时照管费用会降至一千七百三十丹麦克朗。这是因为幼儿不再需要那么多的一对一照顾，正像美国母亲告诉我的那样："他们不再需要那么多纸尿裤或湿巾，这能节约不少钱。不管怎样，至少希望如此……"

我从英国的朋友那里听说了不少恐怖的经历，他们为了养育孩子不得不转抵房产甚至贩卖重要器官，如此看来丹麦的花费似乎便宜得出人意料。但是我了解到，这是因为政府负担了 75% 的费用。如果你的家庭年收入低于四十七万丹麦克朗，还可以获得进一步减免；如果你的年收入低于十五万丹麦克朗，那么育儿则完全免费。多胎家庭还可以享受一定的折扣——所以如果你有两个以上的孩子上日托，那么你只需要交纳一个孩子的全部费用，其余的孩子费用减半，有点类似"理查德与朱迪"在 WH 史密斯书店的图书俱乐部的做法。

"我每天下午三点到五点之间去接孩子——他们对时间的要求十分宽松。"我跟美国母亲在接下来的星期一一起步行去幼托所接孩子时，她告诉我。"由于大多数人拥有正当职业——"说到这儿，她向我投来锐利的眼神，意识到我曾因为自由作家的身份而遭受嘲笑，"——由于大部分人工作时间是朝八晚四，这样的安排很合理。"

我们刚转过街角，还没见到幼托所的真身就听到里面传来一阵叫喊。

"啊啊啊啊啊啊啊啊啊！"

一阵白噪音从前方样式漂亮的奶油色房子中传来。几个男人出现在那里，有的推着婴儿车，有的拉着一只黏糊糊的小手。

"许多父亲接送孩子上日托吗？"

"当然，这是丹麦呀！"

时值星期一下午四点。除了在伦敦北部一些新潮的中产阶级聚集区之外，这在英国可是闻所未闻的。

我们推开托儿所的铁门，一群金发的小朋友涌出来迎接我们，一个个小脸蛋红扑扑的，脸上又是防晒霜又是土和沙子，全都笑疯了。我环顾四周，看着面前这幅有如《天线宝宝》一般的场景——秋千、滑梯、沙坑和扔得满地的玩具。野性十足的孩子们在长满青草的土丘上蹦蹦跳跳，离那些跟几个大孩子一起在树荫下围坐成一圈的小孩子远远的。

美国母亲在墙上的监视器里输入一串密码，好为她的孩子登记离开幼托所，然后我们才开始去找他们。

"这几间是厨房，厨师每天都会来给孩子们制作新鲜的有机食物，"我们参观时，她为我介绍，"还有一个单独的房间用来存放家长为了应付丹麦的鬼天气送来的各种装备。"我了解到，这包括一件雨衣、一套"保暖装"（通常是一件棉袄和一条棉裤）、一顶遮阳帽、雨鞋、自行车头盔、反光背心和一套换洗的衣服。"尿裤子的时候换洗用。"她告诉我，"但这只是在夏天。冬天还需要风雪服、雪地靴、帽子、束发带和连指手套。"这么多户外装备？乐高男肯定会乐翻。

"这一间，"美国母亲推开了主楼旁边一间阴暗的木造耳房，"是休息室。"

我往里看了一眼，看到几排淡绿色的20世纪30年代的摇篮，每一个都附带一个小梯子，帮助那些能自己走（或体重稍重）的孩子们爬上去。

"哇，真复古……"我小声说道。

"是啊，看看这个，"她轻轻按了下木制围栏的铰链，打开了一辆婴儿车，"这是给三岁以下的宝宝坐的婴儿车，这样他们就不会趁着睡觉的时候跑掉了。"整辆车看起来十分古色古香。

"孩子们不介意被关在里面吗？"我好奇地问。

美国母亲耸了耸肩："这玩意儿挺有用的——他们睡得很香。"

*

里面一个孩子也没有。于是我们又回到了花园，终于在一棵树上找到了美国母亲的小女儿，而她的儿子则忙着够一架落在自行车顶棚上的纸飞机。下一项挑战是找鞋子。我们在沙坑里找到三只，还有一只在苹果树下，我以为我们可以走了。

"耐心，蚱蜢[1]。"美国母亲拦住了我并对两个孩子说，"倒干净！"两个孩子迅速把鞋子倒扣过来并把口袋翻了出来，一串细沙在他们周围堆成了一座小塔。"要是不在这儿倒干净，就会把家里搞得到处都是，我经常能收出一大汤匙。"她告诉我。

我觉得，丹麦的托儿所是世界上最有趣的地方，不用人

---

1 蚱蜢，指做事靠不住或没有恒心的人。

工兴奋剂也可以在这儿玩得很尽兴，就像小说《蝇王》一样，但结局皆大欢喜。我们把最小的那个绑在了婴儿车里，接着便走出了那道将游戏乐园和外面的世界分隔开的铁门。我问老大今天学了什么，本以为他会说"剪剪贴贴"或"面部彩绘"。我没想到他说的是"买拖拉机"。我给了这个五岁大的小孩一个诧异的眼神，接着把脸转向了他妈妈，以为这只不过是异想天开。

"他去买拖拉机？"

"是的，"小男孩不以为意地继续说，"我们班的一个女孩喜欢拖拉机，所以我们全班都去商店参观了。"

"他在开玩笑吗？"我问美国母亲。五岁大的孩子会开玩笑吗？

"不，这很有可能是真的。他们班上确实有个女孩非常喜欢拖拉机，最近的商店只不过才两公里远。"

竟然还有这样的事，我彻彻底底爱上了这个地方。老实说，我以前从没想过农用机械是从哪里来的。我也爱这个国家，这样让孩子深受启发的特别之旅竟然变成了现实。

"所以全班都去了？父母们都不知道？"

美国母亲不屑一顾地摆了摆手："当孩子们第一次告诉我们老师会带他们出去远足的时候，我们就签了免责声明。这样他们就可以经常出去了。这一点跟美国不一样——离开幼儿园不需要同意书或保险手续或风险评估。"她告诉我托儿所每天都会有例行探险活动，孩子们需要自行穿好户外服，去野外探险。

"有一天，他们回家后告诉我，他们花了一个上午观察镇上的水——从云到泥坑、下水道、喷泉——"

"——羞羞马？"

"——是的，羞羞马喷泉，还有托儿所里的水龙头。他们让这些小家伙思考水是从哪里来的，这真的很酷。工作人员还会带他们去杂货店学习'在商店里应该如何表现'。"

*

许多托儿所的工作都超越了职责范围所在。有人告诉我，日德兰的一些托儿所会组织大家去过生日的小朋友家里参观体验，并进行时长一小时的"蛋糕与胡闹"。双亲中的一方在午餐时间带着烤好的蛋糕回家，然后老师带着全班小朋友前来做客，孩子们往往会疯玩上五十分钟，然后再回到学校。孩子们不会互相攀比谁的父母请了最红的儿童艺人，或者谁的父母的晚宴包包比其他人的都好，而且这也不会占用傍晚或周末的"家庭时光"。他们就像忍者生日小队一样：来了又走。我听说菲英岛上一家幼儿园的工作人员非常照顾父母的需求，他们甚至提供"二人世界"服务——在工作时间之外照顾孩子，好让孩子的父母在晚上外出约会。

我很好奇要做到这一点，整部社会机器要多么有序，但美国母亲告诉我，这里面根本没有什么"节奏"之类的体系可言。

"他们到了幼儿园，做做运动或跳跳舞、小睡一会儿、吃点油酥点心，然后便去远足。孩子们知道接下来要干什么，但大部分时间他们在自由玩耍。"

这听起来棒极了。我本打算来世做只金雕，或许我应该重新考虑一下做个"丹麦宝宝"。丹麦人一出生就把其他人甩了几条街，余生只是幸福的延续而已。我开始好奇一个丹麦宝宝的生活能否为他的未来——终生的满足感和幸福感——定下基调。难道说，我无意间发现了丹麦人的幸福秘诀？他们是否从一开始就以这样的方式打造着幸福的丹麦人？

"孩子们当然会打架，因为老师不会干预太多。"美国母亲打断了我的幻想，让我的美梦化作了泡影。

"哦！"

"是的，孩子们身上经常会有淤青和抓痕，"她继续说道，"但最后大都没什么事。他们第二天还想去上学。"

我下意识地用一只手护住了肚子。

"你不担心吗，看到你的孩子打架？"我偷偷地观察了她的两个宝贝身上是否有肿块。当我看到他们那精神饱满的小脸蛋上一条疤痕也没有——除了满脸沙子——我感到如释重负。

"最开始的时候有一点——但是丹麦的孩子们很自由。我觉得从长远来看是值得的。"

无数研究表明，英国和美国长大的孩子正在错过作为孩子的最大乐趣，因为他们被照顾得无微不至，被棉绒包裹得严严实实；远离泥土和沙子，以防把膝盖弄破，抱着 iPad 困在房间里。而丹麦式育儿方式更像是《五伙伴历险记》[1]遇上了《燕子和鹦鹉》[2]。迄今为止我所见过的孩子似乎都茁壮成长。

　　当然，对于这种教育体系也有批评的声音。

　　"那不是自由，而是懒散。"一位三岁孩子的母亲告诉我，"我儿子托儿所的工作人员只是坐在那里喝喝咖啡，任孩子们疯跑。"另外一位移民说丹麦人看不起全职母亲："大家都认为父母双方都应回到职场；我没有回去工作，这似乎降低了我的社会地位。"

　　我跟所见的每一个丹麦人聊到这个话题，他们都表达了同样的观点："为什么要留在家里？为什么不让自己的小孩跟别的孩子一起玩？"大多数人发自肺腑地认为，把三岁以下的孩子送去日托实在是帮了他们一个大忙，让他们得以尽早回归社会生活。没人理解一个女性为何不愿意回归职场，回到自己喜欢的工作，而且还能获得一份体面的薪水。全职母亲的工作实际上已经被政府接管了。海伦娜甚至表示丹麦

1　《五伙伴历险记》(*The Famous Fives*)，英国儿童作家安迪·布莱顿的童书。

2　《燕子和鹦鹉》(*Swallows and Amazons*)，英国儿童作家和记者亚瑟·伦瑟的童书。

孩子在社交方面要比英国孩子强，因为他们更早学习如何与同龄人相处。

"但是依附理论又作何解释呢？"我反驳道，假装自己是奥普拉。"丹麦的孩子成长过程中不也有不安全感或是遗弃感之类的问题吗？"已故的英国心理学家约翰·鲍尔比（John Bowlby）认为，成人是否具有安全感完全取决于六个月到三岁之间得到的照顾。早期的需求得不到最初看护者的回应——这个角色通常由母亲扮演——长大后注定会成为害怕被遗弃的缺乏安全感的人。

"有趣，"海伦娜对我的这一理论表达了自己的观点，"但是丹麦人全都是这样长大的，我们表现得还不错，不是吗？还是你认为我们普遍缺乏安全感？"她说得有道理。

我偶然读到了育儿专家夏洛特·哈伦德（Charlotte Højlund）撰写的一篇文章，她同时也是七个孩子的母亲（是的，七个孩子。这个女人自己打造了一支篮网球队）。我认为如果有人能让我更深刻地了解丹麦的育儿以及丹麦的育儿方式能否打造出更幸福的孩子，那个人无疑就是她。

夏洛特是我见过的最不显老的女人——她已经有了七个孩子（七个！），最小的两岁，最大的已经二十岁。她写过很多育儿方面的书，经常作为育儿评论员在丹麦电视上露脸。我请她直截了当地告诉我：丹麦的育儿体系有效吗？

"我认为答案是肯定的。我知道依附理论，也明白在有些文化中母亲在孩子两岁或三岁之前会选择留在家中做全职母亲，或许那样更好。但我们不能走那条老路。大多数丹麦母亲都会工作，我们的社会就是这样运作的。"

丹麦人的确取得了极大成功，而且有趣的是，所有声称"职场母亲预示着我们原先所知的文明的结束"（我进行了意译）的研究似乎都来自于美国，还有少数来自德国或荷兰。没有一个来自于北欧国家，那里的女性在孩子不满一岁的情况下照例会回到职场。夏洛特告诉我，丹麦人是何等重视孩子的成长：当宝宝开始上托儿所的时候，他们的父母并不像有些国家的父母那样仅仅把他们丢在那里然后去工作；相反，那是一个有计划的渐进过程，父母在第一天会让孩子独自待上十分钟，第二天是二十分钟，依此类推，直到他们可以工作一整天。"日托-戒断"过程通常要花上三个星期。如果有孩子需要特殊照顾，当地的社区会额外聘请工作人员；如果孩子需要额外帮助，儿童心理学家也会随时待命。

"托儿所建了一个内联网，父母经常能在邮箱里收到实时更新，看到他们的孩子在做什么。"夏洛特也向我坦陈，"实际上，我宁愿少一点儿——我有七个孩子，收件箱总是满满当当的！"

因为不是孩子的日间主要照料者，夏洛特认为丹麦父母会在晚上和周末投入更多精力。"许多父母对于因为工作原因离开孩子而感到内疚，所以一旦有机会就会投入更多的时间在孩子身上。这也是导致丹麦离婚率如此之高的原因之一。"夏洛特本人就离了婚。"父母要从别的地方抽出时间，他们不愿意亏待自己的孩子或是工作——所以夫妻关系就遭了殃。"

我刚刚读过一篇开放大学的研究，文章声称没有孩子的夫妇要比那些新手父母更幸福。哎呀，太晚了，我心想，马已脱缰了。但有趣的是，该研究同时发现有孩子的女性要比没有孩子的女性幸福。所以我的夫妻关系可能会触礁，但我会比以前更加幸福喽？好吧！我决定不把这篇讨厌的文章拿给乐高男看，但知道丹麦母亲是世界上最幸福的人这一事实多少让我感到安慰。

那么夏洛特幸福吗？

"当然！"她告诉我，"我会给自己打九分。丹麦是世界上最适合养孩子的地方。"

听到这话我当然十分高兴，但我开始怀疑每个跟我交谈的人都是丹麦旅游局派出的间谍。若非如此，那么我肯定生活在北欧版的《楚门的世界》[1] 中。

*

我未出世的宝宝竟然拥有如此完美的人生开局，这种希

---

1 《楚门的世界》(*The Truman Show*)，美国电影，影片中楚门是一档热门真人秀的主人公，他身边的所有事情都是假的，他的亲人和朋友全都是演员，他本人对此一无所知。

望让我感到既安心又兴奋，我意识到自己已经开始考虑明年一月签证到期之后的事了。到那时，不经意间，我们的丹麦一年生活计划将进入续篇。尽管存在语言障碍，也弄不明白诸事如何运作，而且每天都要干出几件丢脸的事，甚至出去喝个牛奶或停个车都能踩到雷，但理性地说，在丹麦生活要容易得多。

丹麦生活要比我之前在伦敦的生活简单得多。诚然，生活的精彩度也大打折扣，但是这些规则、传统和仪式也免除了我大量的烦恼和忧愁。事实证明，我能够适应这一切。在丹麦，我只须按部就班地轻松生活。挺着巨大的孕肚或带着一个新生命搬家可能就不是我新近达到的禅定境界所能接受的了。

我一方面希望能够在朋友和家人的陪伴下，在一个能看懂医师须知而且知道哪里能买到合身的孕妇装的国家生下宝宝，但同时也意识到，放在我以前的生活中怀孕几乎是不可能的。看来丹麦生活至少是促成我怀孕的部分原因——所以我觉得自己亏欠这个国家一句感谢。如果我那些心地善良的大学密友继续给我寄来装满孕期锻炼DVD、杂志和Top Shop孕妇装的爱心包裹，那么便没什么好担心的了。

我开始把丹麦当成了家。当我们通过Skype或FaceTime（这些技术大咖应该着手发明"虚拟拥抱"）告诉大家怀孕的消息时，他们个个都问："你们会回到英国来生下宝宝，对吧？"对此我有些戒备似的回答说："丹麦也有医院的，你们知道……"

留在丹麦最难的是我母亲不得不做个远距离的外祖母。从我记事起，她就一直想要个外孙，不出意外的话，明年一月我就能完成使命。只是我们相距九百公里。好吧，好在我不在澳大利亚。但她在英国有自己的工作、自己的生活和自己的朋友，我不能指望她随时放下一切跨越重洋来看望我们。在丹麦生宝宝意味着她要错过许多第一次：第一次家庭出游、第一次洗澡时光，以及近在咫尺的祖父母给予孙辈的理所当然的第一次拥抱。她只能凑合看看照片，跟我们视频通话。我告诉自己一年的时间或许没有那么难过，但是时间再久一点可能会伤了她的心。

我们还有时间考虑，所以我暂时让自己回归成为彻头彻尾的英国人，暂时将这件事搁置并卸下所有的情绪。为了分散注意力，我吃了一包薯片——这是我眼下需要控制摄入的几种食物之一。我只是庆祝自己的人生新计划，那就是除了应对照顾宝宝的种种可能性之外不做任何计划。就在这时，有人邀请我去体验丹麦的教育。

从六岁开始，丹麦孩子就要进入 folkeskole（公立学校），他们要跟二十来个孩子在未来的十年里一起上课。求学生涯的大部分时间跟相同的人做同学，据说有助于孩子们建立安全感，也能为他们提供一个安全可靠的环境去发现丹麦教育的支撑：平等与自主。作为参与者，日德兰的适龄儿童要学习公民权。乐高男的一位同事曾跟我取得联系，请我去他女儿的学校做一次演讲。他们乐观地以为，我作为一名"外国人"和作家可以讲好一句完整的丹麦话，也可以解释丹麦在世界其他国家眼中是怎样的形象。我受宠若惊，欣然应允。

我欣喜地发现自己遇到的丹麦青少年似乎全都十分自信和放松——直呼老师的名字，公开在班级辩论，不放过任何讨论的机会。经过一番深入的提问，我离开了学校并跟奥胡斯大学教育研究系的卡伦·伯格·彼得森（Karen Bjerg Petersen）谈了谈，以深入了解丹麦教育的特色。

"我们不只教孩子们通过考试，还教他们独立思考和做决定。"她开门见山，"丹麦教育的主旨是发展孩子们的社交、认知能力和基于经验的学习能力。我们鼓励他们对现有的体系提出批评。"她告诉我，教育和民主自第二次世界大战开始就紧密地联系在一起："学校鼓励孩子们进行思考，如果他们不认同所听到的内容，完全可以向权威发出挑战——这在德国占领丹麦之后便成为当务之急，丹麦人非常注重这一点。我们希望公民具有民主意识，有自己的见解，因此自我成长是丹麦教育的重头戏。"

"所以是希特勒推动了丹麦人教导孩子挑战权威喽？"

"可以这么说。"

强调孩子的自主权和自我表达，在外人看来似乎有些过于随意。我告诉她我发现这里的孩子都不穿校服，而且直呼老师的大名，这非常奇怪。在我的成长历程中，发现某位老师的教名就像发现了圣杯一样，意味着莫大的权利。我们私底下把这个名字传来传去，最后爆发出一阵近乎歇斯底里的大笑；我们深知家政系的普鲁斯夫人再也不能把我们吓个半死，因为我们知道了她的名字是"苏"，这份胆量冲昏了我们的头脑。

"丹麦的孩子对他们的老师也同样尊敬——或害怕吗？"

"孩子们很尊敬老师。"卡伦告诉我，"我们的想法是，小孩子也跟老师一样平等，即便老师是长辈。老师有可能知识丰富，但是孩子们也应当作为个体而受到尊重。"这种不寻常的观念对于前修道院女校的学生而言实在难以接受。

"所以学生和老师之间没有等级之分喽？"

"没错。詹代法则说得很清楚，"她说，"人人平等，没人比其他人更优秀。"

这一原则同样适用于学生间和父母间的关系。卡伦告诉我，一位 CEO 的孩子可以跟一名店员或秘书的孩子同校。"我们不喜欢炫耀，"正如她所说的那样，"我们是一个富足的社会，所以当我们走出国门的时候，我们的孩子不会到处说：'按照我们的来！我们什么都知道！'这一点很重要。"

相反，丹麦的学校会教孩子们宽容，这是我在五月份学到的。在校期间，孩子们会参与"星期五 hygge 时光"，他们轮流带蛋糕到学校，全班一起谈论田园生活的话题。

"我的两个孩子在星期五 hygge 时间学习了霸凌的话题。老师相当冷静地进行了解释，明确地指出人人都有权受到尊重和平等对待。孩子们被告知：'或许你无法喜欢遇见的每一个人，但是你要尊重他们的不同。'"

　　学校每周有一到两小时的体育必修课，但大多数运动是
在放学之后进行的，许多父母自愿管理各种俱乐部，包括乒
乓球、舞蹈、戏剧、足球和体操等。很明显，丹麦的兴趣俱
乐部也是从娃娃抓起的。"孩子们放学之后有很多选择——这
取决于父母的兴趣点。"卡伦说。我告诉她美国母亲白天是
一位市场营销经理，而晚上则是排球教练，另外一位作家到
了晚上则会变身为体操教练。

　　"这是一种很好的制度，有助于孩子理解志愿工作也是
为社会做贡献的一种形式。"卡伦说。这也有助于提升父母
的幸福感。美国石溪大学和亚利桑那州州立大学的研究者发
现志愿工作能够调节压力，释放令心情愉悦的荷尔蒙，如宫
缩素和黄体酮。由于53%的丹麦人均从事着某种志愿工作，
因此丹麦空气中飘散着大量幸福的荷尔蒙。

　　从公立学校毕业之后，孩子们可以离开学校也可以继续
读三年大学预科[1]。这是指后续学校，并不是我最初想象的
那样，是晚熟的体操运动员的温床（我的贝斯·特维德尔[2]
梦就这样被粉碎了）。通过三年的预科学习，丹麦学生要通
过考试进入更高等的学府深造。毕业时，他们坐着敞篷卡

1　大学预科（gymnasium）同体操运动员gymnasts一词十分相近，
　　所以作者才会以为这是体操运动员就读的学校。
2　贝斯·特维德尔（Beth Tweddle），英国著名艺术体操运动员，为
　　英国赢得了第一块欧锦赛、世锦赛及奥运会女子体操项目奖牌。

车——或者拖拉机拖车——头戴水手帽，轮流去每个同学家里豪饮，直到二十罐啤酒下肚，醉倒在我们家旁边的沙滩上。他们以这样近乎疯狂的方式庆祝中学毕业。要是日德兰的父母找不到自己的孩子了，来斯迪克斯维尔找找看吧。

所有开拓思维的教学经验均可免费提供给所有丹麦和欧盟公民——十八岁以上的丹麦公民在学习期间还能获得助学金，数额从每月九百零六丹麦克朗到五千八百三十九丹麦克朗不等，根据年龄大小、学业类型，以及是否走读和父母的薪资水平而有所不同。"我们认为教育是每个人应有的权利，人们不应该为此花钱。"卡伦说。

从十四岁到十八岁，丹麦青少年还可以选择就读efterskole（课后教育）。这是一种收费的寄宿学校，教育重点通常放在体育、戏剧或艺术上。约 15% 的丹麦孩子选择上私立学校，尽管丹麦的私立学校并不太"私立"。政府负担 2/3 的费用，学校须坚持国民教育课程的某些核心宗旨。正如人们对高福利社会预期的那样，许多丹麦人对于付钱为孩子赢得教育优势的想法感到不安。正如我认识的一位私立学校学生的家长羞怯地指出的那样："这有点违反詹代法则。"

日德兰玩具城比隆镇自 2013 年开始便成立了自己的付费学校，由全球最大的玩具制造商乐高出资。这是乐高的亿万富豪掌门人谢尔·柯克·克里斯第森的创意，旨在迎合乐高公司数量渐增的国际员工的需求，对于这些人来说丹麦教育北欧化得有些过头了。该计划强调寓教于乐和与国际文凭接轨,为国际员工和立足全球的丹麦人的子女提供世界"通行"的教育。"我们只是认为丹麦的教育方式重心全在于自由与创造力,一旦孩子们走进现实世界,他们可能会觉得世事艰难。"私立学校孩子的父亲坦承,"丹麦人对孩子有点……过于温和了。"

到目前为止,我所遇到的人对于丹麦的教育系统普遍持肯定态度,这种反面论调让我觉得耳目一新。尽管我的学生时代条件艰苦、规矩很多、管教严格,学校却鼓励我们勤奋努力。自由洒脱的丹麦教学方式能取得同样的效果吗?还是说丹麦的孩子们高高兴兴地离开学校(这真的很棒)实际上却并未准备好进入广阔的大千世界?

2013年丹麦曾放映过一部纪录片,让一班中国学生和丹麦的同龄学生进行比赛,结果北欧国家的孩子在学业上完败。丹麦人盛怒不已。许多人声称中国学生是从该国最好的学校中万里挑一选出来的,而且在拍摄之前就得到了辅导。评论家认为,不应该拿这些孩子来跟丹麦普通班的孩子做比较,因为丹麦的目标是培养多才多艺的自由思想者。无忧无虑的丹麦年轻人尚未做好准备适应竞争激烈的国际就业市场,丹麦人心中是否存在这样的担心呢?尽管丹麦教育体系调整了重心,强调"理解公民权利",可他们真的拥有足够的技能在国际上立足吗?我曾读过的一篇文章这样写道:哥本哈根一所学校的学生十分懒散悠闲,社工要在早上打电话到家里叫他们起床，并哄劝他们去上学。我认为这简直不可理喻。

我又找到了七个孩子的母亲夏洛特（七个！），征求她对丹麦教育现状的看法。她经验丰富，并对过去二十年间丹麦育儿和教育发生的巨变进行了观察。

"在丹麦，"她说，"我们的教育体制下，老师既关心学生的社交能力和幸福，也关心学校的发展速度——我觉得我们应该为此而感到自豪。"但是她也同意，丹麦教育制度的某些方面已经有所偏离。

"以前，父母负责养育孩子而学校则负责他们的学业，"夏洛特说，"但现在国家似乎接管了一切。"她以自己孩子的学校近日发放的一份提醒为证，这份提醒建议那些参加考试的学生的家长保证"茶点供应充足以保证他们精力充沛"。"我说，我是学生家长，我有七个孩子（七个！）。我不会满世界追着他们跑！"我由衷表示赞同——我告诉她甚至刚好相反，孩子们应该给她端茶倒水。但是由于父母都从事全职工作，只能在下班后满怀爱意地给孩子洗个澡，丹麦的孩子有时候真的有点被惯坏了，夏洛特说。

"丹麦有很多'冰壶父母'，什么都为孩子准备好，从不对孩子说'不'。这种说法因冰壶运动而得名——只不过是父母拿着扫帚在孩子面前拼命清扫，扫除一切障碍好让他们过得更加舒服。"

有趣的是，《社会心理与人格科学》杂志发现那些将孩子的幸福置于自身之上的家长在育儿过程中会更加幸福并找到更多的人生意义。所以冰壶父母只是为了让自己心安？

"或许吧，"夏洛特表示认同，"但从长远来看，这对我们的孩子没有好处，因为那不是生活原本的样子。"

"所以丹麦的孩子、他们的父母和他们的老师，要有一点吃苦精神喽？"我问。

"我不知道他们是否应该有吃苦精神，"她说，"孩子们应该尽可能地做孩子。我认为他们被询问关于某事的意见并被鼓励思考自己的观点和信仰，这一点是非常好的，比如：'我喜欢什么？我想做什么？我对此有何见解？我如何解决这个问题？'"尽管如此，夏洛特表示她还是相当信任丹麦教育方式。

奥胡斯大学的卡伦十分认同并表示说："我们永远不会像中国一样，但这也不是什么大问题。就业市场瞬息万变——我们的工业所剩无几，而且我们也没有石油，我们不是挪威。但是我们的年轻人有创造力，这是我们最大的优势。"这项行动计划似乎成果显著。丹麦的全球人才指数高居世界第二，仅次于美国（数据来源于海德思哲全球咨询公司的研究）。

"这么说丹麦的人才十分抢手？"我问卡伦。

"那当然。我们的年轻人学习层次不同，但是他们最后都能达到标准，同时十分快乐。"

卡伦跟我讲了讲丹麦的高等教育。"预科毕业之后，丹麦人会暂时工作或旅行一段时间，了解这个世界和存在的问题，然后再上大学。一个人越成熟就越优秀，你知道如何独立思考，如何讨论、保持好奇心和批判性——你不只是照着老师或父母的观点照本宣科。"我回想起自己十八岁上大学的第一年，我发现要从机械地复述老师的观点向创新思维转变有多困难，忍不住想她或许是对的。现如今，上大学在大多数国家变成了一种奢望，因为这些国家废止了补助制度还要收取学费。但在丹麦这一切都是免费的，甚至还可以拿到补助。由于丹麦学生没有金钱方面的后顾之忧，他们可以自由选择感兴趣的专业，而不是能够让他们在未来获得高收入的专业。

"这意味着他们更有可能坚持学业、勤奋学习，最后在跟专业相关的工作领域如鱼得水。"卡伦说。正像乐高男在二月告诉我的那样——丹麦人不太抱怨工作，因为他们多半是在自己感兴趣的领域做着自己喜欢的事情。

"本科毕业之后，你可以选择攻读硕士或再读一个学位，"卡伦继续说道，"你可能三十来岁才完成学业——但是在进入职场后将收获丰富的人生经验。"

这听起来相当富有诗意，尽管慷慨得有些不可思议。我很好奇，丹麦学生毕业的时候是否能得到一辆免费的车，或许是一罐金子……但是卡伦告诉我，高等教育的天堂也有麻烦："有些人想要改变现状和带薪学习的期限。有些政客声称他们希望让孩子在二十四岁之前完成学业！"她被这样的提议激怒了。

作为一个负债累累的三十岁的中年人，我发现自己非常嫉妒丹麦学生。我不得不做服务员来支付大学学费，然后打两份工才能念得起研究生，直到去年才还清了助学贷款；而他们却能够免费且源源不断地获得这一切甚至更多，至少看起来如此。

"但是国家提供学习补助的做法能够长久吗？"我问。

丹麦在经合组织三十四个发达国家成员国中对教育的支出比例最高。丹麦最大的反对党丹麦自由党在 2013 年建议收取学费，这一建议饱受执政的社会民主党批评，说他们"拿民众的幸福和平等进行赌博……这是我们通过几代人的努力而建立起来的"——这一提议最终搁浅。

"我们视教育为对未来的投资，"卡伦解释道，"这对我们来说非常重要，我认为这让我们的孩子更加快乐。"她的观点得到了经合组织研究的印证，该研究表明教育程度能够影响主观幸福感，受过高等教育的丹麦人要比那些没有读过大学的人更加幸福。丹麦人承担着世界上最高的税负——顶尖收入群体要缴纳收入的 56% 左右——但是这些钱得到了充分利用（至少在卡伦看来如此），用来教育未来的丹麦公民。

我问卡伦如何看待丹麦人整体幸福感很高的现象，她告诉我自己非常幸福："我有自己的家庭，我的孩子健康成长，我对自己的事业很满意，而且我拥有一份很棒的工作。我会给自己打八到九分。"

"为什么不是十分？"我试图说服她。

"嗯，你知道，詹代法则——如果我给自己打十分的话，那就显得太不谦虚或者说太不丹麦了……"

*

我认为，成长在丹麦实在是一桩轻松的美差。从六个月大开始，你的每一天、每一周和每个季节都会进入一种特定的节奏——庆祝每个丹麦传统节日。孩子再大一点的时候，学校会为他们设定一个安全无虞的框架，供他们去玩耍和探索。跟同一批人在同一个班级一起相处十几年肯定令他们十分安心，不管家庭生活多么动荡——毕竟丹麦的离婚率那么高——教育都可以为他们提供一个避风港。

我对此也颇有感触。我的学生时代一点也不完美，但是循规蹈矩、墨守成规和千篇一律多少让人感到安心。两个父母带着两三个孩子，这是电视情景剧里常见的画面，实际的家庭生活大都不会这样完美无瑕。我和我母亲全力应付，结果却总是出人意料。还有谁在八岁的时候因为点着了桌子而被伊顿酒吧列入黑名单？或者在同学们上体育课或踢踏舞课的时候跑去参加诺丁山狂欢？现如今，这些都成了我非常宝贵的人生经历，但作为一个孩子，我渴望变得"正常"。我渴盼"无趣"，学校就是我的避难所。不管生活多么荒诞，我一直清楚地知道星期一一早我就会头脑清醒。学校记忆还有另外一面：可爱的门罗夫人、课间休息、钟声、体育课（又称在冬季越野跑时躲在更衣室或在夏天的游泳课上以"生理期"为借口请假），还有在午餐时间吃上一份寡淡的三文鱼烤意面和高光 E 编码[1] 橙汁。

那还是在英国，我心想。想象一下丹麦的学校该多有趣啊，教育的重点完全放在了创造力、玩和鬼混——我的意思是，"自我表达"——上……我开始做起了白日梦。

"要是我们继续留在丹麦，"乐高男回到家的时候我告诉他，"我们的孩子将会接受完全免费的全面教育，直到十八岁为止，政府会资助他或她进入世界上最好的大学深造。"

我给他看了一篇我刚刚看到的报纸文章，研究型大学全球网络——二十一所大学同盟表示，丹麦的高等教育质量位居全球第五。

"才第五？"说完他便跟着小狗一起冲上了沙滩。我意识到我们可能被丹麦宠坏了。

1　E 编码，以 E 开头的一系列数字，用在加工食品的标签上，用来表示被欧盟认可的一种特定食品添加剂。

本月知识点：

01.

丹麦的孩子相当幸运。

02.

丹麦出生的婴儿快乐得离谱。

03.

生了七个孩子（七个！）之后你也可以光彩照人。

04.

关于育儿我还有很多东西要学。

屠夫、面包师和文化打造者

我越过海面眺望着对岸的瑞典，空气中带着一丝咸湿的味道，一缕微风拂起了我粘在脖子上的发丝。阳光灿烂，天空湛蓝，只有几朵洁白无瑕的云急速飘过，活像《辛普森一家人》中的场景。我的手指掠过一尊亨利·摩尔[1]的雕塑作品，青铜在太阳下晒得暖洋洋的，一艘帆船缓缓经过，在高低起伏的海浪中间若隐若现。

"咖啡来喽。"乐高男高举着两个纸杯，赤脚踩在绿茸茸的草地上，朝着我所在的橡树树荫下走来。我赶紧起身迎上他，盘腿坐下品尝着这杯含咖啡因的饮料。最近我每天只允许自己喝一杯。我几乎能感觉到肾上腺素在血管中沸腾，我的大脑再次变得清醒并活跃起来。

"咖啡真是好东西。"

"是啊，在咖啡厅，一个女人告诉我这里的咖啡远近闻

---

1 亨利·摩尔（Henry Moore），享誉世界的英国著名雕塑家，以他的大型铸铜雕塑和大理石雕塑闻名于世。

名，就连帕蒂·史密斯[1]都前来挖宝。"

"挖宝？"

"是的。"

"呃，这是垮掉的一代的说法，他们想把那套说辞捡起来……"

他对我眨了眨眼，然后便去翻看那本被我们"冷落"多日的旅行指南，不时在旅游景点上做下记号。当天是我们的结婚纪念日，我们来到只有五十五万人口的袖珍首都进行庆祝。乐高男最喜欢的杂志连续两年将美丽的哥本哈根列为世界最美城市，所以我们决定在这里度过一个长周末，体验当地文化，品尝可口的美食，恶补日德兰"亏欠"我们的一切。过去的九个月里，我也曾因工作原因在哥本哈根短暂停留，但我们从未一起外出闲逛并细细品味这座城市——我决定利用这次短假来弥补自己。我甚至把手提电脑放在了家里，现在剩下的只有爱。

我们参观了国家博物馆、造型超现代的皇家大剧院以及新嘉士伯艺术博物馆的德加[2]作品展——这座美术馆是丹麦最大的酿酒公司于19世纪建造的。我们还慕名

1　帕蒂·史密斯（Patti Smith），美国摇滚女诗人，朋克音乐先锋人物。

2　德加，指埃德加·德加（Edgar Degas），法国著名画家，早年倾心于古典绘画和安格尔的素描，绘画题材以历史画和肖像画为主；后倾向于印象派，善于从不寻常的角度描绘瞬间的动态，题材多取自芭蕾舞剧院咖啡馆和赛马场等。

前去参观了小美人鱼雕像，绕着雕像散步，在步行街吃"smushi"——这是著名的丹麦 smørrebrød 和寿司的结合体——在植物园闲逛，看美女骑自行车。（"在日德兰可看不到这个。"乐高男对着一位身穿连衣裙脚踩高跟鞋骑车经过的长腿金发女郎扬了扬下巴。我目不转睛地盯着她身边那位酷似维果·莫特森[1]的男伴，欣赏地"唔……"了一声。）

现在我们又来到了哥本哈根北部的路易斯安那现代艺术博物馆。在毕加索、贾科梅蒂、安迪·沃霍尔以及我们最早接触的丹麦画家阿斯葛·琼（Asger Jorn）和佩尔·柯克比（Per Kirkeby）的作品中浸淫一番。接着我们去了公园，看到一群孩子试图测量一尊亚历山大·考尔德[2]的雕塑作品。上帝保佑丹麦人民安全健康……喝完咖啡后，我们又四处转了转，邂逅了一棵张灯结彩的树，树上挂满了彩纸。每一张上面都写了字，就像《爱丽丝梦游仙境》中的那样，代表着对未来的某种愿望或期许。这些愿望有的宏大（"世界和平"），有的梦幻（"我希望我的大猩猩玩偶能活起来"）。我们本想查看更多人的愿望，这时有人极力劝说我们也写下自己的愿望，并递给我们各一张白色的行李标签和一支毡尖笔。"你们可以许三个愿，两个个人愿望和一个政治愿望。"

1　维果·莫特森（Viggo Mortensen），丹麦裔美国演员，曾出演《指环王》三部曲。

2　亚历山大·考尔德（Alexander Calder），美国著名雕塑家、艺术家，动态雕塑的发明者，代表作有《龙虾陷阱与鱼尾》。

一个戴着色彩鲜艳的围巾的女人告诉我们。是的，在丹麦就连许愿也是有规则的。我们接受了挑战，乐高男开始"奋笔疾书"。我也开始动笔，却发现完全不知道该许什么个人愿望好。如果有人在一年前问我有什么愿望，我会毫不犹豫地说"写更多的文字"和"有个孩子"。虽然听起来有点自恋，但这两样都已经实现了。我不再需要写满了预算、策略或招聘计划会议的笔记本。我只是写作，每天都写。更为神奇的是，我们将在明年的一月份组建起一个新的家庭。我甚至不敢去想，我……我幸福吗？就像我现在这样？丹麦式的幸福？

乐高男已经开始把他的愿望挂到稍高的树枝上，于是我匆匆写下了请关照我所爱的人之类的话，然后又加了一句附言："……中个彩票也不错。"我把绳子打了个结，然后把行李签拴在一根稍低的枝条上。这时乐高男走了过来。

"你许了什么愿？"他问。

"没什么，"我回答说，"彩票、性别平等和看完尼古拉斯·凯奇的所有电影。你呢？"

"哦，你知道的，关于行星之类的。"

"很好。"我点点头，然后跟乐高男一起步行回到了宾馆。

哥本哈根是座活力十足的城市。我知道我们或许只是走马观花，因为不久我们就得回到斯迪克斯维尔，但是我们欣赏了伟大的艺术作品和雕塑作品，而且出门就可以看到大海，这对我们的灵魂大有裨益。

逛街的时候我试着跟乐高男说话，但他的眼睛直勾勾地盯着画廊礼品店里金碧辉煌的天价礼品区，在接下来的半个小时里对一切外部世界充耳不闻。我需要一个文化向导，我心想，一个能为我"现场"解说的人。从本质上来说，我需要丹麦的梅尔文·布拉格[1]。

幸运的是，丹麦的梅尔文·布拉格就生活在附近，工作地也不算太远。阿德里安·劳埃德·修斯（Adrian Lloyd Hughes，他的父亲是威尔士人，但他三岁的时候便搬来了丹麦）是丹麦公共广播电台的一名播音员和主持人，过去三十年来一直在做文化方面的电视节目。我在网上同他取得了联系，我们定好了面谈的时间，趁着乐高男还没刷爆我的卡。

"我们结婚纪念日你还要工作？"乐高男狐疑地打量着我。

"不是。"我撒了个谎，感到十分内疚。我注意到他两手空空从一群买家中挤了出来。这可是破天荒头一回，但也让我灵机一动……"你不想去别的设计商店看看吗？"成功了！"我可以趁着你去逛街的时候跟这位文化专家谈一谈……"我们盯着对方看了几秒，谁都不想先眨眼。

"哦，那去吧。"他告诉我。

1　梅尔文·布拉格（Melvyn Bragg），英国广播主持人、作家。

"谢谢你！"

第二天，我便同阿德里安会了面。我告诉他自己已经去过路易斯安那博物馆而且非常喜欢，他立刻如数家珍一般列出了一长串我应该利用这次机会前往的美术馆和博物馆。

"最棒的丹麦博物馆就像主题公园一样，有商店和咖啡厅。"他告诉我。1966年哥本哈根成为欧洲文化之都后，其文化精神风貌焕然一新。"就像是你打算举行一场晚宴——你要穿上盛装，点缀鲜花，还要打扫一番，才能以最好的姿态面对世界。哥本哈根就是这样。"为了让这座城市保持良好风貌，博物馆在当时被纳入了基础设施建设。那么今天丹麦的艺术氛围如何呢？

"非常好。实际上，"阿德里安说，"艺术得到了丰厚的资金支持，三十年来的财政支持造就了丹麦电视业和建筑业的蓬勃发展。"

丹麦电影院得到了国家的重金资助。阿德里安告诉我："你买一张电影票，其实际成本为票价的两倍甚至三倍。"因此，电影院总是爆满。丹麦还十分擅长培养新锐作家。克里斯琴·罗莱科（Christian Lollike）以奥斯陆杀手安德斯·贝林·布雷维克（Anders Behring Breivik）为原型的电影《2083宣言》（*Manifesto in 2083*）举世瞩目，描写在前南斯拉夫的丹麦士兵生活的索尔·比约恩·克雷布斯（Thor Bjørn Krebs）同样享誉欧洲。许多剧作家毕业于奥胡斯剧院的写作学校，他们在那里享受补贴（理所当然）并

有机会看到自己的作品被搬上丹麦第二大剧场。"在丹麦，
私人捐款近年来也有所增长，"阿德里安说，"但大部分资金
被投在了芭蕾舞上——或许是因为大多数企业希望能跟这门
优美高雅的艺术攀上关系，而不愿意跟一出颇具争议的挪威
连环杀手电影扯上关系。"

折扣票方案让所有丹麦人都能欣赏古典舞蹈和现代舞
蹈，阿德里安说这两种舞蹈在年轻的观众间受到了前所未有
的欢迎："每次我去欣赏演出，都得穿过一群高中生去找到
我的位子。"

歌剧也得到了政府的重金资助，但票价却仍需五百丹麦
克朗起步。"所以要是你需要请个临时保姆还得找地方停车
的话，你一个晚上可能要花费两千丹麦克朗。"阿德里安说。
近年来丹麦歌剧最成功的例子当属卡斯帕·霍尔滕（Kasper
Holten），他是伦敦皇家歌剧院的现任导演，因为重新演绎
瓦格纳的《尼伯龙根的指环》而引发轰动。"他以扭曲的女
权主义视角来展示该剧，整部作品对男权至上和女权至上
同时提出了质疑。"阿德里安说。"指环"变成了 DNA 分
子，主人公简直是在与人类的未来进行抗争——演出大获
成功。

丹麦电影业是欧洲最成功的电影产业之一，这得益于
前瞻性的资助政策和政府的支持。许多知名电影人今天仍
活跃在丹麦，如凭借《婚礼之后》（*After the Wedding*）获
奥斯卡提名的苏珊妮·比尔（Susanne Bier）、2014 年上

映的电影《远离尘嚣》（*Far from the Madding Crowd*）的导演托马斯·温特伯格（Thomas Vinterberg），当然还有拉斯·冯·提尔（Las von Trier）。"大多数丹麦人承认他是个天才，虽然我们发现他非常令人讨厌。"阿德里安说。冯·提尔跟几位丹麦同胞联手发起了道格玛95（Dogme 95）运动——即始于1995年的电影运动，发起者包括托马斯·温特伯格，克里斯蒂安·莱文（Kristian Levring）和索伦·克拉-雅各布森（Søren Kragh-Jacobsen）。该运动旨在"净化"电影业，使电影制作遵循拍摄规律，摒弃老套的情节、肤浅的动作和花哨的技术。这些原则后来遭到废弃，但道格玛运动帮助丹麦电影业实现了低成本电影合法化，巩固了冯·提尔颇具争议的名声。

当然，近年来最成功的当属丹麦电视台。我问阿德里安这是怎么一回事，他告诉我这绝非意外："十年前，海外的观众一部丹麦电视剧也收看不到。丹麦广播公司（相当于英国广播公司BBC）于是采取行动，制定政策，培育本土精英，发掘作家们感兴趣的题材并帮助他们打造自己的项目——这取得了极大成功。"丹麦电视剧将重点放在了社会写实主义题材、紧凑的故事情节和风格特异的故事基调（比如说"忧郁"）上，《谋杀》、《权利的堡垒》（*Borgen*）和《边境缉凶》（*The Bridge*）等俘获了全球的观众，并得到了美国和英国的翻拍。

"这些电视剧对丹麦文化进行了很好的宣传，全面反映了我们的生活和丹麦的价值观。"阿德里安说，"比方说，《谋杀》第三季讲述了一个丹麦人因贪婪而连累了自己的家庭的故事。"随着阴谋的败露，编剧明确地表示这不是一件好事，富有的商人因此遭受重创。但在另外一条故事主线中，丹麦政治体系被刻画成一个有罪之人的保护伞。"这是非常有争议的，"阿德里安说，"但这表明公共广播电台可以自由批评当权者。"三部热播剧全都有一个强势的女主角，她们野心勃勃、性欲旺盛、性格复杂带有缺陷——与传统荧幕上的女性角色截然相反。"在《权利的堡垒》和《谋杀》中，我们看到女性试图平衡家庭与家人、良心与野心的关系——这在全世界都能得到共鸣。"阿德里安说。

尽管丹麦国产剧取得了极大成功，但丹麦影视业却有一个不可告人的小秘密。不，不是海伦娜告诉我的那种裸体女人秀，而是温馨的英国周日下午茶时间经典剧集《杀机四伏》(*Midsomer Murders*)。维京人、友善的邻居和海伦娜都承认自己是满脸皱纹的 DCI 巴纳比（DCI Barnaby）的粉丝，他一个小时最少可以侦破三宗谋杀案，这也是丹麦从英国引进的最大型的电视剧。

"从某种程度上来说，《杀机四伏》是我们口碑最高的进口电视剧，"阿德里安极不情愿地承认，"过去的十三年里收视率一直保持在 30% 至 40%——只要它没有进入完结篇。"该剧在丹麦广受欢迎，为了庆祝英国独立电视台（ITV）这部剧的首播周年纪念日，几位老板与丹麦的制片人和《谋杀》及《权利的堡垒》中的明星一起制作了一集特别的番外篇。"我觉得这是因为人们觉得这部剧能抚慰人心。"阿德里安说。我告诉他维京人将观看《杀机四伏》的体验比作喝汤："那不是最爽的事，但却让你感到温暖和 hygge。"

但是除了 DCI 巴纳比和他的左膀右臂，阿德里安忙不迭地重申，丹麦文化态势良好。政府资助促生了创造力的繁荣，廉价票务计划意味着更多的丹麦人可以去参观美术馆、欣赏舞蹈或歌剧表演以及观看喜剧和电影。丹麦广播公司的新锐作家培育计划巩固了丹麦作为一支重要文化力量的声誉，让北欧的黑色电影流派享誉国际。

"这一切都让民众更幸福吗？"我问。

"那是当然。"他回答说。伦敦政治经济学院的一项研究佐证了他的观点，该项研究对五种最能让人幸福的活动进行了调查。除了性和运动，就是欣赏电影，观看舞蹈演出或音乐会、表演以及参观展览或博物馆。似乎文化真的能让丹麦人（至少是哥本哈根人，距离文明仅一步之遥的幸运儿）更加幸福。有趣的是，《流行病学杂志》2011 年发表的一篇研究表明，有艺术、芭蕾和其他艺术追求的男性普遍会感到更加幸福和健康。那么阿德里安幸福吗？

"满分是十分的话我会给自己打九分，"他说，"我热爱我的工作——就算不拿工资我也愿意干——我有一栋可爱的公寓，我经常四处骑行，眼下我唯一的烦恼就是要选择买一架施坦威钢琴还是博兰斯勒钢琴。我可没开玩笑，这是世界头号难题。"还有什么能让他感到更加幸福吗,除了选择一架完美的钢琴来衬托他的公寓之外?"看一眼大海,"他马上说道,"那会让我的幸福感达到满分。"

我不打算告诉他我们生活在海边,只是在心底默默提醒自己应该感谢老天的馈赠。

"购物疗法"让乐高男兴致高涨,我们会合之后,他告诉我说已经为我们采购了两个新的灯具。我皱了皱眉头,可以想见名字中有两个"l"的银行经理艾伦定会对我们的大手大脚进行警告。好消息是,我丈夫说他可以推荐几个用午餐的地方。

"真奇怪,"他说,"每个跟我攀谈的人都以为我是游客,然后我不得不告诉他们我住在日德兰,他们全都用头做了一个有意思的动作。"他做了一个我们十分熟悉的姿势,把头歪在一边表示同情。"之后他们会说,'真遗憾'。或许他们没听懂我的口音之类的……"我不忍心告诉他,我怀疑他们完全理解了他的意思,当我告诉他们我不是丹麦人、我现在住在日德兰,他们通常都是这种反应。我没有拆他的台,而是集中精力为接下来的几餐做准备。我的胃口卷土重来,绝不能辜负哥本哈根琳琅满目、品质上乘的美食。我们找了星级日本、墨西哥和黎巴嫩餐厅,供应蔬菜的咖啡厅和菜单没有参考图片的餐厅。对于一个吃了九个月日德兰三明治(点心除外)的人来说,这简直像是进入了天堂。

"现在我们不在斯迪克斯维尔……"在运河边上的一家

餐馆里，我吃了一大口拌了松露碎并撒了蘑菇粉的菜，对乐高男说。

"一块手撕猪肉也没有。"乐高男说道，他正把嘴边的鹿腰肉屑擦掉。

哥本哈根近年来经历了一次烹饪复兴，2013 年米其林向十三家餐厅授出十五颗星——比任何其他北欧城市都要多。实际上，除了哥本哈根，其他丹麦城市没有一家餐厅获得米其林星级推荐，日德兰更是一片烹饪荒漠。我想要找出这种现象背后的原因，以及哥本哈根在美食上的成功是否有助于提升民族自豪感——以及幸福感——但我需要一些帮助。博·巴斯滕（Bo Basten）进入了我的视线，他是迈耶斯·马德胡斯（Meyers Madhus）经营的餐厅的主厨，也是我在斯迪克斯维尔新结识的一位朋友的老友，我曾答应过他要前去拜访并打个招呼。在加入诺玛餐厅合伙人克劳斯·迈耶（Claus Meyer）开设在商业中心的这家餐厅之前，博在哥本哈根一家米其林二星餐厅工作，负责丹麦皇室的饮食，总之这个男人十分精明强干。除此之外，他的样子既有北欧颓废派的特点又有点像耶稣。所以当乐高男发现了另一家设计商店并打算让我们彻底破产时，我便利用这段时间跟博聊了聊美食。

"那么，"我在做了充分的准备（我极力抑制着自己的冲动，没有告诉他他长得像耶稣这一事实）之后开口问道，"哥本哈根向来以美食见长吗？"

他笑了。"哈哈！当然不是。我生长在上个世纪七八十年代，那时候只有罐头食品和冷冻蔬菜。大多数人只知道脂肪、盐和糖这几样调味品。如果将丹麦食品比作是一位吉他手，那么他只会弹三个和弦。"

"有点跟现状类似？"

"是的，我们就吃 smørrebrød 和垃圾食品。"

据我观察，许多丹麦人至今仍保留着这样的饮食习惯，就连最小的村庄似乎都有贩卖披萨或丹麦式热狗的流动餐车——鲜红的烤香肠裹在酵母味的肠衣里烘烤。每一家外卖店都向我推销讨厌的咸甘草，那玩意儿味道很冲，感觉就像有人用有毒的磨砂纸打磨我的喉咙似的。

"生奶油是怎么回事？"我问道，"哪儿都能看见它！我的意思是，现在谁还吃生奶油？难道我们生活在 20 世纪 80 年代的奇彭代尔[1]作品展里？"我根本停不下来，"还有那些汉堡连锁店！"我讲起自己曾看过一篇报道，称麦当劳在丹麦的利润每年增长 10%。为数不多的几家传统餐厅，我大声抱怨道，只供应单片三明治和肉丸。

"但过去的十年里情况发生了很大变化，"博表示抗议，"至少在哥本哈根如此。"

幸运的哥本哈根人，我又一次心想。

博继续说道："丹麦人曾迷恋法国和意大利美食，但是

---

1 奇彭代尔，指托马斯·奇彭代尔（Thomas Chippendale），诞生于 18 世纪英国的家具设计大师。

现在他们可以打造自己的美食。近来，越来越多的农场主和制造商正在生产北欧风的独特产品。"

一切始于2004年。厨师勒内·雷德泽皮（Rene Redzepi）和克劳斯·迈耶把一间旧仓库改造成一家餐厅并将丹麦文"nordisk"（北欧）和"mad"（食物）组合在一起为其命名。诺玛（Noma）餐厅就此诞生，这对搭档决定抛弃当时顶级餐厅采用的橄榄油加鹅肝酱式的地中海原料，而采用丹麦本土的食材。同年，迈耶集合了几位厨师同行一起制定了一套原则，以帮助北欧餐饮业向前发展。正如道格玛95致力于让电影回归本原，北欧美食论坛（他们如是自称）则以原材料的烹饪为重点，全面使用本地当季食材，而这些食材通常要经过辛苦采集。经过十八个小时的研讨，大厨们制定了新北欧美食宣言，其纲要为：优先选用"北欧气候条件下培育出来的原材料和产品"，表达"纯净、新鲜、简约和道德"的理念，并帮助"推介北欧产品和生产厂家"。

这份宣言得到了许多厨师的认可，但是博认为新北欧美食的开荒者应该是诺玛。"许多人起初嘲笑诺玛，他们就这样说：'你们怎么能给客人上活蚂蚁还收钱？'（还有一样他们最喜欢拿出来说事儿的就是海胆吐司）但是这让人们大开眼界。"诺玛先是被《米其林指南》评为一星餐厅，后来又被评为两星，而且自2010年开始先后四次被评为世界上最棒的餐厅。诺玛餐厅的声誉并未带来丰厚的收益，餐厅雇佣了六十八名员工，却仅能容纳四十五位客人，因此至今也只是不赔不赚。因为这里是丹麦，即便是地位最低的服务生也能获得一份体面的薪水，所有商品都会被征收25%的增值税（在丹麦被称为"moms"）。诺玛不计报酬，但是勒内·雷德泽皮最近告诉《政治家》报，新北欧美食已经"尽到了本分"——其理念现在已经渗透到更多的平价餐厅，甚至影响到了首都的食品店。

"哥本哈根的超级市场存货种类更加丰富，因为人们对这些与众不同的食材已有所认识，"博说，"诺玛的厨师也将自己在餐厅积累的经验同传统手艺相结合，这样一来当他们另谋高就时也会传播和发展新北欧美食精神。"

我想更好地了解一下新北欧美食精神，于是问他要是一个人二十多岁只会煮意面，他会怎样培养这个人呢？当然我只是举个例子而已。

"我认为，"博说，"重要的是用最便捷的方式获得最大的快感。要是你有一根香气四溢、鲜美多汁的胡萝卜，那就生着吃，不要烤着吃也不要煮成汤。食在当季是关键。想想看你的窗外有什么，你自己可以种些什么，以及当地市场一年四季都供应些什么。"

我告诉他，每次我去买丹麦水果和蔬菜的时候，它们下架的速度快到让我措手不及。

"那是因为我们没有添加任何化学物质——这是件好事！"博正色说道，"在丹麦，我们喜欢让我们的蔬菜和水果保持新鲜。"

这就是他告诉我的。我问博是否听说过一些报道声称丹麦人是世界上最幸福的人群，但我意外地发现他对此一无所知。"但这很有道理。如果满分是十分的话，我会给自己打八分。美食让我幸福。"有没有某样特别的美食？我问。

"我没法限定在某一种美食，"他惊恐地回答，"那就像是让你选出最喜欢的孩子！我就是喜欢品尝美食。"

那什么能将他的幸福感提升到十分呢？

"呃，我想买辆新车，"说着他又改变了主意，"但是其他我想要的东西我都有了。说真的，比起一辆新车，跟健康的孩子和优秀的妻子在一起更让我幸福。"我告诉他这非常感人。我只希望乐高男也会说同样的话，尽管我怀疑他更可能会说出"咱们说的是哪种车"。

我们互相道别，他送了我一条临别赠言："记住——下次去购物的时候就买那些当季食材。新鲜的就是最好的！"

*

为了让丹麦的美食长盛不衰，诺玛背后的团队与新北欧美食宣言在 2008 年成立了北欧美食实验室——这是一个非营利性的概念实验室，致力于新技术研发和美食研究成果共享。实验室坐落在诺玛餐厅对面哥本哈根港的一艘游艇上，实验团队尝试开发各种不同风味，探索各种食材的食用界限——重点在于食材的采集。我决定接下来拜访游艇总部的美食研发掌门人本·里德（Ben Reade）。

本刚从乌干达实地考察归来，他告诉我说自己发现了可食用的昆虫。

"我尝了那里的几种蟋蟀，学习了当地人的烹饪方法，"他说，"这都是为了寻找灵感，看我们在丹麦能做些什么，我们能饲养哪些可食用的昆虫——比如蟋蟀，它们真的很好养。人们不应该因为我们当下没有这样的文化而排斥吃昆虫。有些昆虫，特别是野生的，相当美味。"

"我们使用的大都是北欧现有的食材，这里的气候条件十分特别，"本说，"丹麦美食的季节性很强。不只是秋季的根茎类蔬菜、冬季的肉、春天的鱼还有夏天的虾等等——我们说的是微季节——每一周都有所不同。"本将卷心菜、羽衣甘蓝、苹果、土豆、浆果、黑麦和其他一些根茎类蔬菜列为丹麦绝佳的食物。"这些蔬菜的采摘季不长，但是到了采摘的时节，它们相当美味。当你第一次品尝当季食物时——比如芦笋尖或野兔或接骨木——那真是一个特别的时刻，绝对是你渴盼已久的。"

事实证明，当季的传统北欧美食跟举世闻名的地中海美食一样健康，瑞典隆德大学的研究人员发现一份富含鱼肉、浆果、全麦黑面包和优质油（如丹麦人偏爱的菜籽油）的饮食可有效减少有害胆固醇，帮助食用者远离糖尿病风险。从富含油脂的鱼类，如丹麦最常见的鲱鱼身上发现的脂肪酸，早已被证实能够有效对抗抑郁。奥胡斯大学最新研究也表明，传统北欧美食有助于降低血压——这必然会让丹麦人更加幸福。

"我想新北欧美食运动真的能够帮助人们重拾对丹麦所有美味、健康、新鲜食物的热爱，这些美食与北欧的天气相得益彰。"本说，"我们应当从中吸取的教训是，仔细审视你的周围，观察你身边的大自然。诺玛致力于改变人们的观念，并促使他们对美食保持足够的好奇心——现在越来越多的餐厅理解了这一点，并将其运用到实践中。"

这是每一个生活在哥本哈根的人的福音，但这种变化还没有影响到日德兰。在我看来，丹麦美食有三种不同风格："新北欧"（有趣、试验性、获奖无数的诺玛等）、"旧北欧"（三明治、披萨和随处可见的掼奶油），以及"传统北欧"（健康、应季、多浆果，令所有科学家为之兴奋的那种）。我猜99%的丹麦人仍在吃"旧北欧"美食。

我打算返回宾馆整理好汽车上路回家，半路上我又跟一个被称为"丹麦月亮女神"的女人聊了一下，看看一般人日常都吃些什么。特赖茵·哈内曼（Trine Hahnemann）是一位明星主厨，多年来她一直倡导丹麦家庭烹饪运动。我告诉她我有兴趣了解了解普通丹麦人，比如日德兰人，平时都吃些什么。

"日德兰？日德兰哪里？"她问。我告诉她自己住在海边小镇斯迪克斯维尔。"我知道那个地方，"她的语气让我有种不祥的预感，"我想说你住的那个地方可能是全丹麦美食最匮乏的地方。"

跟我说说，特赖茵……

"从有利的方面来看，日德兰附近有几家全丹麦最好的有机种植户、鸡肉与鸡蛋供应商，还有啤酒生产商。但是你们在当地或许见不到这些本地生产的商品，它们全都流向了奥胡斯这样的大城市。你住的那个地方没什么'新北欧'主食，更多的是猪肉和土豆。"

我告诉他，她的话一语中的。"怎么全是土豆？就像是丹麦人对土豆上瘾似的！"

"这是日德兰的特色，"她说，"我不知道日德兰人要是有一天不吃土豆会怎么样。更要命的是，有时候他们还加上一些米饭或黑麦一起吃，碳水化合物的量翻倍。"

有趣。麻省理工学院的研究证实碳水化合物会提高血清素水平，这种由大脑分泌的化学物质能够提振情绪。或许每一顿土豆大餐都能让丹麦人合成幸福药丸，我心想。特赖茵继续说道：

"跟这些碳水化合物一起的永远少不了猪肉。"

我还在想转到猪肉的话题上需要多少时间。自从进入四月这个神奇的动物月，我一直惦记着这里的猪。自从我们来到丹麦之后，每一份菜单上猪肉都是重头戏。每次受邀做客，我们总能在不同的家常菜中吃到猪肉。但在这段时间里，我每天驱车经过的日德兰广袤田野和大片农田，连一头猪的影子还没见过。

丹麦共有三千万头猪——是人口总数的五倍之多——但是

它们全都饲养在光照——和温度——适宜的谷仓里，直到被运到屠宰场变成猪肉丸。每个工作日，单是运送到日德兰的丹麦皇冠屠宰场的生猪就有两万头之多。观看一头猪变成猪肉的过程成了一种观赏性节目，跟我交谈过的丹麦人有一半会跟我讲起自己去屠宰场参观的经历。维京人的一位女性朋友甚至放弃了公司的圣诞派对而去参加屠宰场一日游。是的，这在日德兰仅仅是为了好玩。

但猪肉在丹麦也带有一定的政治色彩，部长们经常讨论丹麦人应该在多大限度上接纳日渐壮大的穆斯林群体。特赖茵在丹麦议会开餐厅长达七年之久，对此她有亲身体验。

"右翼丹麦人民党只会在供应丹麦食品的日子来餐厅用餐，"她说，"要是我们的菜单上出现唐杜里[1]或其他国际性食品，人民党就会集体缺席午餐。每个政党都会举行周例会，他们就在会上用晚餐，丹麦人民党每周都会点同样的食物。"

"让我猜一下——是不是经典的猪肉土豆？"

"正是，"她说，"丹麦肉丸配土豆沙拉。每周都一样。至少他们言出必行，我想。"

听到丹麦议员有机会就会在一起聚餐，我觉得非常有趣。丹麦文化跟其他国家不同，人们不会胡乱选上几样吃的，然后在办公桌前解决午餐，或是一边看电视一边用

1　唐杜里，泥炉炭火烹饪法，源自印度。

晚餐。

"我们有聚餐的传统。"特赖茵告诉我。丹麦人晚上和周末大多会在家里用餐——这就可以解释除了哥本哈根,其他地方的餐厅品质为何不够出众。"大多数丹麦人只会在过生日或特别的日子外出用餐,因为下馆子特别贵。"特赖茵说。这是因为人人都要拿基本生活工资,包括洗碗工。拿诺玛来说,每餐饭要在账单基础上加收 25% 的税以支付食材和人工费用。但大多数丹麦人并不认为无法频繁外出就餐就是被剥夺了饮食权利。"我们喜欢家常菜,"特赖茵说,"家里非常温馨,我们愿意为彼此洗手作羹汤。"

我想知道这是否有助于提升丹麦的幸福感,我发现《美国临床营养学杂志》的一项研究证实,吃家常菜比在餐馆大快朵颐让人感觉更好。难怪丹麦人如此知足。

"跟家人一起用餐是丹麦生活的重要部分。"特赖茵说,她把这归因于以前大多数丹麦人从事农耕。"你辛苦工作一整天,用餐时间是你唯一放松的机会。这成了一项强大的传统。因为丹麦没有太多外国人,我们仍然是一个同质化社会,这些传统影响力很大。"

福利社会是丹麦人跟家人一起用餐的另一个原因。特赖茵说:"我们不像你们英国人或美国人那样工作很长时间。回到家里跟家人待在一起十分重要。一位雄心大志的律师,不论男女,在下午五点钟的时候对同事说'我不能继续开会了,我要去接孩子,给他们做晚饭',这样的事完全是可以接受的。这是我们文化的一部分。"

她认为丹麦的房地产价格也对保留居家晚餐的传统起到了重要作用。"第二次世界大战之后，住房变得更加实惠，大多数丹麦人家都有专门用于就餐的房间。在其他国家，许多年轻人只能负担得起一个单间或一个小型公寓，没有餐厅也没有地方让一家人坐下来，你们当然只能外出就餐了。"

我对她讲起了自己去丹麦人家里做客的经验——尤其是每次必要包含三道主菜、餐巾折花，而且一定会持续到深夜。"那还是工作日！"

特赖茵笑着承认说，邀请别人来家里做客带有一定自豪的意味。"丹麦人喜欢花上一整天的时间来策划一场饭局，下厨和宴请。一番忙碌之后我们喜欢坐下来畅谈几个小时，我们没有你们英国人的那种适可而止的习惯。"

我向她吐露了一个秘密，上周三我们邀请的客人下午六点钟就来了，直到凌晨一点钟才离开。"可真累人！"

"我理解，但在丹麦热情好客是很重要的，我们为此感到自豪，乐在其中。"特赖茵说。

这让她感到幸福吗？我问。

"如果满分是十分的话，我会给自己打八分。我们是世界上最棒的国家，拥有良好的福利制度、安全保障、各种补助和免费的教育。"她接着又补充说，"但人们还是喜欢抱怨。我就奇怪，'为什么呀？你们什么都不缺'！"

这是一种有趣的观察。我很好奇人们是否能真正快乐，或者是否人性中有一种共通的东西，至少是在阴沉沉的北半球国家，导致我们总是喜欢时不时地抱怨一下。抱怨天气、垃圾和如今的年轻人，我以为这是英国特有的。但这或许又是一条普世真理——正是这条真理将我们聚在一起，彼此靠近，彼此慰藉，地球各个角落的生活都不能尽如人意。

或许抱怨是詹代法则的延伸，我茅塞顿开。如果没有牢骚可发，实际上就等于是在炫耀。没人喜欢爱炫耀的人。至少在丹麦是这样。

*

回到日德兰后，这次的文化与烹饪之旅让我有些失落，我重新回到了面包店这个避难所，用点心来安慰自己，这是斯迪克斯维尔唯一水准正常的丹麦佳肴了。经过几个月，我仍然对各种传统的 wienerbrød[1] 如痴如醉。除了 "kanelsnegle"（肉桂蜗牛包）外，还有 "spandauer"，这种面包被称做 "面包师的烂眼睛"，中间有一坨黄色的奶油，看上去就像一只感染的虹膜（美味……），还有 "frøsnapper"（青蛙鲷鱼包），一种罂粟籽螺旋包（也不知道这名字是谁想出来的）。

一家英国报纸请我对丹麦的点心状况进行调查，并找

---

1 Wienerbrød，丹麦语，指维也纳面包。

到丹麦面包师与糕点师协会的安德斯·格拉博（Anders Grabow），以便探究入口即化的 wienerbrød 是否为永恒幸福的关键（我希望如此……），以及丹麦点心何以闻名于世——这是有史以来我最喜欢的"作业"。

"因为，"他毫不犹豫地告诉我，"我们的点心非常美味！当你在国外吃的丹麦点心跟我一样多的时候，你就会明白我们为何以此著称。这已经深深植根（这可不是俏皮话，我相信……）于丹麦的传统之中，每一家面包店每天都会供应，而且已经延续了数百年。"他告诉我，在丹麦要经过三年零七个月的训练才能成为一名面包师。"我们对自己的技术和手艺感到自豪，我们做的点心世界一流。看在上帝的份上，点心都被称作是'丹麦点心'了！没人像我们做得那样好。"

我告诉他，我非常赞同他的观点。那么烘焙是本地的流行文化吗？我想起了乐高男的那些烘焙 morgenmad 的同事。

"当然，"安德斯说，"丹麦有许多烘焙博客，博主会贴出配方跟大家分享，电视里业余烘焙节目也多了起来，如《烘焙大赛》（*Den Store Bagedyst*），梅特·布洛姆斯特伯格（Mette Blomsterberg）主持的'甜蜜生活与蛋糕战'（蛋糕烘焙对抗赛——这听上去挺符合我口味的）。"

"一般丹麦人能像节目中那样快速烘焙出一个油酥点心吗？"

安德斯想了想。"我要说的是，人人都知道几种丹麦主食的做法。"他说，"因为是在丹麦，男人也会烘焙，每个丹麦男人都有一个保留节目。"

这对我来说真是个好消息。我迫不及待想要告诉乐高男，我什么都不想要，下个月的这个时候我只想要一份他亲手做的完美的 kanelstang（一种可口的肉桂杏仁蛋糕，我新近发现的）。我感谢安德斯抽出宝贵时间，但是在放走他之前，我还有一件事想要知道。

"还有，呃，以你的经验来看，"我发现自己脸红得厉害，"一般的丹麦人会吃多少块点心？"

坦白交代：自从九个月前搬到这里之后，我每天至少要吃一块，只有在孕吐厉害的时候间断过一阵子。但是先别急着对我下结论，你应该去一家丹麦面包店亲自试试。每一样都尝一尝，可能要花上好一阵子。实际上，我花了整整九个月的时间。这段时间，我对奶油冻和肉桂毫无抵抗力。

"我的意思是，比如说，"我继续说道，"要是我每天都吃一块……"我尽力用随意的口吻说，"……这算正常吗？"

他那毫无防备的下意识反应说明了一切："每天一块？哇！"接着，他意识到自己本该推动丹麦点心的销量，于是稍微改变了态度。"但是，什么是典型的丹麦人？我要说的是典型的丹麦人不会每天都吃一块点心——尽管我很希望他们这样做！"他开起了玩笑，"大多数丹麦人会在周末吃点心，他们会坐到餐桌前享用一桌子丰盛的早餐，有溏心鸡蛋、新鲜的面包和几块点心。"

哦。

"提醒你一下，星期五在办公室吃点心也是一种传统。"

"是吗？"我抓住了这一点。

"我想建筑工人会每天吃一块点心……"我考虑换个职业。"也有一些注重养生的人压根儿就不吃。"我觉得自己不会喜欢这种人。"但一般说来，一个丹麦人一周或两周会吃一次。"

"这么确定，"为了自己的动脉血管考虑，我决定问个清楚，"不是每天都吃？"我还指望着他能反驳我。

"不，不是，"他说，"为了健康着想。"

"是的，没错。"

*

与安德斯作别后，我盯着柜台里各种各样的 snegles 开始流口水，但离开的时候我只买了一条全麦面包，感到很值。

回到家后，我发现屋子里空无一人。乐高男的车停在车道上，但到处都不见他的人影，小狗也不知所踪。通常情况下，它会用尾巴扫我的大腿，缠着我转上几圈，表示"欢迎回家"。

享受了半个小时的清净之后，我打算把笔记打出来，并想用全麦面包做点有创意的东西。意外的是，我发现笔记本电脑已经开了机。我把电脑从休眠状态唤醒，看到了许多搜索页面，包括"野外指南"、"当季食品：九月"，以及北欧美食实验室的"可持续觅食指南"。

我的老天！

我想本和北欧美食实验室那些童子军式的野外冒险经历让乐高男受到了鼓舞。我应该猜得到，回到自己的地盘后，他又会燃起吃蚂蚁、蟋蟀以及上帝知道是什么玩意儿的东西的幻想。

担心家里没有东西做晚餐，我眼巴巴地盯着窗外，希望他和忠诚的小狗快点回家，最好是毫发无伤。又一个小时过去了，两个身影出现在地平线上。一个：高大强壮，穿着长筒雨靴，累得脸色潮红；另一个：小巧，摇着毛茸茸的尾巴，叫个没完。到门前的时候，乐高男拎起了一个黑色的塑料袋，就是我们平时用来装狗便便的那种。他高高举过头顶，就像举着一座奖杯似的。另外一只拽着狗绳的手也慢慢举了起来。他兴奋地挥舞双拳庆祝，我脑补了比尔·康蒂[1]的电影配乐《洛奇》(*Rocky*) 响起的画面。小狗的肠胃没有问题，我像下一任宠物主人一样兴奋，但真的是这样吗？

乐高男咧着嘴走过了垃圾桶，然后带着战利品进了屋。

"你不是把狗便便带进厨房来了吧？"我战战兢兢地问，眼睛盯着袋子。"我认为北欧美食实验室绝不会接受那

---

1 比尔·康蒂（Bill Conti），美国作曲家，因作品《洛奇》而大放异彩。

个……"没等我说完，他就打开了袋子让我看看里面究竟装了些什么。"蛤蚌？"飘散开来的海水腥臭味让我不禁皱起了鼻子。

"对啦！我发现了一座青口贝矿！就在海滩上。"

"什么？"

"海水退潮的时候，我看到一座小岛在海面上露出了'冰山一角'，看上去就像一堆鹅卵石，但是小狗跑了过去，所以我也跟了过去。"

"好吧……"

"只不过那不是鹅卵石——而是青口贝！"

"哇。所以你就……"我不确定用什么词儿恰当，"……捡了这么多？"

"是的！我不知道是不是需要许可证什么的——"

"——嗯，这可是丹麦——"

"——就是啊，但是周围一个人也没有，所以我就装满了一口袋。"

我往下看了看，这才发现乐高男的裤子鼓鼓囊囊的，还有几条水渍，眼看着就要在他的腹股沟处汇合。

"然后我想到了'便便袋'！"他继续说道，"所以我就又捡了一袋。"他晃了晃袋子给我看。"我想这些足够晚餐吃的了。"

听起来真够美的，但我有点怀疑他可能会食物中毒。为了我们尚未出世的孩子着想，我还是决定不吃这顿采集来的晚餐，况且我还要解决那条超值的全麦面包。就在这时，乐高男已经开始清洗并挑出那些乌糟糟的贝壳。

"你确定这些可以吃吗？"

"当然，只要它们的口闭得很紧，煮的时候打开就行，通常都是好的。"

"通常？"

乐高男一边洗一边点头："我用谷歌搜索过了。拉肚子、呕吐、瘫痪或死翘翘的几率非常小。"

"我的老天。"

"——但是只有在极端情况下才会发生神经中毒。"

"真行……"

乐高男曾跟一个医生约会，我有时怀疑他对医学的这股热心劲儿源自一个秘密的信念，即完成七年医学培训的是他本人。

"总之，"他一边用厨房清洗刷清洗贝壳一边点了点头，无视我的抗议，"你得花一大笔钱才能买到这么多。"

半个小时之后，我们一起坐下来吃饭。我：单片奶酪三明治和西红柿配黑麦面包。采猎者：一碗热气腾腾的煮青口贝，我不得不承认这道菜非常美味——浓郁的白色浓汤，他自制的葱酱，上面还撒了一些我们自己种的欧芹。本、博和特赖茵会为我们自豪。

"那么，怎么样？"乐高男尝了一口他第一次采集来的海鲜，我问道。

他停了下来，闭上眼睛，像是在做梦一般细细品味着，然后回答说："完美！"

"很好。"我对着陌生的一切报以微笑。六个月之前，我们从未想过自己能够融入这片北欧大地，更不用说一年前在伦敦的时候了。"幸福吗？"我问。乐高男用狐疑的眼神看着我。

"你问我这个问题是因为你真的关心我，还是只是为了调研？"

"两者兼而有之？"

"那好吧。呃，"他四下望了一圈，打量着这个充满设计感的家、他的海景、他那条忠诚但有点脏兮兮的小狗和那碗采集来的海鲜，"我会给自己打九分。"他拿出一瓶白葡萄酒，伸出那只沾满葱酱和青口贝的手越过餐桌握住我的手，我们的内心都感觉到了一丝温暖和不真实。

本月知识点：

01.

哥本哈根集合了丹麦最棒的食物。

02.

以及文化大餐。

03.

……还有灯具商店。

04.

我生活在烹饪黑洞里，除了采集来的海鲜和点心。（从此以后我一周只吃两次。不开心。）

05.

日德兰的食物很快下架，但这是一件好事，因为这意味着它们很新鲜。

06.

丹麦生活让乐高男幸福。

07.

……或许，只是或许，我也来对了地方。

疾病与健康

在乐高男进军采集业并了解到传统的北欧当季美食是世界上最健康的饮食之后，我们的丹麦生活进展十分顺利，开始向着冬天一步步迈进。实际上，我的孕吐情况已经有所好转而且全身焕发出一种全新的能量，令我感觉通体舒畅。尽管我不再像以前一样去健身房踩单车，但我呼吸到了新鲜的空气，运动量比以前还要大——遛狗或是便装骑行。因为我们大部分时间都留在家里吃晚餐（因为日德兰餐馆的品质实在太糟——多谢特赖茵的提醒），我们吃得更健康了。

但是乐高男要出差一段时间，只有小狗和截稿日期陪着我留在家里。医生建议我在生产之前不要外出旅行，这意味着我将有很长一段时间见不到家人和朋友，除非他们来看我。我会错过表妹的婚礼，还有几场盛大的生日派对。这同时也意味着在哪里生产的决定权已不在我们手中。我们将会在这儿待到一月底，到那时我们就得决定是否要在丹麦多待一年。我还有几个月的时间可以"调研"，幸运的是产前检查还有两个星期，我还有时间好好了解一下丹麦的医疗体系。先从去奥胡斯见我的助产士开始。

"你的'女人洞穴'状况相当不错。"一个梳着亚麻色马尾辫的大块头女人告诉我。她有一双宽大肥胖的手，看上去一个小时能接生十二对双胞胎，如果有必要的话。

"我的'女人洞穴'？"我回想了一下中学的生物课，十分肯定我从没听过这个词儿。她用手戳了一下我的肚子权当解释。"啊，我的'子宫'？"

"对……"她皱着眉头继续打量着我的肚子。我躺在一张木制的桌子上，她往我的肚子中间抹了几道冰冰凉的凝胶，好查看胎儿是否正常。我的丹麦语词汇量实在有限（尽管已经学习了几个月），助产士对英文妇科术语又存在记忆偏差，我们只能糊里糊涂地进行着对话。

"这就是，你们怎么叫，'母亲的饼'？很大，是给胎儿提供养分的。"

"胎盘？"

她点点头："正是。看起来相当不错。"

我从未想过自己的内脏长什么样，但听到它们令人满意的消息还是让我松了一口气。虽然我有点意外，内脏竟然跟其他女性身体器官一样可以接受视觉评估（要是我的肾脏肥大怎么办？或者脑子里都是皱纹呢？哦，等等……）。我把这些铭记在心，打算回家之后用谷歌搜索一下"正常"的子宫和胎盘长什么样，这时助产士放下仪器开门见山地问我：

"现在，性事呢？"我没料到她会问这个。

"什么性事？我们不能有性生活吗，还是我们应该增加性生活？"

"我是说，你想不想知道性别，宝宝的？"

啊！"呃，能告诉我吗？我的意思是，要是你能看出来的话，就请告诉我，不行的话也没关系……"对于经常犹豫午餐吃什么的人来说，要做这样重大的选择，说实话，实在让我有些惴惴不安。

助产士又绕着我的肚子戳了几下："唔……阴唇还是阴囊……阴囊还是阴唇……"她若有所思地嘟囔着，把屏幕朝我这边倾斜了一下。我只能看到一片模糊不清的黑白影像，看上去就像一团混凝纸浆。"你觉得呢？"她问我。我不知道。所以她像是同时回答我们两个人似的："我觉得……是阴囊。"

"你'觉得'？"现在是揭晓谜底的时间吗？我该不该买几本如何生产的书？作为一个单亲母亲唯一的女儿，而且上的还是女校，关于如何抚养一个小男孩，我是不是需要一些指导？

"我……有80%的把握那是个……"她打了几个复杂的手势表明她认为那是个男宝宝，甚至生动地比划出了"小鸡鸡"。

我穿好衣服，并接受了"80%的可能性"是男孩的事实，然后我们便坐了下来讨论生产的事。

"所以，会很疼。"她开门见山地说。

我四下望了望，想要逃跑，但突然想起唯一的那道门早已被锁了起来以防外人打扰。于是，我无助地盯着印有生产时可能发生的各种意外状况的政府宣传海报和窗台上那排闪着寒光的金属器械。呼……吸，我告诉自己。

"好吧，"我全身战栗地说道，"你们有什么请都给我用上吧。"

"好吧，"她坐了下来，把笔放在我的笔记本上，"我会写上，'万不得已就上氧气瓶'。"

我怀疑自己是不是听错了。

"'氧气瓶'？硬脊膜外麻醉呢？"

我期待的是一种能够在三个月内问世的新型体外送药（但是绝对安全的）麻醉法，可以彻底消除疼痛感。

"你是说'公主棒'？哦，我们一般不用那个。"

"不好意思，'公主棒'？"

"那是我们对硬脊膜外麻醉的戏称！"

我笑不出来。看来，"真正的丹麦人"不需要硬脊膜外麻醉。"太娇气的女人"可以用一点点硬脊膜外麻醉，如果有绝对的必要，但只是作为一种折中办法。"这样你才能有足够的痛感把孩子生出来。"她告诉我，"要是你强烈要求，我会记录在你的档案里，等你入院的时候，他们就会知道你是个急性子孕妇。"哎呀！我已经成了一个娇气的急性子，是维京人中的失败者。而距离生产还有几个月的时间。

"所以我只能凭着半硬膜外麻醉、吸入式麻醉和吸氧生下孩子？"

"哦不，我们没有吸入式麻醉。"

"什么？"

"我们认为那不是很好。我们可以提供蜂针式疗法。"

这听起来可不怎么样，但我还是迫切需要。

"好……吧？"

"我们会拿一根针刺你的手背，这样就能用小痛苦转移你生产时的剧痛……"这时她的声音弱了下去，可能是被我脸上的表情吓到了，那表情分明是在说："要是有人胆敢那样对我，我肯定会朝他脸上打一拳。"

"……但是或许我们可以坚持吸氧和局部硬膜外麻醉，暂时……"

*

我深受重创，只好约海伦娜一起出来吃蛋糕寻求安慰。我向她解释了止痛门事件，她会意地点了点头，告诉我她能够生下两个女儿全凭钢铁般的意志，以及生产时狂飙脏话威胁要跟自己的老公离婚。我惊呆了。

"所以丹麦人非常反感药物吗？"

"这要视情况而定，"她告诉我，"要看是什么药。"

经合组织的调查表明，丹麦人的抗抑郁药物使用量位居欧洲所有国家之首。大家认为日益加大的"工作压力"（我在二月份的时候对此做过详细了解）以及小病用药，正是抗抑郁药物使用量攀升的主因。

"当然，对于非处方药我们还是很放心的。"海伦娜告诉我。我了解到，日德兰的部分青少年会"染指"毒品，因为"丹麦的成长经历实在有点无聊"。

2013 年，丹麦第一家官方吸毒室在哥本哈根开张，丹麦人的自由主义由此可见一斑。这种做法甫一问世便登上世界各大主流媒体头条，但丹麦人并没有太大的反应，现在丹麦各大城市和一些较小的城镇都设立了吸毒室。当地人没有提出太多抗议，警察也会避开安全吸毒室，他们的理论是给瘾君子们一个安全的地方可防止吸毒过量致死。政府认为这一计划行之有效，尽管统计数据显示其效果还有待观察。但丹麦的做法同对毒品零容忍的瑞典形成了鲜明对比——这让瑞典成为了违禁药品使用率最低的国家，但却导致了较高的毒品致死率，因为瘾君子会过量使用药物。

"所以我不能用全硬膜外麻醉，但可以用一点局部麻醉？"我问海伦娜。

"是的，看起来就是这样。"她告诉我。

真奇怪，丹麦人对于非妊娠用药的开明态度并不适用于普通的感冒治疗，上上个星期乐高男因男士感冒[1]而卧床不

1　男士感冒，男士患普通流感，暗指其故意夸大病情。

起时我就发现了这一点。当时既没有扑热息痛也找不到夜间护士，我去药店打算买对乙酰氨基酚，结果只买到了一小包，剂量只够为一只小仓鼠退烧。我了解到，这是因为许多年前一个丹麦的少女曾过量服用对乙酰氨基酚，自此以后政府便严格限制单次出售的非处方对乙酰氨基酚量。要是在英国发生类似的事，政府会将限额设定为商店可出售十六毫克，药房为三十二毫克。但在丹麦，只有十毫克，十毫克！这剂量只够你挨过一天，然后还得拖着神志不清、烧得厉害的身体回去再买一次。不过解决办法不是没有。上次我去本地药店买药的时候，柜台后面那个女人看我可怜便告诉我说没有处方的话，她只能卖给我十毫克，除非"情况紧急"。

我正准备拿了那包少得可怜的药剂走人，这时她突然压低下巴，会意地看着我。"难道不是紧急情况吗？"她歪着头，轻轻点了点，暗示我给出肯定回答。

"呃……是吗？"

"你是在告诉我有紧急情况喽？"她慢慢点了点头，再次开口问道。

"唔，不是，"压力让我心里发毛，"不算是，只是男士感冒——"药剂师拼命摇头，直到我改口说："我的意思是，是的，是紧急情况。绝对的紧急情况。"

"好吧！"她满脸堆笑，递给我两个小包。"希望他能尽快好起来！"

尽管有大方得过分的药剂师，维京观念表明，丹麦人在治疗小毛病的时候更崇尚自然疗法，只要有可能。"我们通常会喝些热茶，hygge，或许再来点荷兰杜松子酒。"海伦娜告诉我。

啊，豪饮。我怀疑不久之后这个话题就会被拿出来站在丹麦人健康的立场上进行讨论。

"丹麦人很能喝酒。我的意思是酗酒。"海伦娜说。我告诉她来这儿的第一个星期我就领教过了。有一个流传很久的笑话，说的是丹麦人在填写欧洲晴雨表调查的时候，之所以表现出超高的幸福感，是因为他们总是醉醺醺的。根据世界卫生组织（WHO）的说法，丹麦人是欧洲最能喝酒的人群之一，每人每年平均要喝掉十一至十二升纯酒精。丹麦青少年的饮酒量是其他欧洲国家的同龄人（数据同样来源于WHO）的两倍之多。光是想想我就醉了。丹麦国家社会调查研究中心的研究表明，丹麦的年轻人正在从父母对待酒精的态度中学习饮酒，这通常被形容为"控制下的失控"。换言之，丹麦人素来有序节制——直到失控。直到一场策划已久的派对，或星期五的晚上，或有荷兰杜松子酒供应的场合。然后，他们会散开维京长发，一切变得混乱不已（我是个英国人——我知道混乱不已的意思）。"好像我们保留着用酗酒伤害自己的权利，只要我们愿意，而且不计后果。"海伦娜告诉我。

性也一样。尽管丹麦是一个性开放的国家，就像我在七月份了解到的那样，丹麦人并不总是小心谨慎。舆观调查网最新的一项调查显示，丹麦是性传播疾病感染率最高的欧洲国家；丹麦卫生当局的调查也表明，在十八岁至二十五岁的丹麦年轻人中，只有 56% 在跟新伴侣上床的时候使用了避孕套。

丹麦另外一项不利于健康的行为是吸烟。我曾见过丹麦人在通勤的路上一边骑着自行车一边吞云吐雾。从震惊中缓过神来的我发现，我遇到的丹麦人几乎有一半都笼罩在一团小小的烟雾中。丹麦人对香烟抱着极大的热情，WHO 发现吸烟每年导致的死亡人数为一万四千例。世界癌症研究基金 2012 年授予了丹麦另一项"第一"——丹麦死于肺癌的女性比例位于全球之首，而且从全球癌症分布图来看，丹麦在各种癌症上都名列前茅，男性和女性皆如此。

"到处都能看到吸烟的人，就连医院外面也不例外。"美国母亲说道。我请她站在"外国同胞"的角度谈谈她的看法。"我曾带女儿去医院体检，一个正在往出口走的家伙从我们身边挤了过去，费力地挪动着他的静脉注射架，几乎都没办法走路了。然后当呼吸到新鲜的空气之后，他做的第一件事竟然是点了一支烟。在美国可从来不会这样。"我向她坦陈，英国偶尔也能看到这样的事。

"那是因为你们的医疗也是免费的！"她抱怨道，"你们心安理得地认为政府绝不会弃你们于不顾！"

最后这话说得没错——大多数丹麦人，或许英国人也一样，认为只要自己有需要，就有免费的医疗服务提供给他们。但是丹麦人会把自身的健康视作理所当然吗？

我问随后赶来跟我和海伦娜共进晚餐的维京人对此有何看法。

"不！不是'理所当然'。"他先是对我们嘲笑了一番，然后点了一杯啤酒和一个汉堡。"好吧，丹麦确实有很多人抽烟酗酒——"

"——还有不安全性行为。"我及时补充道。

"——对，那个也是。"他承认。

"——还有毒品。"海伦娜说。

"呃，好吧，那也是个问题……"维京人没想到会遭到来自同胞的攻击。但丹麦人确实喜欢良性辩论。

"——你们还吃大量高脂肪的食品。"就在女服务员端着托盘走过来把一个美味多汁的汉堡放在隔壁桌子上的时候，这句话从我嘴里蹦了出来。"不好意思。"我朝着那个方向小声说道。

"好吧，或许我们不是*最*健康的，"维京人承认，"但我们是独立的个人，应该有选择权。"他试图说服我，诚然丹麦人喝酒豪放吸烟无节制，但他们很享受，所以一切都没什么问题。"没什么见不得人的，你可以自己做决定，明白吗？"

"我想这是因为我们知道自己不论何时都能被照顾得面面俱到，"海伦娜说，"——比英国更甚，因为我们有额外的社会福利帮助我们渡过任何难关——政府会关照我们。这让我们有些得意忘形，我想。"

政府正在采取措施鼓励丹麦人为自己的健康负担起更多的责任。有些社区会对那些错过医生预约时间或未能提前二十四小时取消预约的患者收取费用——希望借此减少医生的等候时间。

"过去的情况很糟，"海伦娜告诉我，"人们预约了医生之后觉得自己身体好起来了，然后就不去了。这就意味着有些诊所你永远也排不上号，而且浪费了政府大量资金。现在你得记得要去啦。"

自 2003 年开始，丹麦就建立了一个 e 健康数据库。根据英国议会的公共支出监督委员会的报告，英国耗费无度的电子病历计划花费了英国纳税人一百亿英镑，并且这个数字还在持续增长；而丹麦系统只花费了六百六十万英镑，且其影响力正在逐年增加。我有一张黄色的丹麦 CPR——或者说印有一串数字的 ID 卡，只需用这串数字登陆一个特定的网站就可以找到我的全部就诊记录。我可以在系统中选择想看的医生或护士，提出咨询并拿到重复处方。医生也可以通过我的个人身份证登陆丹麦健康数据网，对我的信息和就诊历史进行评估。

"研究表明，那些准备充分、自觉负有连带责任并舍得为健康保健投资的患者普遍更加幸福和健康。"丹麦 e 健康数据库 Sunhed.dk 负责人莫滕·埃尔贝克·彼得森（Morten Elbæk Petersen）告诉我，我跟他取得联系想要做进一步了解。莫滕头发松软，长着典型的北欧人颧骨，身穿花呢西服，就像是丹麦版的休·格兰特（Hugh Grant），但掌管丹麦医疗系统长达十九年之久的他对丹麦的医疗状况了如指掌。

"e健康系统费用低廉，能够让国民身体健康，远离医院，"他告诉我，"我们还可以把剩下的钱用在政府的道路、教育预算等方面。"

让丹麦人对自身的健康负责的计划也取得了一定成效——虽然比较缓慢。尽管我在丹麦看到了大量吸烟者，经合组织的调查数据却表明，丹麦的烟民数量比之前减少了一半还多，从1990年的45%下降到了2010年的20%。政府正在通过筛查工作解决丹麦的癌症问题——自2007年开始，五十岁至六十九岁的女性每年都可以免费进行乳腺X光检查，而且自2014年开始她们每两年可享受一次大肠癌筛查。莫滕坚持认为丹麦的医疗非常完善："在丹麦，我们将12%的GDP用在医疗上面，这非常有效而且足以覆盖所有人。而在美国，举个例子来说，他们的医疗支出占GDP的18%，但却毫无平等性和分享性可言——所以有些人什么都得不到。"WHO的数据显示，英国的医疗支出只有GDP的9.6%。

奥巴马的医改游说集团对丹麦的医疗体制非常感兴趣，莫滕经常接见美国的支持者，他们渴望深入学习。但是许多美国人仍旧不愿意分享自己的个人信息。"许多人不愿意公共部门查看或保留他们的数据信息，"莫滕说，"有些人认为整件事听起来过于共产主义，会让你'不自由'。但实际上民众得到政府关照的时候会更加自由和安全——你的邻居生病时可以得到所需的治疗，你就知道他不会铤而走险来抢劫你。无论何时何地都能获取个人医疗数据——在我看来，这跟丹麦人超高的幸福指数有着必然的联系。"

听起来棒极了。但是在这个仅有五百五十万人口、税负超过 50% 的小国之外能行得通吗？莫滕认为可以。

"澳大利亚人口为两千两百万，几年之后一个由私人运营的跟我们类似的电子健康系统即将交付使用。澳大利亚有五个界限森严的州，相当于五个丹麦，但他们合作得天衣无缝。"

丹麦人擅长的另一领域是科研。大量新型医疗成果和药物研究成果出自丹麦，仅在上一周丹麦科学家就凭借在哮喘、维他命 B12 和预防心脏病方面的重大新发现而登上新闻头条。"我们的数据库十分完善，可供随时追溯并提供研究资源，"当我问到丹麦为何能取得这样的成就时莫滕告诉我，"而且大学附属医院也全力投身科研。因为研究有全额经费支持，所以总有新的课题，新成果和新发现层出不穷，而且科研成果都得到了应用。在丹麦，治疗手段总是能快速投放于临床应用，得到反馈的民众看到了医学进步带来的改变，更加愿意配合学术研究，也愿意交税来资助这一体系——所以形成了良性循环。"

尽管我还不敢肯定长期在丹麦生活一定对健康有利，但我感觉到事情正朝着正确的方向前进，这让我倍感安心。我也开始思考丹麦人对待生活的自由主义态度。他们纵容自己每一个突发奇想的念头并珍视这种自由，而且总是乐在其中；他们知道一旦（或者说**不论何时**）出了问题自己总是能够得到关照。这有点类似丹麦的教育体系甚至是就业市场——个体在安全界限内享有自由。丹麦人有权决定自己的身体、思想和事业，但是他们一致同意朝着一个共同的目标努力：维持和拥护丹麦方式。

*

为了给我的医学发现之月划上圆满的句号，我给哥本哈根大学细胞分子医学系的尼尔斯·措默鲁普（Niels Tommerup）打了电话。我解释了自己的项目，并请教他是否认为有其他因素，其他更基础的因素，某种基因方面的东西，让丹麦人更加安分知足。

"作为一名遗传学家，我要说的是，一切都是基因决定的，特别是情绪，"尼尔斯告诉我，"基因会影响你的本性，决定你是乐观主义者还是悲观主义者。有些人总是非常开心，就算你朝他们扔砖头也一样。"我希望他没亲身实践过，丹麦人可都是些大块头。

那么对于全球幸福研究均将丹麦人列在首位的现象，他又有何看法呢？丹麦人天生就比其他国家的人更幸福吗？

"答案既是又非，"尼尔斯搬出了一套外交辞令，"很难把基因从文化因素中剥离出来，遗传因素对于幸福感的影响大约占 50% 左右——也就是说还有一半是环境因素。但是即便丹麦人在环境和文化因素的作用下感到幸福，你还是可以问：'丹麦人为何会建立这种文化？这跟丹麦人的性格有关吗？社会民主主义运动的出现是因为我们在基因上具有亲缘性，所以我们觉得照顾彼此义不容辞，就像照顾家族中的穷亲戚一样，事实果真如此吗？'这是个母鸡和鸡蛋的问题。"丹麦人喜欢母鸡和鸡蛋的比喻。有几次我说了"小鸡"，他们就凌乱了。"还有研究表明，一国的基因差距与幸福指数之间具有某种关联，即便人均 GDP 因素已被考虑进去。"尼尔斯继续说道，"丹麦是人口基因差距最小的国家，因为我们从古至今极少进行迁徙。"换言之，丹麦人生活相对闭塞，既不会四处搬家也不怎么跟邻近国家的人通婚，而这竟然阴差阳错地让他们比我们其他人更加幸福。"同源群体更加满足并彼此信任，因为我们从基因上具有亲缘性——就像一个大家庭。"

这是一个让人颇为不安的结论——文化孤立能让人更加知足。一个女人如果被视作"外人"而得不到接纳，她要如何融入并成为"幸福丹麦人"？答案似乎过于负面，让人不忍去想。但是尼尔斯关于丹麦"像个大家庭"的观点确实有一定的道理——而且听起来更加可以接受。除了那种极不正常的"《豪门恩怨》(*Dynasty*) 遇上杰里·斯普林格[1]"式的

---

1 杰里·斯普林格（Jerry Springer），《杰里·斯普林格秀》的主持人。该节目主要内容就是互相揭露参演嘉宾的隐私，从而激起怨恨、谩骂，甚至时有发生肢体性暴力事件。

家庭，人们总是互相守望。如果说整个丹麦实际上互联互通，那也就难怪丹麦生活有时更像是《华生一家》[1]的续集了（如果华生一家戴着酷酷的眼镜，坐在极具设计感的椅子里打毛衣的话。不那么门诺派[2]，更像是极简主义的禅）。

华威大学对幸福丹麦人进行的一项研究发现，一个国家与丹麦人的基因差距越大，居民的幸福感就越低。所以一个国家的国民跟他们关系越近，就越幸福？我不禁心生感叹。这可真让人难以置信！

还有一点非同寻常。尼尔斯告诉我，研究表明，丹麦人可能具有特定的"幸福基因"。

"它被称作5-HTT，或者说'血清素搬运基因'，是诸多情绪管理药物的主要作用对象。5-HTT基因能够影响大脑处理神经递质的方式。大量人口研究表明，一个人的情绪跟他的5-HTT基因的长度密切相关。放眼全球的长态5-HTT基因出现频率，丹麦人居首。从整体上来说，丹麦人5-HTT基因更多——在比例上来说，我们跟荷兰并列第一。"

等一下，这么说长态5-HTT基因能让你比普通人更幸福，而且丹麦人已经知道了这一点？这真是不可思议。但这让我们其他人情何以堪？我们这些没能身披白色十字国旗的

---

1 《华生一家》(*The Waltons*)，1972年美国电视剧，讲述大萧条和二战时期弗吉尼亚乡下一户人家的故事。
2 门诺派（Amish），当代基督新教中的一个福音主义派别，强调简朴的生活。

不太走运的人就这样被碾压？这是否意味着我一直以来的丹麦生活尝试全都是白费力气？尼尔斯提醒我说，遗传效应只占50%。

"所以我还有50%的机会获得幸福，丹麦式的幸福？"

"是的。"

"好吧……"我抓住了这一点，询问尼尔斯他是否认为自己拥有"遗传学意义上的幸福"。他告诉我："我不太确定。我是个很幸福的人。我会给自己打八分或九分，如果满分是十分的话。生为丹麦人是一种特权，我觉得自己出生在这里非常幸运。我们是一个文化丰富、生活富足的国家。如果我们在足球比赛中输给了瑞典或者难过了五秒钟，那都不算事儿。"

我为他感到高兴，由衷地高兴，真的（你看不出来吗？）。但我轻叹了一声挂断了电话，无奈地接受了自己只有50%的机会将这种丹麦式的幸福抓在手中的事实。我试图通过遛狗来安慰自己，希望这项运动能让我释放感觉良好的内啡肽。回家的路上，我把每周一次点心的配额用掉了一半，希望这顿大餐能让我释放感觉良好的血清素。丹麦式的健康和幸福，我认为，全在于平衡。

出差在外的乐高男还有一个星期才能回来，我被说服独自一人参加十月的重大节日。十月是日德兰的重头戏：乐高乐园会在冬日来临前关闭。要想了解这件事对当地人的影响有多大，你只需看看那些一脸生无可恋的父母——他们绝望地盘算着要如何度过漫漫冬日里那些周末时光，要带他们的小甜心去哪里玩。美国母亲已经开始疯狂地安排玩耍约会，并囤积《爱探险的朵拉》[1]DVD 了。

当地人在为他们珍爱的主题公园集体"哀悼"之前，会举行一个闭园派对，宣告营业季的终结，以作为最后的狂欢。我希望搞一个类似《辣身舞》[2]那样的季末狂欢，有唱歌、例行的舞蹈表演和帕特里克·斯维兹[3]。所以当我发现现实并没有那么精彩，而且几乎没什么人跳舞的时候，我非常失望。

我穿着长筒雨靴和乐高男的派克大衣（这是我目前唯一能穿的大衣了），站在那里一手拿着一瓶气泡水，一手抓着一支烟花棒。随时可能会下雨，好像老天爷也为乐高乐园闭园感到难过似的。我赶在细雨将飞溅的火花浇灭之前，飞快地在空气中写下了自己的名字。幸运的是，我的名字很短。一个叫作"卡伦-玛格丽特"的丹麦女孩站在我身边，坦白地说，她的名字完全被毁掉了。

游乐设施对那些准备最后一次体验肾上腺素冲击的人悉数开放，但不论是"极地特快"还是"小茶杯"，没有一样

---

1 《爱探险的朵拉》(*Dora the Explorer*)，美国尼克频道于 1995 年出品的动画片，是一部风靡全球的美式英语教学片。

2 《辣身舞》(*Dirty Dancing*)，1987 年出品的美国电影，是一部节奏明快的音乐歌舞片。

3 帕特里克·斯维兹（Patrick Swayze），美国演员，出演电影《辣身舞》《人鬼情未了》等。

允许孕妇上去。我只好给朋友们拿衣服，帮他们牵着宝宝的手，而别的大人则拿着嘉士伯啤酒喝得头晕目眩，烂醉如泥。在丹麦，带着宝宝在主题公园里拿着一罐丹麦啤酒是一种爱国行为，而不是反社会行为。

我感到有点冷。我的脸颊发烧，手指刺痛，毛囊倒竖，就跟《猛鬼追魂》(*Hellraiser*)里那样。所以，当私立学校学生的父亲看到我，朝我挥手并告诉我往前走的时候，我着实松了一口气。

"快过来，他们正在点火箭。"他说，摇摇晃晃地施展着在过山车上也不晕的本领。他放下手中的嘉士伯啤酒罐，扔到了宝宝的尿布袋里方便回收。他生活在丹麦梦之中，我想。为了欣赏精彩表演，我们跟随着人群缓慢地向主题公园尽头的空地移动，或者说至少试着这样做。冒着雨。只有一半的火箭能点着。

"哦哦哦哦哦！"我呼吸着木炭和硫磺的芬芳，人群中发出了意料之中的欢呼。

"啊啊啊啊啊！"一个黄金喷泉从黑漆漆的天空喷涌而下，混合着雨点（或者它们只是烟花的余烬？），落进了我们的眼睛。有些小孩子开始哭了起来，半是被声音半是被光的攻击给吓到了，他们穿好衣服从人群中挤了出去。凯瑟琳车轮[1]嗖嗖作响，预示着焰火表演接近尾声，人们欢呼着鼓起掌来，接着便陷入了黑暗，人群再次欢呼鼓掌。营业季结束

1　凯瑟琳车轮，轮转式五彩焰火。

了。乐高乐园——丹麦一隅唯一的景点完成了一年的使命。在我周围，父母们安顿着瑟瑟发抖的小孩，准备离开。

"就连企鹅也会在冬天离开。"私立学校父亲告诉我，一边往双手呵气好使它们暖和起来。

"你在开玩笑吗？"我试探性地问道。

"不，是真的——这里太冷了。"

我不想挑起争端，但忍不住指出企鹅是生活在南极洲的。"它们在南极肯定要比在丹麦更有活力，对吧？"

私立学校父亲看着我，揶揄地朝旁边歪了歪脑袋。"这是你在这里的第一个完整的冬天，对吧？"

"怎么了……？"

他摇了摇头，爆发出一阵可怕的笑声："祝你好运！"

我很想知道究竟会发生什么，以及我到底要怎样挨过这漫长的冬日，如果没有酒的话。

本月知识点：

01.

维京人在丹麦的冬天比企鹅的生存能力还要强。

02.

医疗在丹麦是项高科技。

03.

……但那并不意味着丹麦人都很健康。

04.

……相反他们保留着以任何自认为合适的方式虐待自己身体的权利，因为他们深知政府会给他们收拾残局。

05.

丹麦的助产士都是守旧派。

06.

说到用烟花写名字这件事，我妈妈给了一项明显优势。你们取了三个字的名字的人可就不走运了……

"下雪了，下冰雹了，还有毁灭灵魂的黑暗……"

丹麦的天气变化如此之快，让人措手不及。天空变得黑压压的，一阵冷风刮落了树上所剩无几的秋叶，大颗的冰雹一股脑儿地从天上落了下来。

突然之间，外面的世界变得凶险异常，恶劣的天气好像随时准备在你打开前门的时候一口把你吞掉似的。

整个国家已经被冬季无情地吞噬，而我们即将迎来第一个完整的北欧冬季。外面寒风刺骨，那种锥心的寒冷像天然玻尿酸一样让你的额头变得僵硬，你不得不把眼睛也眯起来以防寒气把你的眼球冻僵。一天下午从超市回家的路上，车里温度计始终在零下二十度左右徘徊，我怀疑它坏掉了。我拍了拍刻度盘（全世界都是这样"修理"机械产品的，类似的方法还有"敲打"以及"打开再关上"），但指针一动也没动。驱车经过港口的时候，我看到一群如同被充了气一般的孩子穿着鼓鼓囊囊的连体衣，试探性地迈着步子走下浮桥，向海面走去。一个孩子已经走出二十几码远，此刻正站在峡湾中间挥舞着手臂。我眨了眨眼，说不定是严寒跟我耍了个花招，或者我正亲眼目睹弥赛亚穿着一件阿迪达斯风雪服再次降临人世。接着我注意到起伏的海面变得乌突突的。怎么回事？难道外面太冷了，就连海水也结了冰？

我们已不再住 NW6[1]，小不点儿，我发现自己竟怀念起伦敦冬天的大雾来。丹麦的公共广播电台开始播放比利·爱多尔（Billy Idol）的《城里很热》（*Hot in the City*），好像故意要戳我的痛处似的。

"这是某种恶意的玩笑吗？"我对着空气感叹道。我跟在一辆扫雪车后面，小心翼翼不让车子偏离车辙。今天早上，直到扫雪车前来清理了道路我才得以出门，我的西红柿汽车尽管装了冬季轮胎，还是应付不了两英尺深的大雪。好在此前我在家门前一直忙个不停，因为丹麦全体居民都有义务清扫自家门前的积雪，以防有行人滑倒。友善的邻居在前往哥本哈根躲避恶劣的天气之前好心地通知了我们，并询问我们是否介意把她家门前的积雪也一块儿清扫了。丹麦人必须将整座宅子前的路面完全清扫干净，早上七点到晚上十点之间不能有积雪（如果是星期天你可以睡个懒觉，直到早上八点再开工）。显然，这是不容置疑的公民义务，丹麦的媒体每天都会刊登首相亲自扫雪的图片——言外之意就是她能

1　NW6，伦敦西北二区，富人区。

在治理国家的同时亲力亲为扫雪，我们普通民众绝没有逃避义务的借口。我的脸烫得厉害，鼻涕直流，小狗也来"帮忙"（它想从雪堆中"吃"出一条路来），终于把门口的路面清扫干净了，而乐高男则去清扫友善的邻居家的那一片了。但是我们刚把积雪清扫干净，地上便又铺起了一层白色的地毯。

我回到家的时候，外面又成了一片冬日仙境。

还黑漆漆的。

又来了。

回到屋里终于暖和了过来，我盯着黑漆漆的窗外望了五分钟，估摸着现在应该是"傍晚"。

"好吧小狗，或许该吃晚餐了……对吧？"

小狗点了点头，流下了口水，抬起前爪开始转圈，高兴得呜咽着直摇尾巴，好像它成功地骗到了我似的。怪狗。

我想自己还是做晚饭的好。我茫然地盯着冰箱寻找灵感，最后发现了一只生鸡。我正拿着这堆粉色的冷鲜肉对着丹麦烤箱的按钮一筹莫展时，乐高男回来了。

"你在干吗？"（这不是他的错：他从小到大没怎么看过电视。他看的美国情景喜剧不多，不知道"亲爱的，我回来啦！你今天过得怎么样？"才是夫妻之间打招呼的正确方式。）

"你也'好'。我在做晚餐。"

"现在？"

"是啊。"

"你知道现在才下午四点吗？"

"哦。"我不知道，我真的该买块表戴了。这只鸡暂时被判了缓刑，我们决定去遛狗。如果你的狗是黑色的，天空也黑漆漆的，而你所住的地方没有路灯，路面的轮廓也不清晰，那么遛狗真的不是一件容易的事。八个月的身孕让我的身体重心发生了偏移，到处是结了冰的灌木丛，被肚子遮住了几个星期的双脚也不听使唤，遛狗从一项"温和的运动"变成了"极限运动"，走错一步就会让我滚入林地、泥浆、沙堆或前面遛狗人遗留下的狗屎堆里。手电筒也无法划破吞噬一切的黑夜，所以我们大部分时间都在徒劳地摇晃着它假装自己是《X 档案》(*The X-Files*) 中的马尔德（Mulder）与斯卡利（Scully），或是把它们放在下巴底下做鬼脸。

我们的邻居全都不见了踪影（我们在做幼稚的手电筒恶作剧前确认过这一点），那些在夏天修剪玫瑰丛、穿着袜子和拖鞋大口喝着啤酒的退休老人全都躲到了家里。此前他们忙了好一阵子，把秋叶耙到拖车上，来来回回搬了好几天，至少看起来是这样。眼下我们一个人影也看不到，想必我们生活的地方又变成了一个鬼城。怪可怕的。

小狗也陷入了茫然。它撒了泡尿，结果立刻结成了冰。我们一回到家，它马上乖乖地回到了自己的小床，以为到时间睡觉了。这可是破天荒头一回。我试着把它引出来，它走了几步，然后重重地坐在门廊里，"呼哧呼哧"的喘息声清晰可辨。

"你觉得小狗还好吗？"我问。

"当然，怎么了？"

"它最近的行为很反常。"我想了一下，问道："你觉得小狗有没有可能得季节性情绪失调？"

"小狗会不会得季节性情绪失调？"

我们俩谁也不知道，于是我打开谷歌搜索，发现"小狗会得季节性情绪失调吗"有一百零二万条结果。

第一条搜索结果来自于英属哥伦比亚大学狗类心理学专家斯坦利·科伦（Stanley Coren），他说 40% 的狗主发现自己的爱犬会在冬季情绪低落，这是褪黑素和血清素水平下降导致的。"夜间分泌的褪黑素会让你昏昏欲睡，而血清素则会影响胃口和心情。"我告诉乐高男，"文章说你需要阳光来合成血清素……或者百忧解[1]。"

"我们不能给小狗百忧解。"

我耸了耸肩好像在说："随便你，你干涉的可是你自己的小狗的幸福……"

"其他丹麦人似乎并不热衷于服用镇定药来挨过漫长的冬天。"我嘟嘟囔囔地说，然后继续读了下去，"显然，小狗在冬天睡眠时间更长，吃得也多。所以它可能只是安慰性进食，目的是让自己振作起来……"

1　百忧解，一种治疗精神抑郁的药物。

"天呀……"

"它昨天干掉了半块披萨，而且还开始吃橡子了。"

"小狗吃橡子吗？难道不是《小熊维尼》里的小猪吗？"

我不太确定，所以我又查了起来。

"季节性情绪失调的小狗也会罹患抑郁症和社会退缩症。"

"社会退缩症？"它可是条狗！这是否意味着它不会再像平常那样老去舔别的狗屁股了？

我想了一下。"它昨天还把狗窝让出了大半给那只阿尔萨斯犬……"

"哦，这么说，它还真是个犬中隐士。"

我没有理会乐高男的嘲讽，继续读了下去："这跟光照息息相关，北欧冬天的光线特别差。"

"网上这么说的？"

"我进行了加工。这个网站说在一年四季阳光灿烂的佛罗里达州，只有 2% 的小狗会得季节性情绪失调。"我想象着那些傻乎乎的佛罗里达小狗摇着尾巴穿着穆穆袍[1]、头戴"我爱奥兰多"字样的遮阳帽，一副今夕何夕了然于胸的样子。这时我们的小狗走了过来，躺在了我的脚边。它抬起头望着我，长长的睫毛如同母牛的睫毛一样，我想象着它那毛茸茸的小脑袋里冒出了一个思想泡泡："就不能去趟迪士尼吗？"

---

1 穆穆袍，夏威夷妇女宽大的长袍。

"好在网上还有些'帮助小狗对抗冬季抑郁'的建议。"

"太好了，我都等不及想听了。"

我听出了一丝挖苦的意味，但还是继续念道："在我们出门时应该为小狗把灯全都打开，还有收音机。"

"但它又听不懂丹麦语。"

我们思考了一下这个问题，然后注册了一家网络电台并为它选择了一个英文频道。我们不知道它是喜欢 2 频道还是 4 频道，就在我错误地转向 2 频道的时候，乐高男提出了非常关键的反对意见："肯·布鲁斯（Ken Bruce）能行吗？《流行音乐榜》够让它崩溃的了……"

"说得对。"

我们决定锁定 4 频道（"人人都爱简·加维[1]……"），并决定每次留它自己在家的时候就开着广播。问题解决了，我们用一杯茶和一块饼干褒奖了自己，又干掉了一块藏在冰箱里的丹麦酥和几包开了封的薯片，之后我又查看了季节性情绪失调的其他症状。"胃口大增，渴望安慰性进食……"

"你觉得，"我试探性地问道，"咱们是不是也有？"乐高男没有听到我的话。他把头探进冰箱，搜罗着奶酪储存间。"季节性情绪失调，我是说。"他出来的时候，手里拿着一块火柴盒大小的干酪，右腮都变了形。

"啥？"

1　简·加维（Jane Garvey），BBC4 频道节目主持人。

"咱们昨晚八点上床睡觉。咱们拒绝了一个酒会邀请，为了待在家里收看《女子监狱》(*Orange is the New Black*)。"

"那可是'必看'的电视剧……"他含着满嘴的食物抗议，"这部电视剧正因此而得名。我们在黑暗势力的控制下是多么无能为力……"

"或许是这样没错，但是我们肯定中了几条。"我越往下读越是确信所有症状自己都有：昏昏欲睡、社会退缩、疲倦、嗜奶酪和电视（该网站暗示后两项已得到科学杂志证实）。

*

事实证明，北欧人对于季节性情绪失调最有发言权。芬兰人最严重（呃，当然是他们），但丹麦人的冬天几乎不能让人喘口气儿。丹麦气候与能源部最近的一项调查显示，丹麦十一月的日照时数只有四十四个小时，相当于每周仅十个小时多一点——每天不足一个半小时。哦阳光！我实际上生活在魔多[1]，难怪我近来这么喜欢碳水化合物，而且总想喝浓茶。

我发短信给海伦娜，问她这是否正常，她仅回复了一个笑脸。丹麦人，就像我之前说的那样，真的非常喜欢表情符号。

"不正常，是吗？"我回复。

1　魔多（Mordor），电影《指环王》中的地名，三面环山，是半兽人的营地。

"当然正常！这绝对正常。人人都这样。天色晦暗的时候，你会觉得自己像个废物，你得有个心理准备。我们称之为'冬季情绪低落'！"

太好了：从情绪失调升格为情绪低落了。

她又发了一条短信过来，带着点儿丹麦式幽默，现在我已经可以理解并有点爱上这一点了。

"这个季节有大把人自杀。你可努力别自杀！"

第二天我查到一份统计数据，发现她只说对了一半。日照时间长短或天气变化是导致季节性自杀行为的主因，但自杀行为和自杀念头每年有两个高峰期：十一月白昼开始变短的时候和四月白昼再次变长的时候。

"这是为什么？"我向丹麦自杀行为研究中心的博·安德森·伊德斯加蒂（Bo Andersen Ejdesgaard）请教。

"那些罹患严重的冬季情绪低落的人在发病时缺乏做事的动力，"他说，"结束自己的生命也需要一定的精力，只有在春天阳光回归、人们感觉到活力恢复的时候才有精力做这件事。"

"所以说丹麦人冬天压抑得甚至无法自杀？"

"差不多吧。春天也是'失信'月。人们在冬天盼望春天，这个季节总能让人联想到希望、活力和复兴。如果春天辜负了人们的期望，他们就会想到自杀。但丹麦的情况也没那么糟糕——我们的自杀率跟其他北欧国家大致相当，除了芬兰——那里的自杀率非常高，这是理所当然的。"

"理所当然……"好消息。"那么，呃，你会建议人们怎样过冬？"

"要是你觉得自己深陷生活危机，那么你显然要找一位专业的心理医生或精神科医生。"对。谢谢建议。"我们建议多晒太阳——人造日光或去阳光灿烂的地方度假都行。"我告诉他，我见过大量丹麦人有着不合时令的太阳浴肤色，却闭口不谈加勒比海的度假经历。"哦是的，日光浴床在丹麦非常受欢迎。"关于这一点我倒收集了不少资料。除了斯迪克斯维尔，即便最小的镇子都有一家面包店、一家花店和一家太阳浴店。丹麦人或许会染上冬季抑郁，但以上帝的名义起誓，他们总是饮食无忧、鲜花环绕，还有坚果色的皮肤。《哥本哈根邮报》近期的一篇文章显示，丹麦年轻人是世界上太阳浴床最活跃的用户。

"第三个选择就是买一盏能模拟阳光的灯。"听到这儿，我感觉他要推荐什么好东西了。在我肚子里的这个小相扑运动员亮相之前飞去外地度假是不可能的，而且鉴于我那蓝白相间的英国面孔，太阳浴床我也无法接受，但艺术台灯的点子是可行的。为了预防季节性情绪失调，我买了一个非常贵的可以兼做闹钟的台灯，这可是专家认可的。是的，这盏灯巨丑无比。是的，它的价钱都快赶上去大加纳利岛度假的费用了。是的，乐高男会嫌弃它。但是这盏灯将改变我们的生活，至少是我们的冬天。

生产商形容这盏丑灯能够让我随时享受"日光浴"，他们承诺我将获得清新与活力。用它取代我的普通闹钟，每天早上起床时我都会感到活力满满。这盏灯还可以提升我的日常生活质量，让我的"唤醒体验"更加愉悦。它甚至还能激发我的智力，让我的大腿变得纤细，甚至会为我做好早餐煎饼（好吧，最后两点是我编的，但说实在的，要是制造商的话能信，除非太阳从西边出来）。乐高男表示怀疑。

"花了多少钱？"

我克制住了自己，没有指责他在过去的十一个月里花了那么多钱购买丹麦设计师灯具，而是兜售起这盏丑灯的优点来。

"这是由'顶尖灯光理疗师'开发设计的。"我读着说明书上的介绍。

"它的样子难看极了。"

"设计灵感来自于'自然日出'……"

"它连音乐播放功能都没有？"

"它可以'发出大自然的声音伴你起床'。"

"什么，像是海豚和鲸鱼的声音之类的？"

"我不知道，"我对着那堆细则皱了皱眉头，"我还没读到那部分……"

乐高男极一边不满地嘟囔着一边帮我把灯安装好。我们上床睡觉的时候信心满满（至少我们俩人中间有一位信心满满），相信我们一定会睡个好觉，然后一道和煦的阳光会在明天一早把我们唤醒，渐而变成一束升华灵魂的光线，让我们元气满满地度过一整天。

五个小时之后，一个巨大的光球差点让我的眼球爆掉，就在我的头顶上方六英寸高的地方。

"哎呀！"

闹钟都还没有响。光线怎么这么刺眼？

乐高男还在打鼾，一点儿也没有感觉到。

我从没见过这样的日出！太荒唐了！

我眯着眼睛，伸出一只手，想要找到开关把这该死的东西关掉，但流线型人体工学设计意味着你根本无法分清那些小凸块之间的差别。我胡乱按了一通，结果不小心打开了"自然的声音"。

"怎么了……？我怎么听到鸟叫了？"乐高男一边遮挡那刺眼的光线一边用嘶哑的声音说道。他的声音带着一丝恐慌："咱们房间里有鸟吗？小鸟在……到处都是！"

我又把那些凸块按了一通，想要把这疯狂的鸟叫关掉，结果不但没有成功，反而把灯泡从底座上给碰掉了。灯泡翻倒了，怎么也够不着，我试着用手肘支起上半身好把它捡回来，但是我的指尖刚碰到它，它便向前滚了几圈。我彻底醒了过来，眼睁睁地看着它慢慢地从床头柜上滚了下去。只听到"啪"地一声，它掉在了北欧制造的坚硬的木地板上。灯光熄灭了，鸟鸣也变成了悲伤的啾啾声，最后归于沉寂。

乐高男砰地一声躺倒在床上。

"嗯，真管用。我觉得轻松无比，神清气爽。"他说。

我什么也没说。

"这肯定是我们最贵的一次叫醒服务。"

我做了几次深呼吸，然后鼓起勇气说道："我给你做早餐煎饼怎么样？"

我又累又烦而且失望透顶，一个上午都在寻找其他可行的对付丹麦冬天的方法。许多专家极其推崇被称为"阳光维他命"的维他命 D，《新英格兰医学期刊》（人手一本的睡前读物）发表的一篇研究认为缺乏维他命 D 与抑郁有一定的关系。维他命 D 还有助于预防皮肤问题、癌症、中风、心脏病和自身免疫疾病，如多发性硬化症。哥本哈根大学药理学和药物治疗学专业的达尔莎娜·杜鲁普（Darshana Durup）曾对丹麦人的维他命 D 摄入情况进行调查，当我跟她取得联系后她告诉我，情况不容乐观。"2010 年的一份报告显示高达 40% 的丹麦人在冬天缺乏维他命 D，"达尔莎娜说，"食品、农业和渔业部建议每人每天应获取十微克，但普通丹麦人每天只能获得三微克。维他命 D 的主要来源是阳光，但是从十月到来年三月丹麦的日照十分有限。"是的，丹麦的冬天已经严峻到危害人身体健康了。这真够可笑的。

我发现专家建议罹患冬季抑郁的丹麦人提高富含维他命 D 食品的摄入量以代替阳光，但是许多人一到秋天就开始服用维他命 D 片剂。鉴于我有孕在身，专家建议我也这样做，所以我又多了一项任务，给自己弄些维他命 D。到目前为止丹麦还没有下雪（今年可真够迟的），我决定骑单车去，说不定能幸运地赶上丹麦气候与能源部说的"每天一小时"的阳光呢！

实际上我并没有晒到太阳。相反，凛冽的寒风把我的指头冻得发紫，尽管我在分指手套外又套了一副羊毛手套。到了商店之后，我发现维他命 D 严重缺货。药架上的维他命 C 和维他命 E 中间有个巴掌大的空缺，店员告诉我他们在圣诞节之前不会补货。我又踩着单车呼哧带喘地赶到了一家药房，但那里采用 80 年代熟食店风格的票号和排队制，我整整排了二十分钟，最后却被一个丰满的女士夹了塞儿，又给挤到了后面。为了表示抗议，我离开了那家店并决定去超市碰碰运气。

"Nej（没有）。"当我在第一家超市询问是否有维他命片剂出售时，那个女人这样告诉我。第二家超市的一个男人用看疯子一样的眼神看了我一眼，然后把我晾在那里走开了。这样的情况很常见，我想这是因为我讲丹麦语带着奇怪的口音显得特别傻的缘故。但是第三家超市的那个女人能讲英语，而且重要的是，她是好心屈尊而为之。原来她还接受了营养师的培训。上帝保佑，就连最普通的丹麦售货员岗位也要具备相应的资格，而且这个国家真的非常热爱终生学习。她告诉我说聪明的丹麦人早在九月份（他们喜欢提前计划）就买空了所有的维他命 D 存货，商店一般不会再进货，但是她可以提供一些富含维他命 D 的食物让我试一下。特易购可没有这样的服务。

"沙丁鱼、马鲛鱼和鸡蛋都是非常好的食品，"她告诉我，"很好，但是有点臭！"她开玩笑地说。好极了！我们将在"拉塞尔家政"[1]度过狂风肆虐的一周。我在自行车筐里装满了这些味道刺鼻的食物，开始往家赶，并决定在网上从英国订购维他命 D。是的，十一个月的丹麦生活让我变成了一个国际药品走私犯。

　　我载着一大袋食物踩着单车，新鲜马鲛鱼的味道直冲我的鼻孔，天空开始下起雨来。我继续向前，但五分钟之后气温下降得更厉害了，我不得不在冷风中停下来喘了口气。我用僵尸一般冰冷的手指紧握住车把手，寒风从我的裤裆下面呼啸而过——很不舒服的那种。接着某种粗糙的颗粒打在了我的脸上，我在想那是不是霜寒，直到听到一阵"叮！叮！叮！"的声音——就像是某种可怕的力量在摁自行车铃。我朝下看了一眼，指尖几乎失去了知觉，但我敢肯定那不是我摁的。叮！叮！叮！响声愈加坚决，我意识到那撞击声是冰雹打在我的自行车铃上发出的声响。叮！叮！叮！冰雹和妊娠激素让这个下午变得格外难以承受，我放声大哭起来。大颗的热泪混着雨水和冰雹一起滚落下来，就跟《小鸡里肯》（*Chicken Licken*）中的场景一般。我拼命地踩着单车，儿子（80% 的可能性）用尽全力踢了我几下。

　　终于回到了家——我恶狠狠地把单车往车棚一丢，好像

1　"拉塞尔家政"，拉塞尔是作者的姓，这里是指接下来的一周将由作者下厨。

是它把我这趟出行搞砸了似的，然后摸索着回到了我的安全港。还有饼干。我喝了几杯伯爵红茶、吃了好几块姜汁饼干才彻底缓过神来。

我坐在温暖舒适的家里，决定继续探寻丹麦人如何在冬季保持愉快心情的征程，于是我在 Facebook 上发了一则 SOS："丹麦人：你们是怎样挨过冬天还能保持心情畅快的？我试过日光灯，也试过维他命 D，甚至还试过外出锻炼（内啡肽等等），但是结果糟透了。你们的，满腹牢骚的住在海边的英国人。"

我立刻收到了许多回复：

"你的做法恰好是错误的！挨过丹麦冬天的秘诀是待在屋里！"有人写道。

"忍着吧，你改变不了太阳什么时候落山。"另外一个写道（我就没有几个善良的朋友吗？）。

"两个词：'hygge'和'蜡烛'。"海伦娜跟帖。她继续解释自己的"理论"（非严格意义），点燃足够多的蜡烛可以避免季节性情绪失调，继而迎来一个和谐、hygge 的节日季。这似乎很扯，但难道五百五十万人都错了吗？我记得丹麦的人均蜡烛消耗量居世界之首，欧洲蜡烛协会称每个丹麦人每年要烧掉六公斤蜡烛。他们的北欧邻居瑞典的人均蜡烛消耗量只有少得可怜的四公斤，而英国人则被远远甩在了后面，人均蜡烛消耗量仅为零点六公斤（无足轻重……）。

我决定尝试一下蜡烛疗法。早餐的时候，我们点着小圆烛吃了全麦面包，然后伴着柔和的灯光和一支祖马龙（Jo Malone）蜡烛的香气，我花了一整天的时间布置家里的圣诞装饰。这只蜡烛我本打算下雨天（下雨月或下雨季）才拿出来用的。晚餐的时候，我们在烛台上点起了一根锥形蜡烛，并在餐桌前坐定。我不确定自己的情绪是否得到了改善，但是烛光确实让人心旌摇曳。我在书柜上方的镜子里看到我们的映像，发现我们沐浴在一片温暖的黄色光晕之中。在这半明半暗的光线下，我的眼袋几乎察觉不到，也没人看得出我的头发需要打理。乐高男的颧骨显得十分突出，他看起来就像个维京勇士。我们看起来很性感！我心想。飘飘然的我们吃着（当然是马鲛鱼）、谈论着、笑着，甚至感到了一丝轻松。

"这感觉真不赖！"

"是吗？"

"蜡烛，对吧？"

"谁能想得到？或者这些疯狂的丹麦人早就发现了，一直都是这样！"

我们笑了起来，不甘寂寞的小狗开始狂吠表示感激。我吓了一跳，失手打翻了一个细长的玻璃烛台。（谁会买玻璃烛台？我告诉你是谁：乐高男。一到家居用品店，他就成了第二个李伯拉斯[1]。）烛蜡泼到了这栋租来的房子的松木地板

1　李伯拉斯（Liberace），美国著名艺人和钢琴家。

上，溅得到处都是，还点着了一块餐巾。大型的宜家消防栓这时显示出了价值，短短两分钟的时间里我们这场浪漫的二人烛光晚餐就变成了一场伊比沙岛泡沫派对。

这不管用。我需要请教专家，一位能为我揭开这《纳尼亚传奇》式的寒冬的真相并告诉我如何安然度过的专家。第二天一早，我便致电丹麦气象学会，我的骑士约翰·卡普冷（John Cappelen）穿着雨衣盔甲前来拯救我。

时值上午八点四十五分，日德兰半岛一片黑暗。我一边望着一滴细雨顺着我们的双层玻璃窗蜿蜒而下，一边解释着自己的困境："我试过灯光疗法，试过维他命 D，也试过外出运动，甚至还 hygge——现在我们的房子 70% 都是烛泪，20% 烛心，还有 10% 的油酥点心。但是这些通通都不奏效。我的邻居们都被白女巫给拐走了，附近一个人也没有，外面冷得要命而且漆黑一片。一个女人能做什么？"我告诉他，早在一月份我们来到这里的时候，我就知道这里的生活十分艰难，四个月的苦寒光景不是人类能够承受的。

言归正传，我告诉他自己曾读过一组统计数据：我知道丹麦的冬天会更冷，几乎每天都会下雨，平均风速是七点六米 / 秒，这也是为什么丹麦的电力 30% 来自于风能，为什么丹麦是世界上最大的风力涡轮出口国，以及为什么快一年的时间里我的脸色一直像 90 年代中后期流行的被大风吹散的妆容似的。"说真的，约翰，不妨直说，还有什么值得热爱的？"

他停顿了一下，然后给了我一条忠告。这是理解丹麦民众心理的关键，也是郁郁寡欢的外国移民的圣杯："要想像个真正的丹麦人——"约翰压低声音说道。

"——什么？"我满心期待全身紧张。

"——你必须要学会接受冬天。"

"就这样而已？"

"是的。"

"真的吗？能行吗？"

"当然，天气是我们丹麦人的首要谈论话题——丹麦人喜欢讨论外面的天气状况，而且新话题层出不穷。挪威和瑞典的天气状况更稳定，所以人们极少谈论天气。"他颇为同情地提到了我们的北欧邻居，但显然有意忽略掉了芬兰人。"在丹麦，我们主要有两大气象系统，"他继续说道，"一个是来自英国的潮湿的西方锋面系统，一个是来自西伯利亚的东部季风，这股季风冬天为我们带来寒冷的空气，夏天则为我们带来灿烂的阳光。天气变化多端！你永远没法提前做好准备。"

"你只能适应它。我们丹麦人喜欢提前做计划，但是对天气系统我们完全无能为力，这让生活变得十分刺激！但不是你在别的地方遇到的那种极端天气。丹麦人永远不必害怕这里的天气——天气的话题只是一种饭后消遣。只要回想一下几周前我们经历的那场风暴便知，人人都在谈论这件事。它占了电视新闻的 2/3，不是战争，不是海外国家的政治或名人——而是天气！"他说到了兴头上，"你早上起床的时候会想什么？你会想今天的天气怎么样！它直接影响到你当天穿什么衣服，以及需要带上哪件衣服晚些时候穿，因为丹麦的天气一天之内变化无穷，计划永远赶不上变化。"

"但是无穷无尽的冬日，约翰，"我说，"你们怎么会喜欢冬日的天气？有一天我的汽车温度计显示为零下二十度。海面都结冰了。外面总是黑漆漆的，又冷。真的，非常，痛苦……"

他的反应十分激烈："不！丹麦的冬天非常特别。它迫使我们待在家里，让我们与家人和朋友更加亲密。在南欧，人们在冬天照样外出去餐馆和咖啡厅吃饭——"我觉得眼下这对我们来说颇具吸引力，但约翰却不这样认为："——但在丹麦，我们聚在家里享受 hygge！过去，人们如果不预先贮存木柴和食物就没法在丹麦的冬天生存下来，所以邻居、家人和朋友之间要互相帮忙。当严寒来临的时候，你就可以躲在温暖的屋子里了。"

"就像冬眠？"

"对。当然现在不像过去了，现在我们有超市和商店还有办公室，冬天可以去这些地方，但丹麦文化仍然十分重视共享天伦。外面天气可能非常糟糕，但是你可以回家喝上一杯茶，感觉就会慢慢好起来。"

要是我理解得没错的话，丹麦人之所以能够在冬天保持快乐的心情，是因为外面天气险恶，而回家让他们无比轻松，并对自己能够在这样恶劣的环境下幸存而心存感激。

"这么说没人外出？"

"呃，你当然可以外出，"他做出了让步，"只要穿得够暖和。丹麦有一句谚语，没有坏天气只有坏衣服。"

"这么说我们都应该穿连体风雪服喽？"

"当然！"

"丹麦的天气真的让你幸福吗？"

"是的！"我问他如果满分是十分的话会给自己打几分，他想了一下，说："我会给自己打九分。"

"九分？"

"好吧，"他承认，"十分！我有什么不幸福的呢？我生活在世界上最好的国家！我还有什么好抱怨的？"

*

我把约翰的事讲给乐高男听——"他说根本没有坏天气，只有坏衣服"——我看到他的眼里放出了光芒。

"那也就是说我们可以买东西了！冬天的衣服！托格[1]要

---

1 托格（tog），衣服的保暖系数。

高，面料要吸汗，还要有防水外层！比如戈尔特斯[1]……"
他把购物激情同对户外装备的狂热完美结合在了一起，目光
中流露出浮想联翩、若有所思的神色。

不久，我便发现他在网上订购了一件婴儿马甲和一件婴
儿风雪服。我们的宝宝还没有睡觉的小床，没有婴儿车，没
有伞车，也没有婴儿座椅把他（80%的可能性）从医院运
回家，出生的时候很有可能只有一件背囊。

我母亲在英国密切留意着丹麦的气候，每天发邮件的时
候都会用这样的标题：哇！零下十五度！！！！！！！她周末过
来看望我们，当我们在到达厅接到她的时候，发现她穿了一
条滑雪裤、一件滑雪衫、戴了一顶红色贝雷帽。

"我的天啊……"我低声说道。

"这身打扮很亮眼。"乐高男承认。我不满地望着他，
说："你没提醒她吗？"

"我……可能提到了天气预报，"他坦承，"还有你说的
'没有坏天气只有坏衣服'之类的，作为给她的首次冬日之
旅的建议。"我翻了个白眼。

"亲爱的！"我母亲看起来非常兴奋。她肯定热死了，
但却故作镇定，高兴地宣布："我是飞机上唯一着装正常
的人。"

1　戈尔特斯（Gore-Tex），戈尔特斯面料是美国戈尔公司独家发明和
　　生产的一种轻、薄、坚固和耐用的薄膜，具有防水、透气和防风
　　功能。

我解释说，即便外面很冷，我们在室内也要穿稍微正常一点的衣服。

　　"我不知道为什么，可能是你的血液循环的问题。瞧，你的指头都发紫了。"她说得没错。我恨这一点。"不管怎么样，又不是时装秀……"——这句话跟"挺起胸，亲爱的"自1986年起就成为了她的口头禅。乐高男发现自己的看法跟她一样，气人的是，这两人接下来的两天里一直在比较各种羊毛夹袄和毛袜子。

　　周末过得飞快，我还没意识到这一点，便已经开车载着她走在前往比隆机场的路上了。我希望她能待久一点，而且已经开始计划她的下一趟行程。或许我已经长大成人，即将生下我自己的孩子，但有时候你真的需要你的母亲。下次我见到她的时候，我会把外孙抱到她面前，一想到这一点就觉得有些奇怪。现在，我只能在比隆镇最大（也是"唯一的"）的冬日"胜地"——面包店给她买了一块油酥点心。我母亲同意脱掉几件高山外套，她一边解放四肢一边用空手道从一堆装饰用的干面包中间劈出一条路来。那些风干的面包突然爆开了，碎屑溅得到处都是。我们不停地道歉，表示愿意帮忙清扫，还买了一大堆面包作为补偿，最后我又花了十五分钟帮我妈妈穿好了衣服才离开了面包店。为了应付丹麦的冬天，穿衣服也成了一件累人的事。

　　我们在机场依依不舍地作别后，我打开了西红柿汽车里的暖风机，挂上一挡然后向家驶去。戴着手套开车很困难，但不管怎样我应付得很好，尽管一想到还得穿得像个野人一样再过上四个月就让我有点幽闭恐惧。我突然产生了一种冲动，想要变成琼·科林斯[1]逃到圣特罗佩的游艇喝上一杯鸡尾酒。眼下我只能想想琼会怎么做？琼如何应对这片冰冷的虚无？金汤力鸡尾酒、奇特的饮食和嫁给一个年轻的男人，这些都已经出局了（至少目前看来是不可能的），我只好在杂物箱里摸出了我的应急口红悠闲地涂了起来。等我回到家的时候，我决定用 iPad 看一本彩印杂志并喷点香水，直到世界恢复平衡。

回家的路上，太阳下山了（下午三点半），天空变成了橙紫色。我在拐入斯迪克斯维尔之前来到了山顶，落日的余晖为冷酷的蓝色海面镶上了一道橘色的金边。这美景让我屏住了呼吸，一时间忘记了这里有多么荒凉，而且即将再次荒凉起来。

我想知道这是不是跟生孩子有点类似——当然过程有些痛苦，但是你将收获美妙的体验，然后就会忘记痛苦。这就是希望。

1　琼·科林斯（Joan Collins），英国演员和作家。

本月知识点：

01.

丹麦人善于往好的方面看，即便是在萧索的隆冬季节。

02.

你可以在朋友、家人、蜡烛和蛋糕的帮助下应付丹麦的寒冬。

03.

小狗也会得季节性情绪失调。

04.

坐飞机千万不要穿滑雪裤。

05.

天气极端恶劣的时候，待在家里。

06.

……或者想想琼·科林斯会怎么做。琼·科林斯：一年四季都能给你激励。

相信税务官（或女税务官）

　　丹麦的十二月是财产评估、暂停工作和交税的月份。在自己的祖国进行生活管理已经够费劲的了，在一片语言尚且不通的陌生土地上，这几乎是不可能的。十一个月里，我一直用谷歌翻译处理手头的每一份文件，近来已有些懈怠。所以星期一早上穿着连体裤的女邮递员按响门铃递给我一个官样信封的时候，我有些猝不及防。那个艳红色的信封是"skat"寄来的，他们想知道我打算什么时候去交税。"Skat"是丹麦语"税务"的意思——还有"亲爱的"或"甜心"的意思，顺带提一下。

　　"那么，严格地说，我交税的时候实际上是把自己的甜心交给税务官……"我告诉乐高男，但他觉得这一点也不好笑，还建议我马上着手处理此事，免得政府给我们再发措辞严厉的公函。

　　我点了点头并试图表现得理智一些，但脑子里却回响起了快嘴约翰（Scatman John）90年代的经典曲目（"Ski-bi dibby dib yoda dub dub, yo dab dub dub…"）。我得赶在小家伙报到之前完成任务，所以只好硬着头皮处理起这个恼人的问题：我那少得可怜的收入究竟还能剩下多少。即使当个自由作家没什么难的，要跟一个以重税闻名的国家的税务系统打交道可以预见会相当恐怖。我四处打电话求人还哭了几场（我全都赖在了荷尔蒙头上），终于找到一个可以讲英文也能解释清楚需要些什么文件的人。我需要帮助，越快越好，还需要进一步的建议，保证自己不被递解出境，也不会因为蔑视丹麦神圣的税务系统而蒙上污名。

金·斯皮里德斯贝尔（Kim Splidsboel）是一名真正的税务官。在政府的安排下，他"被志愿"带着一个四十五页的 PPT 全国巡回为新到者提供培训。不幸的是，金来奥胡斯的那天我刚好有事外出，所以他现在得从头到尾一张一张地给我重新讲解一遍。可怜的金。

他从最基本的部分开始讲起，解释说这里的计税周期是从一月一日到十二月三十一日。我正在同步整理自己在英国的纳税申报单，那里的计税周期是从四月到来年四月，相比之下这里的设定更加人性化。

"在丹麦，我们会要求自由作家和自由职业者缴纳预估税，这样一来他们就不会在年中'跑路'了，"金说，"有收入就要交税，这是规定。"

"啊……"这我倒是闻所未闻。

我曾在一月份前往本地税务局，那位好心但非常愚蠢的女士向我保证我可以到年底的时候再交税。不可否认，她的英文不是很灵光，而我的丹麦语基本是一窍不通。但我现在怀疑她真正的意思是所有账务均需结算，额外部分则需要按年度交纳，而不是像我理解的那样，直到圣诞节之前我都可以没事人一样置身事外。

"我，呃，不清楚月结制的事。"我坦承。

金没有马上回应我，一股恐惧感在我心中油然而生。

"我不会被逮捕之类的吧，啊？"我半开玩笑地问道。我会留下犯罪记录吗？我会坐牢吗？我的想象力进入了快车道，我思考着最坏的可能性，然后意识到或许情况没那么糟糕。我敢打赌丹麦的监狱是世界上最好的。或许到那儿去休息一阵子也不错。实际上有一大群亲戚要在圣诞节的时候过来看望我们，乐高男的父母会过来住上整整七天。做几天"笼中鸟"，我心想，或许是种不错的调剂。我很好奇新北欧美食是否打入了丹麦的监狱系统，还是我们只能谈论更多的猪肉丸和腌鲱鱼。我觉得还是后者的可能性更大。这时税务官打断了我的想象。

"没问题，你现在交税也不晚。"

"哦！好吧。"看起来我终究还是要为圣诞大餐做准备。

"你只需用 NEM ID 登录系统，看看自己需要缴纳多少税金。"

"好的。还有，呃……能再告诉我怎么做吗？"

接下来，金在线装笔记本上整整写了十页纸为我做了一次详细且复杂至极的讲解——作为那四十五页 PPT 的补充。NEM ID 是丹麦所有政府网站和银行使用的在线注册系统，它集合了身份证号码（我那张黄色中央人口注册卡，也称 CPR 卡）和一组印在极其复古的折叠式勒口上的匹配数字作为认证密钥。作风老派，但行之有效。待我搞明白这一点，金继续为我讲解我可能要缴纳多少税金。

"收入低于四万两千八百丹麦克朗（尽管这一标准每年都会调整）者可以免税。收入介于四万两千八百丹麦克朗和四十四万九千丹麦克朗（这么高的收入在丹麦非常罕见）之间的人需交纳 37% 的税，高于这一收入的人需交纳 51.7% 的税。对了，人人都要自动交纳 8% 的社会治安税。"

啊呀，我想，丹麦的生活成本并不像表面上看起来那样低。除了极高的所得税，所有商品都要征收 25% 的附加税。不动产所有人还要缴纳不动产税，丹麦国教会成员（正如我在五月了解到的那样，这个国家大部分民众都是国教会成员）还要缴纳一项单独的税。哦，当然汽车、汽油和电力都被课以重税，以调节消费并让已经非常环保的丹麦人做得更好。

"告诉我，"我好奇地问金，"丹麦人介不介意交这么高的税？我的意思是，他们不会碰到美国人或其他国家的人，然后心想'你们这些幸运的混蛋'？"到了妊娠晚期，我有点满口脏话。对不起。

"根本不会，"金告诉我，"丹麦人非常乐意交税，因为他们知道自己会享受到世界上最好的福利。我们读书、上大学、看医生、去医院都是免费的，我们的假日津贴十分丰厚，雇主定期为一个良好的养老保险制度注资，能够让丹麦人和在丹麦定居的人切实受益。"

"在某种程度上来说，大多数丹麦人的生活都离不开丹麦政府的服务——他们的家人可能会生病——所以他们对这一基础架构表示理解，并十分清楚自己的钱会被加以妥善利用。"

他的话听起来居然很合情合理。丹麦人具有一种集体责任意识——甚至是归属感。他们愿意为体制做出贡献是因为他们相信物有所值。高额税负也引发了一些意外效应。高税负意味着丹麦的收入差距是经合组织国家中最低的，以乐高男公司的 CEO 和地位最低的保洁员为例，两人拿到手中的工资差距不像其他国家一样乃是天壤之别。旧金山州立大学和加州大学伯克利分校的研究表明，跟自己收入相当的人为邻会让你更加幸福。在丹麦，处于两个截然不同的领域的人每个月完税后的收入也非常接近。

收入平等能打造更加和谐的邻里关系，我觉得这个观点十分有趣，想要对其验证一番。但是我生活的小镇上住的大多是退休人员，除了友善的邻居之外没人工作，斯迪克斯维尔的调研机会不多。于是我打听起海伦娜那里的状况。她告诉我自己所在的街区住的都是商店店员、超市员工、会计、律师、市场营销人员和园林设计师。

"人人家庭美满，生活品质良好，"她说，"一个人从事什么工作无关紧要。不管职业背景如何迥异、收入潜力的差距能够让他们在其他税负较低的国家过得多么滋润，专业人士和非专业人士在丹麦一直和谐相处。"

《平等信任》杂志对收入差距影响的研究表明，这也让社会流动变得更加简单。所以你更有机会出人头地，获得良好的教育和良好的工作机会，不管你的父母是谁，也不管他们在丹麦做什么。事实证明，在丹麦比在美国更容易实现"美国梦"。

自1986年我母亲第一次放《劳碌一天的傍晚》（*A Hard Day's Night*）密纹唱片给我听开始，我就知道"金钱买不来爱"——而事实证明这对幸福同样适用。《今日心理学》发布的一篇研究发现真正的幸福源自于良好的人际关系、有意义的工作或爱好，以及成为某种比你自身更大的事物的一部分的归属感，比如宗教，或者仅仅是做个丹麦人。世界观察研究所2011年的《消费状况》报告也发现财富不能帮助你过上满意的生活，而且最新研究表明能够令我们满意的收入甚至有一个分界点。华威大学和明尼苏达大学的一项联合研究找到了一个基本门槛，超过这个门槛再多的钱也不能提升幸福感，这一数字约为每年十九万七千丹麦克朗，收入超过这一数字，我们尽管会更加富有却无法像以往一样满足。

收入低于这一水平呢？不用担心。《心理科学》杂志发现收入状况不佳的人比高收入人群更加富有同情心，《今日心理学》的一项研究也表明出身于富裕家庭的孩子罹患饮食失调、行骗和偷窃的风险更高。所以欢呼吧，你比《星期日泰晤士报》富豪榜上的任何一位都优秀，你的孩子也会健康成长。

收入已经超过"幸福收入"门槛？也不要绝望，有三种解决办法，专家的回应是：减少工作量、缴纳更多的税和移民到更贫穷的国家。聪明的丹麦人已经捷足先登，早在十几年前就采取前面两种做法了。要是你不能减少工作量也无法影响祖国的财政政策，更不愿意搬到发展中国家去，我还有第四条建议给你：搬到丹麦来。记得带扑热息痛和套头衫。

"就像天气一样，"金告诉我，"你对税收制度无能为力，只能让自己适应它。除此之外，纳税也是我们身份的一部分。"

用高额税负支撑一个全面的福利制度似乎正是丹麦社会同一性的主因，我不由自主地对他的说法表示认同。"你交了这么高的税，从个人角度来讲，幸福吗？"

"当然！"他似乎没想到我会这么问。"我生活在一个美丽的国家，我爱丹麦。我从心底里认同自己是个丹麦人，我为什么不高兴呢？"他给自己的幸福感打了十分。我在英国打过交道的那些税务海关总署的税务官们好像分分钟想去自杀，所以我想丹麦的税收体制应该还算不错。

我开始用一张简单的表格计算全部收入的总和，却遇到了另外一个问题，不得不再次致电税务局。我跟一个不太风趣的女税务官进行了一番深入探讨，发现作为一名自由作家、一个即将生下宝宝的外国人，我的"情况"相当复杂。几通电话之后，有人告诉我说我需要一位注册会计师帮助我把档案提交到社区。

我查找了会计师的丹麦语说法，我的翻译软件显示这个词是"bogholder"，这让我喜不自禁。我把这个词添加到脑中的滑稽丹麦词汇表里，然后打开谷歌想要找一位当地的注册会计师。

我所在的区域能找到的注册会计师有"詹斯·拉森"、"拉斯·詹森"、"拉斯·拉森"和"詹斯·詹森"——还有"梅特·詹森"、"梅特·汉森"和"梅特·尼尔森"，也算略微有点儿区分度。丹麦统计局称，每四个丹麦人中就有一个人的姓氏为"詹森"、"汉森"或"尼尔森"。丹麦排名前十的姓氏有"安德森"（如汉斯·克里斯琴）和"拉斯马森"，这个姓氏非常普遍，以至于 1993 年至 2011 年三任丹麦首相的姓氏都是这个。波尔·奥卢夫·尼鲁普·拉斯马森、安德斯·福格·拉斯马森和拉斯·勒克·拉斯马森（三人毫无关系），媒体和政治家同僚在提到他们的时候必须说出他们的全名以示区分。"森"最早的意思是某位叫此名者的"儿子"，所以拉斯·詹森应该是某位名叫詹斯的人的儿子，而詹斯·詹森的父亲太爱自己的名字，他决定使用两次。这有点像纽约。（搞糊涂了？欢迎来丹麦！）

"我遇到的丹麦人有一半叫梅特或拉斯或詹斯，"我对乐高男抱怨道，他回家的时候看到我打着赤脚（我有没有提过丹麦节能型的地热系统?）挺着大肚子愤愤不平,"我怎么能记住谁是谁?"

"很简单,"他耸了耸肩,"要是女孩的话一律叫梅特,要是男孩的话就叫拉斯或詹斯,准保错不了……"

读者们,我嫁给了一个天才。

回到电脑前,我发现丹麦的重名现象比其他任何国家都要严重,因为取教名也有规则。又是规则?当然。我怎么没想到这点?我把自己的新发现告诉了乐高男:"显然你可以从一串通过预审的名字中选一个,但你要是想取一个名册上没有的名字,就得获得教堂和政府官员的特别许可。"乐高男没有回应,他正忙着翻饼干箱。经过两年的婚姻生活,我不会在这么一点小事情面前退缩。"这里写着'别出心裁的拼写'通常会遭到拒绝——"我继续说道。

"——要是哪个丹麦人想取名威·廉可就不走运了。"乐高男嚼着满嘴的巧克力曲奇插嘴道,他在学小孩儿说话。

"——这份名册每年都会更新。约有 1/5 的新提议遭到否决,最近被拒绝的名字有——我的天啊——'阿努斯[1]''普鲁托[2]'和'芒克[3]'!"

"可恶。看样子我得把那条绣了名字的婴儿浴巾寄回去……"

1　阿努斯（Anus）,英文肛门的意思。

2　普鲁托（Pluto）,英文冥王星的意思。

3　芒克（Monkey）,英文猴子的意思。

我笑了起来，宝宝一脚踹在我的肚子上，让我有点喘不过气，茶水从鼻子里喷了出来（真疼啊）。我扫了一眼名册，欣慰地发现我们打算给肚子里的男宝宝（80%的可能性）取的名字赫然躺在"安全"栏。我这才放下心来，继续寻找名为詹斯或拉斯或梅特的注册会计师。从网上的介绍实在看不出什么有效信息，我意识到自己只能随便找一个，将财务事宜全权委托给他。我用点指兵兵来做决定，锁定了一位名叫"拉斯"的税务官，他的业务范围不仅限于奥胡斯。我跟他取得了联系，解释了我目前的困境，并约好同他在第二天见面。

　　拉斯告诉我只要把发票和工作相关的档案交给他，余下的事情全部由他来搞定，最后我只要支付一笔数额不菲的费用就行了。有人帮忙料理此事，我万分感激，一身轻松。我想知道丹麦人是不是这样想的：他们知道自己花了很多钱，但是他们不会叫苦连天，因为他们的生活变得非常轻松。维京人曾告诉我说他很乐意交税，因为政府会替他料理好一切，他相信他们会把事情做好。

　　经过十二个月的丹麦生活，我开始明白信任在丹麦人的心灵中扮演着何等重要的角色。信任让生活更加简单，免除了人们的后顾之忧，而且减少了不少烦心事（自两岁开始我就养成了爱操心的习惯，我妈妈说的）。做个甩手掌柜并全心全意地信任体制，这感觉有点怪。但我别无选择，只能这样做。结果证明，我适应得不错。

"你觉得丹麦人更容易轻信他人吗？"我打电话问维京人，"我的意思是，从整体上来看。"

"你知道的，我认为或许如此，"他告诉我，"我们人口稀少，福利制度健全——所以我们认为大部分人都是诚实的好人。"为了证明这一点，他还给我举了个例子。"有一天我去银行查看我的账户，我发现里面的余额是零——"

"——零？"

"一毛钱也没有。"

"天啊……"

"我知道。所以我打电话给艾伦——"

"名字中有两个'1'的艾伦？"

"是的……"

"——太有趣了！我们的银行经理也是名字中有两个'1'的艾伦！"

"哦，人人都在艾伦那里开账户。"这时我才意识到自己住的地方是怎样一块方寸之地。"所以我打电话给艾伦，劈头盖脸地问：'我的钱哪儿去了？'"

"艾伦怎么说？"

"呃，艾伦刚好在度假。"艾伦总是休假。银行出纳，跟律师和服务生一样，享有带薪休假。即便交了那么高的税，大多数日德兰人还是有能力善待自己。"所以，"维京人继续说道，"我没有钱也找不到艾伦，我本打算去拜访朋友却连油都加不起。我打电话给我爸爸向他解释了我的处境。我就说：'爸，我没钱了……'他说：'当然了，我刚把你的钱转走了。'我就说：'你转走了我的钱？'他说：'是啊！'"

"什么？"我给搞糊涂了，同时也感到忍俊不禁，维京人在提到自己的父母时竟然像个小孩子。

"我爸说他给艾伦打电话谈了房产抵押的事，艾伦提到了这个为老客户提供的利息更高的理财账户。于是我爸就说：'哦，听起来还不错。干吗不把我儿子的钱也转进去呢？'"

"然后艾伦就这么干了？他没有征得你的同意也没有取得你的授权？"

"没有。"

"银行也没跟你商量？"

"银行信任艾伦。我爸自报家门，艾伦也相信了。我爸相信艾伦是在帮我用最佳方案打理我的资产。于是他就把我的账户给换了。"

"他只是忘了告诉你……"

"对啦。但结果皆大欢喜。这就是信任的力量。"

太棒了。我致电幸福经济学家克里斯琴·比约恩科夫询问他的观点，我曾在刚到丹麦的时候跟他有过交流。他承认如此高的信任度正是丹麦人保持幸福的关键。还没等我开口他便告诉我："信任让生活变得简单。"不管是取消银行户头还是房子遭窃，都不会有任何影响。

"所以，如果我感到安全并信任周围的人，我就不会紧张或是焦虑。我有获得幸福的顶端优势，是这样吗？"

"正是如此，"他告诉我，"所有福利制度健全的国家都是高度信任的社会，尽管丹麦社会的高信任度不一定是由福利系统所致。"

克里斯琴研究了 1950 年福利体系正式建立之前 30 年代的数据，他告诉我说早在 20 世纪初丹麦社会就建立了较高的信任度。"看起来似乎是信任为福利制度提供了生存空间——而非相反。丹麦人接受了自己必须缴纳高额税金的事实，因为他们相信政府会妥善利用他们的钱去做正确的事。这种体制运转良好而且丹麦人从整体上来说非常幸福——因为他们对彼此高度信任。"

"这种信任从何而来？"我问。

"这是个很难回答的问题！"

南丹麦大学福利研究中心主任克劳斯·彼得森（Klaus Peterson）认为自己找到了答案——这种信任感源自于丹麦跟北欧邻居的亲密关系。

"我们都是路德教会国家，社会高度民主，自 20 世纪 30 年代起便通力合作打造'北欧社会政策'。"我给他打去电话想要进行深入了解时他告诉我，"丹麦很小，但是我们会跟其他国家联合，所以我们感到安全和彼此信任。"国际调查表明，北欧国家的信任程度均非常高，而且丹麦是世界上最安全的国家之一。人类全球和平指数展望将丹麦列为世界第二安全的国家，仅次于冰岛（那里更冷，更黑，甚至物价更高……）。声称"我感到非常安全"的丹麦人比 20世纪 90 年代多了很多，丹麦刑事学家兰恩·穆勒·汤姆森（Rannvá Møller Thomsen）提供的数据表明，丹麦人是最有可能说出"在黑漆漆的夜里外出我感到十分安全"的欧洲人（其次是挪威人）。

这是为什么呢？克劳斯认为是丹麦的国土面积让丹麦民众感到安全。

"丹麦人彼此熟识。"他解释说。我以为他的话有什么引申含义，但他向我保证说在一个人口仅为五百五十万的小国实际情况就是这样。"我们的国土面积一直不大，而且历史上也没有进行过太多迁移，所以丹麦社会存在一种集体认同。你可以让几百万人接受同样一种制度并分享一种身份认同。"

这番话听起来棒极了，但让我有点沮丧的是似乎没有什么是我可以带走或是丹麦这样的小国之外可以借鉴的。不过接下来我拜读了哥本哈根大学政治学系的彼得·齐斯泰兹·丹森（Peter Thisted Dinesen）的一本著作，他的研究方向是社会互信。我给他打去了电话，在午餐时间仍对这个可怜的男人纠缠不休，直到他慷慨应允抽出时间跟我分享他的假说——丹麦社会拥有一种对体制和教育友好的文化，这或许是丹麦人彼此信任的原因。

"我们生活在一个公平的社会，政府高效廉洁，所有人都得到了平等对待，"彼得告诉我，"向警察或政客行贿的事在丹麦几乎没有，大多数人得到了政府的精心关照，这为信任提供了基础。"

从总部位于华盛顿的世界正义工程公布的世界法制指数来看，丹麦政府是世界上最负责任的政府之一。总部位于柏林的国际透明组织认为，丹麦也是腐败程度最低的欧盟国家。

政客在其他国家是最不可信的社会群体，但在丹麦却享有极佳的声誉。究其原因，正是因为他们长期以来一直被当作"普通人"——所以他们从神坛上跌落下来的可能性微乎其微。我在调研的过程中发现，即便是位高权重的省部级官员也都非常脚踏实地、平易近人。政治剧《权利的堡垒》强化了一种理念，即部长们也是实实在在的人，跟我们一样也会遇到同样的问题，哥本哈根商学院的研究认为该剧甚至改变了选民对政治的冷漠态度，提高了参加投票的选民人数。

"实际上，丹麦的信任度近年来呈现出上升趋势，"彼得告诉我，"我曾与奥胡斯大学的金·马纳尔·桑德斯科夫（Kim Mannemar Sønderskov）合著过一篇文章，表明信任度从 1979 年到 2009 年间上升了 68%，79% 的民众表示自己信任'大多数人'。"

信任度上升的主因是什么？他们在水里放了什么东西吗？我狐疑地望着手中半空的水杯。

彼得提出了一个更好的建议。"观察一下那些来自于低信任度的国家并在丹麦接受教育的移民，他们也会表现出跟我们一样高的信任度。"他说，"有趣的是，不论是作为移民还是移民后裔，信任度在孩子身上没有体现出任何差异，我认为这在一定程度上可以归因于他们面对的是公平的丹麦机构。"这意味着生活在丹麦能够让你更信任他人。信任不仅仅是一种"传统"或丹麦人从父辈那里继承来的某种特质。

我认为这是一个好消息。这意味着丹麦生活能帮助我更信赖他人，从而让我变得更加幸福。一旦你信任"体制"并明白自己绝不会被它出卖，你就会乖乖地交税——完全可以放心，自己的钱会被妥善利用。我不会吝惜交税（至少不会介意交这么多），如果这意味着我能帮助丹麦梦免于腐坏，继续前行。

对于一个成长于撒切尔时代的英国女孩来说，这是一种有趣的视角转变。我素来独立，但我开始意识到这是因为我别无选择——因为我的身边并没有一张安全网。但是丹麦人不一样，我正在学习去发现丹麦行为方式的优点甚至学会了放手——放弃控制，努力把工作-生活平衡的艺术掌握得更好。跟过去告别并不总是那么容易。七月的一天，我发现媒体界的两位原同事获得了非常重要的全新职位。这个职位我梦寐以求多年，并一直以此作为自己的奋斗目标。我发了一通无名火，粗暴地把碗碟丢到了洗碗机里，打破了一个碟子，然后对着天空狂吼："为什么为什么为什么？"但我接下来意识到自己已经离开了那个圈子。我现在正从事写作而且有孕在身，经常与朋友小聚、在沙滩上遛狗。我过得非常充实。现在我晚上睡得很好，无须用网购来讨好自己以挨过一周。怀孕之前，我已经减掉了半英石的体重（尽管我吃了很多油酥点心），这一点连我自己都没有意识到，更非有意为之，因为我不再痛苦性进食或被办公室的日程表奴役。我心态平和，感觉像是达到了一种理想的平衡状态。

很快，我们就要决定是否要在丹麦多待一年，时间所剩无几。我们丹麦出品的儿子（80% 可能性）要在丹麦度过人生的第一年吗，还是说我们的丹麦生活最好到此为止，徒留一个不完美的北欧纳尼亚传奇？我正准备把北欧生活的利弊写在纸上，乐高男突然撞门而入，他总是这样风风火火的。当时是下午四点半。

"又忙了一天？"我故意嘲笑他。

"真的很忙。"他脱掉外套，把几个袋子扔到了厨房地板中央，我从没见过哪个男人需要这么多袋子。他正式跟我打了声招呼，然后就把玻璃纸袋里的东西一股脑儿倒在了餐桌上。

"你到底在干什么？"

他告诉我说自己正在搭建悉尼歌剧院的模型。好像在一个三十来岁的职业人士的世界里，星期二的下午干这事再正常不过似的。

"歌剧院是由丹麦建筑师约恩·乌松（Jørn Utzon）设计建造的，你知道吗？"他仔细搜罗着白色的塑料块，把袋子弄得沙沙作响。乐高男坚持认为这项"工程"是"必须赶在宝宝出世之前完成的事项之一"。

"好极了，"我小声嘟囔着，然后说，"你想去遛狗还是想玩玩具？"

"不是'玩'，是'建造'！"

这不是他第一次试图让我相信两者之间有着本质区别，显然这已经是全球成年乐高迷的共识。"总之，这是给成年人准备的，看到了吗？"他骄傲地指着盒子上的"十二岁以上适用"的标识。"它被称为'乐高建筑'，小孩子连什么是建筑都不知道。"在他回到"建筑"上之前，我赏了他一个白眼。

我看着他，一头金发身体前倾，一双眼睛在黑色的方框眼镜后眯起，坐在他的阿恩·雅各布森椅子中，保尔·亨宁森的 PH 灯具的柔和光晕勾勒出他的轮廓。他正在用那台丹麦 B&O 立体声音响播放丹麦流行组合"节奏排排站"（Alphabeats）的唱片，嘴里跟着哼哼却一直走调，偶尔拿起身边那个丹麦博登双层隔热啤酒杯呷上一口。是的没错，在星期二下午五点钟来上一杯啤酒，我们对此已经习以为常。我从未见过乐高男如此放松。

"看看谁还喝酷爱（Kool Aid）饮料……"我嘟囔着，心想要不要拿针在他脸上扎一下，然后采集一下他的 DNA，看看他有没有 5-HTT 基因。或许我们的宝宝会是半个维京人而且有幸福基因，我心想。或许这正是我们的儿子（80%可能性）从不睡觉，而且脚上功夫厉害的原因：他已经在我

肚子里转圈发动袭击，血清素以及对油酥点心的期待让他兴
致高涨。

　　我看得出来，乐高男想留下来，但我还没有完全打定主
意。或许你可以带一个女孩逃离英国的愤世嫉俗，却不能把
这种愤世嫉俗从一个女孩身上拿走。

本月知识点：

01.

丹麦人不介意缴纳高昂的税金。

02.

……因为金钱横竖都无法买来幸福。

03.

能为你带来幸福的是信任和丹麦生活（万岁！）。

04.

乐高男是个神秘的维京人。

圣诞快乐!

还有一点我或许应该说一下。我没有忘记——北欧人并非总是冷若冰霜对什么都提不起兴致。不。圣诞节在丹麦可是个大日子。它开始于十一月第一个星期五晚上的八点五十七分。

我跟乐高男刚刚在奥胡斯平静地享用了一顿晚餐,街上突然传来一声震耳欲聋的咆哮。我们满心好奇地望向窗外,只看到几个年轻人在羞羞马和大胸猫喷泉周围转来转去。这一切再正常不过,世界本该如此。过了一会儿,我们又听到一声怒吼。吼声沿着大街传扬开来,伴随着更多的呐喊声和尖叫声,气势不断壮大,让人明显感觉到肯定有大事发生,在这个鸟不拉屎的地方。

我们听见了引擎的声音,接着一辆卡车闯入了我们的视线,还有一台音箱和一个倒计时钟。卡车开始喷射一种奇怪的白色物质,大团大团地洒到空中,慢慢地向下飘,整条街道像铺了一层地毯似的。

"啊啊啊啊……雪!"乐高男兴奋地大喊。已经整整有两天没下雪了,乐高男为即将到来的暴雪,更为那身新买的户外装备兴奋不已。但实际上并没有下雪,这种白色的物质显然是别的东西。

"我觉得……"我眨了眨眼又看了一次以免搞错,然后开口说,"我觉得那是泡沫。"多愁善感的少年时代,我曾在阳光海岸待了两个星期,那可不是白待的。如果是专业级的泡沫,我一打眼就知道。然而,奥胡斯的节日气氛瞬间浓重起来,结过账之后我们来到大街上一探究竟。

卡车停了下来,后挡板降下来后走下一群身穿蓝色外套的女孩和身穿连衫裤工作服的男孩,他们围在一个身材矮小的黑发男人身边。他的脸上挂着百万伏的微笑,戴着一副飞行员眼镜,尽管这里下午三点半天就彻底黑了。

"那是……汤姆·克鲁斯吗?"乐高男眯起眼睛看着那个身材矮小的男人。

我非常清醒,试图温柔一点打碎他的幻想:"我觉得或许是……"我确信世界上最有名的山达基教徒不会来日德兰郊区过周末。

那个酷似汤姆·克鲁斯的男人挥了挥手向粉丝致意,人群中爆发出一阵欢呼。这时另外一名《壮志凌云》(*Top Gun*)的临时演员递给他一顶蓝色的圣诞帽和一副塑料墨镜。接着几个女人走上前来,我们看到她们的穿着打扮就像空姐一样。乐高男十分错愕。

《壮志凌云》里面可没有空姐！战斗机上根本没有空乘！这完全是胡扯！更别提那多余的……"他对这些篡改怒不可遏，但我的直觉告诉我肯定有大事要发生。那个"离经叛道"的男人和他的女友们把一瓶瓶啤酒抛向人群。四面八方的人越聚越多，街上越来越热闹，虽然碎裂的泡沫让人几乎无法站直身子，肥皂水搞得整条街又湿又滑。可是衣衫单薄的乘务员和丹麦版的汤姆·克鲁斯正在朝人群投掷玻璃导弹。

我拉住身边一个喝得半醉的女人，问她这到底是怎么回事，她告诉我说这是"J-Day"，也就是"啤酒节"。人们会在这一天用马车把节日啤酒（圣诞啤酒）送到丹麦每一个市镇。至少哥本哈根是这样，我们这里用的是拖车。

啤酒节标志着丹麦圣诞的非正式开端，酒吧和餐馆从晚上九点钟开始供应节日啤酒，来自于啤酒厂家的促销团队会发放少量免费赠饮，开启派对模式。

"我得试试，来都来了。"乐高男望着周围正在大口喝着啤酒的人群说道。我刚想说就为了几瓶免费的啤酒，他竟然能原谅自己最爱的电影被恶搞，这可真够宽宏大量的，转头却发现他已经消失在了人群中。

"小心！"我一边大喊一边躲避着玻璃手榴弹。

他胜利凯旋，双手高举着一个瓶子就像举着一座足球奖杯一样。

"干得好。"

"谢谢。"他点了点头，接受了我的夸奖，然后啪地一声启开了瓶盖，心满意足地灌了一大口。

"怎么样？"

"有点……烈，带点甘草的味道。"

我不由自主地皱起了鼻子，说："天啊，他们怎么到处加那玩意儿！"车上播放起一支丹麦语歌，听起来像是跟啤酒有关的圣歌，旋律却是《铃儿响叮当》。更多的"导弹"被扔了出来。"丹麦人的手眼协调能力肯定非常出色，"我说，"我没听到一个瓶子摔破的声音。"

"或许如此，但也可能是他们真的很爱啤酒。"乐高男又喝了一大口，"说实话，这酒真不赖，一点儿都舍不得浪费。"

"汤姆·克鲁斯"和他的团队分发完啤酒之后，卡车便离开了奥胡斯，大家都撤离到最近的酒吧。我们遇到了海伦娜和维京人，欢宴仍在继续。我清醒异常，试着想象自己正在进行一次重要的土著探秘，就像《部落探奇》(Tribe)里怀孕版的布鲁斯·帕里(Bruce Parry)一样。但是在人人都喝了很多酒（我的意思是，非常多）和甘草的情况下，你很难对一种人类学现象追根究底。所以大约过了一个小时后，我忐忑不安地把乐高男留在了那里，然后自己开车回家了。

第二天上午，我打电话给那位啤酒节上的表演者，想要进行深入了解。

"这起源于1980年首播的一条电视广告。"嘉士伯公司的詹斯·贝克（Jens Bekke）告诉我（又一个詹斯！），该公司酿造出了乐堡（Tuborg）系列啤酒，包括圣诞啤酒。那是一条简单的动画广告，圣诞老人和鲁道夫伴着《铃儿响叮当》的音乐追逐一辆乐堡啤酒车而放弃了自己的圣诞任务。我在 YouTube 上观看这条广告的时候发现，其言外之意似乎是在说圣诞老人和他的助手都是醉鬼。然而这条广告大大提升了啤酒的销量，从此以后每年冬天都会在电视台播映。"这或许是世界上唯一一条三十几年从未变过的广告。"詹斯说。当然，没变的还有啤酒。5.6度的比尔森啤酒由三种啤酒混合而成，据说非常适合用来配熏鱼、鲱鱼、猪肉、鸭肉……以及更多圣诞啤酒。"我们每年都生产同样的啤酒，同样的包装，同一条电视广告，"詹斯告诉我，"因为丹麦人热爱传统！"我告诉他我已经发现了这一点。"要是改变了大家的圣诞啤酒，我们肯定会收到来自全国各地的抗议！"

圣诞啤酒非常受欢迎，尽管每年只出售十周，却是丹麦销量排名第四的啤酒。换言之，丹麦人很会自娱自乐。

"对于许多人来说，看到这条广告就意味着圣诞季的开始。"詹斯说，"自 1990 年开始，我们就产生了全国巡回发放赠饮开启销售季的想法。"现在每年的啤酒节这一天，嘉士伯公司会派出五百名员工到全国五百个不同的地点。每到一站，他们都会唱起改编版的《铃儿响叮当》，歌词翻译过来大概是：

圣诞酒，圣诞酒，乐堡圣诞酒

跟朋友，一起喝，冰的圣诞酒，嘿！

圣诞酒，圣诞酒，乐堡圣诞酒

等待一点也不好玩，啤酒节风靡全球！

"每年我们都会为卡车设定一个主题。"詹斯继续说，"我们曾扮过精灵，去年是圣诞树，所以今年我们扮《壮志凌云》。"

我告诉他《壮志凌云》跟圣诞节可不太搭。"是的。我也不太明白今年为什么要搞这个主题。创意组的人提出来的……"他换了个话题，告诉我说嘉士伯公司每年还会在啤酒节上发放两万条手环和四万五千顶圣诞帽。人们会骄傲地整晚戴着这些手环和帽子，有一年就连萨尔曼·拉什迪[1]都戴着。

伊朗对拉什迪下了追杀令，他不得不背井离乡东躲西藏，有人在1996年看到这位《撒旦诗篇》的作者在啤酒节这一天戴着一顶蓝白相间的乐堡啤酒圣诞帽出现在哥本哈根的一间酒吧里。他脸上带着微笑，面前摆着一瓶圣诞啤酒，第二天一早便登上了世界各大媒体头条。"我们不确定他的保镖是否还能高兴得起来，"詹斯向我坦陈，"但对我们来说

1　萨尔曼·拉什迪（Salman Rushdie），印度裔英国作家，著有《午夜之子》《撒旦诗篇》等。

太棒了！"

　　我觉得要是这位布克奖得主觉得乐堡啤酒好喝，那乐高男肯定也会喜欢。我对詹斯的真知灼见表示感谢，然后把满身甘草味的丈夫从熟睡中唤醒。

　　"昨晚玩得高兴吗？"我拉开百叶窗，昏暗的天色透了进来，我满心欢喜地问道。

　　他咕哝了一声，既没有肯定也没有否认昨晚下半场玩得是否尽兴，尽管从他十一点钟还睁不开眼睛这一点来判断，场面肯定很大。我无私地表示自己可以去镇上给他买一杯咖啡，只要他能在几个小时之内起床。

　　路上空无一人。整座日德兰半岛似乎正在经历一场集体宿醉，就连面包店的店员也精神不济，而他们早就习惯了每天只睡几个小时。跟我同在一个合唱队的一个女孩是个面包师，过去的一年里我把丹麦油酥点心作为自己的主要研究课题，现在我非常清楚我最爱的 snegles 是怎样出炉的。我了解到，凌晨两点钟这些可怜的人就要起来生火了。

　　我手拿咖啡和油酥点心走到外面，呼吸着冰冷而稀薄的空气，同时还得躲避那些已经开始工作的街道清扫车，它们正在收拾昨夜狂欢后留下的残局。平日里干干净净的街道上到处都是沾满雪花的啤酒瓶、蓝色的圣诞帽和脏兮兮的金箔。听到脚下传来"啪"地一声，我越过大肚子，看到一副碎裂的塑料墨镜躺在黏糊糊的气泡和脏兮兮的泡沫堆中间。

从现在开始，圣诞节便正式拉开了帷幕，所有的商店和本地电台都会不间断地播放《这就是我所说的圣诞节》（*Now That's What I Call Christmas*）专辑。免责声明：我是圣诞节的忠实粉丝，在十一月还没到就开始播放《纽约童话》（*Fairy Tale of New York*）专辑，但是丹麦人对圣诞的热爱让我自叹弗如。我跟乐高男喜欢上了克里斯·雷（Chris Rea）——这位声音粗哑的低音男歌手的《回家过圣诞》（*Driving Home for Christmas*）至少会在三家丹麦电台随时播出。一个特别的星期五，我在开车去超市的路上发现，能接收到的六家丹麦电台有五家都在播放这首歌。这就是我所说的圣诞节……

对许多人来说，蒂沃利公园是圣诞节最好的去处，每年都有数百万人飞到丹麦首都欣赏炫目的灯光，品尝传统造型的椒盐饼干，摸摸特地运到此地的驯鹿。但是在日德兰郊区，气氛却稍显平淡。

"啊，圣诞老人明天要来奥胡斯。"十一月中旬的一天，海伦娜漫不经心地告诉我。

"哦，有意思，他会去哪儿？"我意识到自己作为一个成年人，没有理由对圣诞老人这一套兴致勃勃，但是一年的丹麦生活教会了我放飞自我、做回自己的重要性。所以，我现在已经是一名公开的 AFOC（成年圣诞迷）了。

"呃，"海伦娜继续说，"他以前常从水路来，坐在一艘破旧的小船里沿路分发糖果，但是我们这里曾发生过几起小孩子涌向开放水域结果失足落水的意外事件。那对奥胡斯来说不是一次好的公共事件，而且每年这个时间海水都冰冷刺骨，所以大家认为圣诞老人今年还是应该选择陆路。"就像我之前提到的那样，健康与安全不是丹麦的头等大事。

今年圣诞老人会骑马来，四处分发一些糖果，然后到中心广场去点灯。丹麦人坚持把他们的市政树装扮得像一根根腌黄瓜。世界各地到了圣诞节都会用彩灯巧妙地将参天的市政树装扮得漂漂亮亮，但丹麦人却不会这样做。至少在日德兰，会有人坐着吊车爬到树梢把挂在上面的几串灯泡径直扔到地上，然后在该地区的每个镇上竖起一根条纹状的、造型奇特的阳具形状的中心装饰品。我问了一圈这样做的原因，发现安·萨默斯（Ann Summers）自慰器风格的树木装饰是丹麦的另一项"**传统**"。镇上的树灯被点亮后，所有静止不动的物体都被笼罩在彩灯的光芒之中，丹麦的家家户户也会用亮晶晶的小玩意儿和让人眼花缭乱的小物品来营造气氛。

友善的邻居从哥本哈根回到镇上过周末。一个星期天早上，她出现在我们的门口，抱着满满一捧东西，据我目测应该是园艺垃圾。

"送给你们！"她眉飞色舞地说。

"呃，谢谢！"我试图装作开心的样子。

"我没法在这里过圣诞，所以我去森林里捡了点边角料给你们装饰房间用。"

"哇……"我看到了地衣、某种状似伞菌的东西，还有一些树枝。"谢谢你……"

"你们在英国不弄那个？用大自然的馈赠来做圣诞装饰？"

"呃，那个……"我不知如何告诉她真相，此前我似乎一直把"自然"错当成了约翰·路易斯[1]。"我想英国人更喜欢买现成的。"我告诉她。

"可你们现在来到了丹麦！你们得利用自然。"友善的邻居不肯让步，我只好邀请她进屋喝杯咖啡，她向我透露了一些丹麦装饰的小秘密。"去森林里采集就不错，但只能做私人用途，而且不能超过一袋。当然，你知道丹麦有两种森林吗？"我不知道。"一种归自然事务处所有，还有一种是私人森林。在自然事务处的森林里你可任意采集，而在私有森林里你只能捡拾路边的材料。要是你发现了一根很漂亮的树枝或一块树皮，你可以把它捡起来，但冷杉或云杉除外，因为这两种树只能归森林主人所有。橡子、冷杉球果和山毛榉坚果只能捡地上的，但是蘑菇和地衣你想捡多少就捡多少。"

"那个，呃，你们用蘑菇怎么装饰房间？"我看了一眼正躺在橱桌上朝我眨眼的黏糊糊的蘑菇君。友善的邻居看着我，好像我是个头脑简单的动物似的。再一次。

"当然是放花束里啊！"

"当然……"

1　约翰·路易斯（John Lewis），英国最大的百货商店，在牛津街商业区和购物中心里都有它的分店。

还有真菌，友善的邻居好心地把她的一个"nisser"——一个惊悚的妖精小雕像——借给了我。民间传说 nisser 掌管着农民未来的收成。如果一个家庭让自家的 nisse（单数）开心，并为他供应足量的米粥（以前斯堪的纳维亚半岛的恶魔口味很清淡），那么妖精就会保佑一家人万事如意，就像黑手党的某个小头头。现在大家都认为他们是圣诞老人派来的间谍，会把所有的不轨行为汇报给圣诞老人。但一般来说，他们只是样子很可怕。

"感觉就像是他在盯着你一样。"友善的邻居走了之后，我对乐高男说。不管我把他藏在哪里，这个样子怪异、无声无息、弯腰驼背的小人儿似乎都能直视我的灵魂。

"我知道——有一天不知哪个爱开玩笑的家伙在公司的厕所里放了一个，"乐高男浑身哆嗦着告诉我，"可真吓人。没人能轻松地……你懂的。"

办公室狂欢掀起了新的高潮，因为丹麦人开始准备放假了，更重要的是，开始策划他们的 julefrokost，也就是一年一度的圣诞午餐会，自 20 世纪 40 年代开始便在大多数工作场所流行起来。我的文化融合导师珀内尔·查格尔曾提醒过我，她说丹麦的圣诞午餐可能持续"六个小时，八个小时，甚至十个小时"。

"你要学会自我控制的艺术，这样你就能坚持到最后，而且每样菜都能尝到。"她解释说。显然，这些菜包括腌鲱鱼、猪肉、啤酒和杜松子酒。这听起来就像一则即将投放的抗酸剂广告。"人们会喝大量的烈酒，"珀内尔承认，"大家通常会放下头发，彻底放飞自我，把社会等级和广为接受的社会习俗统统抛在一边。"这对我来说已经不足为奇，我已经见识了丹麦人从"圣诞节"开始在各种场合对酒精"控制下的失控"。

由于丹麦的公司一般不会邀请另一半参加圣诞午餐，我本希望通过乐高男和其他朋友的转述间接地感受一下这种午餐会气氛，所以当我收到邀请以自由作家的身份参加一场圣诞午餐的时候，便激动万分并义不容辞地接受了。

推开老市政厅的大门，映入眼帘的是一间明亮宽敞、金碧辉煌的宴会大厅，里面摆满了桌子，两百多位受邀者情绪高涨。我确信我的派对不会如此盛大，所以我左右徘徊想要找个看起来像是管事的人。音乐响起，灯光调暗，维京人伺机而动，在一张类似某种酒神节摆设的宴会桌上大快朵颐。我觉得自己仿佛置身于巴兹·鲁赫曼[1]的电影之中，当一位熟人对我微笑的时候，我感激涕零。向我发出邀请的那位女士搭救了我，她把我带到一张桌子前坐下，同桌有几个我认识的。看到我的大肚子，他们全都惊呼起来，有人说我看起来就像是"大号的意大利水饺"。丹麦人坦率得可爱。坦白地说，我的圣诞午餐同伴们已经有些醉熏熏的了，他们看到我似乎异常兴奋，不像是点头之交应有的状态。

1　巴兹·鲁赫曼（Baz Luhrmann），澳大利亚导演，代表作有《红磨坊》《了不起的盖茨比》等。

"你……哈哈哈哈哈哈！咱们开始吧！"

正如珀内尔预料的那样，第一道菜是鲱鱼——一大碗各种口味的鲱鱼，从咖喱味到肉桂味。腌渍一条鲱鱼需要大量香料，成品更像是对味觉的冲击，而不是味蕾的享受。鲱鱼通常会搭配全麦面包和一杯杜松子酒。

"为了帮助鲱鱼游泳！"他们一边喝一边告诉我。小巧的玻璃酒杯一次又一次续满，很快他们每吃一口鲱鱼就伴随着一声"Skål!"（干杯）。接着端上来的是一盘肉和鱼，但很难看出是什么肉。我看到同桌的人舀了一勺混杂着小方块的奶油汁淋到了香肠和猪肉上，然后才发现那小块原来是鸡肉。

"鸡肉酱配猪肉？"

"是的，"我右手边的女孩笑着点了点头，"来点吗？"

不可否认的是那道菜十分美味，但就算是一个坚定的肉食主义者也消受不了这么多好吃的。

甜品是 risalamande，一种混合了生奶油和杏仁碎的大米布丁，里面还藏了一整颗杏仁。能吃到整颗杏仁的幸运儿最终会赢得一个小奖品，但是他们要偷偷把战利品藏在嘴巴里越久越好，偷偷地告诉主人杏仁在他们的腮帮子里。这样一来，剩下的人就必须要吃完整桶铺着一层厚厚的樱桃酱的香滑细软、馅料丰富的甜品，直到谜底揭晓。上到第二道菜，我已经撑到要躺下了，但是其他的人好像才刚刚开始。我们隔壁桌兴致勃勃地玩起了 pakkeleg 游戏——就我理解，这是一种进阶版"击鼓传花"游戏，人人手里都拿着一个包装精美的小礼物，然后轮番掷骰子，好为自己赢得偷取别人礼物的机会，最大限度地为自己囤积礼物。

宾客们觥筹交错、脸色潮红，嘴唇被博若莱红酒染得黑漆漆的，精力旺盛地四处游走。几双不老实的手似乎放在了不该放的地方——尤其是那些他们很有可能在星期一早上寒冷阴暗的天气中要面对的同事的大腿和屁股上。咖啡端上来的时候，几对夫妻像年轻人一样互相亲吻起来，有的抵着墙壁，有的则原地不动地坐在原来的椅子上。

"那么，接下来该干吗了？"我问邻座的女孩。

"你说他们？"她看着一对舌吻的夫妇。"我想他们该做爱了。楼上就有客房。"她指了指我们头顶。

"哦，不，"我对她的坦率表示感谢，但还是解释道，"我的意思是这群人打算怎么度过今晚剩下的时间……"

"哦，这个啊。我们可能还会跳舞，接下来的事谁知道呢。"

这时候，身怀六甲的布鲁斯·帕里的开拓进取精神弃我而去，我跟同桌的朋友道过别，然后打算偷偷溜掉。但也不太顺利。以我目前的身型，个人空间遭到严重挤压，出去的时候不得不擦着几对夫妇而过。考虑到自己婚姻幸福、头脑清醒且有孕在身，为了可以从这场纵欲无度的年度盛宴上全身而退，在等待取走大衣的时候（就是乐高男的那件超大的派克大衣），我便跟身边一个五十岁上下的男人讲了几个笑话。我正准备穿好大衣走人，他突然开口向我求欢。

"什么？"我语无伦次地回答，然后指着我的大肚子，"没开玩笑？"

他给了我一个"只是试下无伤大雅"的表情，然后说道："你知道人们怎么说——'怀孕了就不怕搞大肚子'！"

我断然拒绝了他，从多位正在与人亲热的中层管理者身边挤了过去，勉强穿过楼梯间，然后喘了口气，径直把车子开回了家。

*

第二天，我们跟维京人、海伦娜和几位丹麦朋友一起用早午餐，并举行了一场"圣诞午餐恐怖故事大会"，大家纷纷祭出了自己当众出糗的重磅炸弹。

"很多人约炮，"海伦娜承认，"不管你已婚与否。"

另外一个女孩告诉我，几年前她曾在一个圣诞派对上有过一夜情，结果几天后却被影印机出卖而异常尴尬的经历。第三个人告诉我们，他和他的团队是如何被迫跟着韩流明星鸟叔的大热单曲《江南 style》学跳舞，然后表演给高级管理人员看。

"感觉怪怪的。"他承认，看上去仍有点心有余悸。"然后，我们一起看了点色情片。"他漫不经心地说道，然后喝了一口圣诞酒。

"你说什么？"

"什么？"他抬起头，"跳舞的事儿？"

"不是！"整桌人齐声喊道。

"色情片！"我的声音稍微有点大，吸引了邻桌的目光。"不好意思。"我小声说道。

"哦，"他说，"那个啊。呃……"他放下啤酒，平静地开口说道："舞蹈老师离开之后，财务总监终于不再把我当马骑，然后我们下午四点钟在宾馆会议室里用投影仪看了部电影。一个男人出现在了屏幕上，长得很像我们组的詹斯——"

乐高男对我使了个眼色，好像在说"看到了吧，我告诉过你很多丹麦人都叫詹斯"。我也回应了他一个眼神："现在别说这个——我们要听一个关于在一场办公室圣诞派对上看色情片的故事。这比拉斯-梅特-詹斯门更重要。"心灵感应真是件好事。

"不管怎样，我们都看了那个长得像詹斯的家伙，心想，'这可真怪'，"维京人的朋友继续说道，"然后电影里那个家伙突然开始脱衣服。他脱得一件也不剩，然后开始跟一个人做爱。坐在我旁边那位真正的詹斯笑了出来，说道：'你们没认出我来吗？'那个人不是长得像詹斯，而正是詹斯本人。他在做会计工作之前是拍色情片的。他觉得这件事很有意思，但是从此以后我就没有办法直视他了……"

大家一阵沉默。事实证明，没有比集体观看同事性交的故事再精彩的了。

到了乐高男的圣诞午餐会时，他对即将到来的夜晚似乎有些提心吊胆。当他毫发无伤地回到家里时，我松了一口气。

"那么，怎么样？有没有色情片？乱交？鲱鱼打架？"

"跟色情一点儿都不沾边。"听上去有点儿像是被骗了。"我跟一群正常的家伙在一起工作。我们开始就进行了《壮志凌云》问答——"

"——什么？为什么？关这个国家和汤姆·克鲁斯什么事？"

"——自然是我赢了。"他继续说。

全是他拿手的问题？圣诞节对乐高男来说来得有点早。

"然后我们唱了一支关于沃尔沃的歌。"他漫不经心地加了一句，然后把包扔在床上走进了浴室，把电动牙刷塞到了嘴巴里。

"对不起，"我放下手头的书，跟着他进了浴室，"我觉得你好像刚刚告诉我，你跟你那些精力充沛的同事们整晚都在唱关于瑞典家庭轿车的歌……？"

"对啊，"他说，"但不只是所有的沃尔沃轿车，"电动牙刷急速旋转，他不得不提高了声音，"沃尔沃 B18-210。"他含着满嘴泡沫告诉我。"还有一张歌单呢，想看吗？"

他走回卧室，从包里翻出一份装订好的纸质小册子，薄荷味的泡沫滴得地板上到处都是。他竟然为我留着，他知道这东西会让我多高兴，我爱死他了。

"哇！"我一边睁大双眼欢呼，一边翻看着那本小册子，发现他们还唱了凯特·史蒂文斯（Cat Stevens）的《狂野世界》（*Wild World*）和爱司基地（Ace of Base）的经典曲目《她要的一切》（*All That She Wants*）。"为什么，"我问，"你们会唱沃尔沃的歌儿？"

"显然是——"

"——传统？"

"正是。别人都知道歌词，"他朝着歌单点了点头，"那是一支丹麦语歌，但拉斯帮我解决了歌词的难题——歌词的意思差不多就是'柚木内饰'，还有'一个很棒的底盘'，还有'从现在开始我们要在一起直到永远……我爱沃尔沃'。"

"多欢乐啊……"我惊奇地摇了摇头。每当我认为自己已经了解这个国家的时候，它都会抛给我一枚深水炸弹。

"是啊。"乐高男把泡沫吐到了浴室水槽里，然后把头伸到水龙头下面去漱口。"之后我就有点不记得了……我可能得去躺一会儿了……"

开这么多派对，人们很容易忽视圣诞的真正意义：做一顿平时没人吃的大餐，跟一年没见面的朋友们一起待上一天。丹麦有句老话："客人就像鱼——三天就发臭。"不过，我们已经敲定要在圣诞期间招待客人整整七天。我很喜欢我的公婆，他们都很可爱。但是我已经有九个月的身孕，一周的时间还是让我有点吃不消。至少，我告诉自己，奥胡斯到时会有很多活动，因为丹麦人对圣诞节及一切节日都非常疯狂。

"哦蚱蜢，你还是嫩了点儿！"当我告诉美国母亲我的打算时，她摇了摇头。"在圣诞节之前当然会有不少派对，但是在圣诞周大家什么都不会做，只是跟自己的家人待在一起。"

这真让我窝火。接着我想到了一个绝妙的主意：或许我们可以组织一些家庭一起举行家庭联欢！

"所以，呃，"我问，"圣诞节你跟孩子们打算做什么？"

美国母亲给了我一个"废话"的表情："我们当然回美国啊！"

"哦，那好吧。一路顺风。"

"谢谢！祝你好运！"

美国母亲丝毫没有夸张。在日德兰，圣诞节的那一周一切都停摆。我的意思是**一切**。我查看社区网站的年历，想看看是否有一些无聊的活动或事件，但只看到一排空白的方框。我滚动着鼠标，空白，空白，然后我眼前一亮，在日历上发现了一颗星星。

"快看，小狗，有活动！"我迫不及待地点击了一下闪闪发亮的一天，结果却发现日德兰下一周唯一的活动就是我自己的唱诗班的圣诞音乐会。我早已计划好参加这次活动，用陌生的语言唱歌并试图引导我心中的福音天后，尽管我没有喝醉，而且更关键的是我是个腼腆的英国人。"太好了，小狗，我们有一场下午的娱乐活动。"小狗咆哮着。"是的，我指的是广义的'娱乐活动'。"这样一来就只剩六天需要安排了。夏天斯迪克斯维尔海滨"开放"时有几位朋友前来小住了四天，这是目前为止我们接待过的留宿最久的客人，三天过后我们还在努力地招待他们。

"丹麦人不会介意一个星期无所事事只是跟家人待在一起的生活吗？"我在圣诞节前最后一次排练的两首歌间隙问海伦娜。她语调低沉地向我承认，是的，她认为自己的亲戚有点多，但同时也表示大多数丹麦人喜欢这样。

"他们曾在 1998 年做过一个调查，结果显示在圣诞期间跟家人待在一起对于 78% 的丹麦人来说非常重要。"她告诉我，好像这就是证明。我指出 1998 年的时候没有智能手机，没有 iPad，也没有 Netflix[1]。"他们只能跟家人外出或看看《老友记》(*Friends*)……"

"这倒是真的，"她承认，"或许这就是他们自此以后再也没做过调查的原因。好吧，祝你好运！"

上帝啊，怎么人人都祝我好运？

"谢谢，"我告诉她，"听起来我似乎是需要一点运气……"

唱诗班演唱会进行得非常顺利。我把歌词用拼音标注之后贴在我前面的一位女高音身上了。最后唱诗班的女老师对

1　Netflix，成立于 1997 年，是一家为世界多国提供网络视频点播的公司，总部位于美国加利弗尼亚州。

我的丹麦语表示祝贺（"作为外国人，很不错"）；还有我的公婆，他们完全没有发现贴在我的合唱团友背后的那张字迹潦草的纸片。

"谢谢。"我优雅地点了点头。海伦娜极力抑制住自己没有笑出声来，并承诺会"永远"为我保守秘密。

后来，我们一起分享 æbleskiver，一种香气四溢的传统圆煎饼，配着果酱，上面还撒了一层糖霜。我们不停地拥抱，祝福彼此"God Jul"——圣诞快乐——然后才依依作别。我摇摇摆摆地回到车子前，现在我钻进去要费很大劲儿（为了搁下我的肚子，驾驶座向后挪动了很多，这样一来我的脚只能刚好踩到踏板），然后驶向家里，面对着一片空白的六天。

我们决定要过一个地道的丹麦圣诞，所以我征求了所有我认识的丹麦人的意见，制定了一份非常简单的圣诞烹饪方案。菜单上有：西梅炖鸭、焦糖土豆、水煮土豆（因为丹麦人总是吃不够土豆）、红球甘蓝以及大米布丁。海伦娜表示一旦发生意外自己会随时待命，于是圣诞节就这样开始了。丹麦人会在平安夜吃烤肉大餐进行庆祝，所以我的 12 月 24 日活动如下：

早上 7 点：起床，打算悄悄地把小狗放出来以免吵到客人。失败，只好给他们泡了茶。

上午 9 点：开始给土豆削皮。盯着占据了大半个冰箱的鸭子。丢给小狗一根骨头，打算让它停止对着鸭子狂吠。处理内脏。有点恶心。

上午 11 点：做大米布丁，等它冷却后放到冰箱里冷冻。试着甩掉餐后油酥点心像是呕吐物的念头，并忘记学校午餐的惨痛经历，以及"凝固"这个词。手持式搅拌器打生奶油。把奶油甩到了墙上，洒到了地上，溅到了小狗身上。顶着大雪把小狗牵到外面处理干净。为做樱桃酱融化更多的糖。漂白杏仁并切碎，然后搅拌加了更多砂糖和奶油的疙疙瘩瘩的面糊。

下午 1 点：简单吃了一点全麦面包配腌鲱鱼。整栋房子都是奶油、融化了的砂糖、鱼和胀气的味道。

下午 2 点：为一家英国报纸写完一篇专题报道，在英国平安夜也是法定工作日。查看邮件，发现一家公关公司给我发来一封邮件邀请我参加"节日恢复一日工作坊"，另外一封标题是"圣诞压力应对技巧"。我真想看看他们到底懂多少……

下午 4:30：煮土豆。把鸭子放入烤箱。跟六只平底锅和一支塞满烤盘的反复无常的烤箱作斗争，身穿一件撑得过大的 T 恤和短裤汗流浃背，尽管外面冰天雪地。

丹麦房子的保暖性太好了。

下午 5 点：去本地教堂体验"传统"圣诞祷告。只是时间太长了，全程丹麦语，我的烤箱里还有只鸭子。我意识到自己没有充分考虑到这一点。我盯着手表，身边一些上了年纪的老人穿着貂皮大衣开始打瞌睡并轻轻地打起了鼾。坐在我前面那一排的小孩子转过身来转动眼珠，做了个上吊的动作以示无聊。他完全不明白牧师在喋喋不休个什么劲儿……

晚上 7 点：吃力地走到家。试着摘掉鸭子身上的肥肉。用奶油、肥肉和玉米淀粉做布朗酱。想知道之前是否放了足够的奶油、黄油和砂糖。我认为没有。在煎锅里融化了更多的糖和黄油，一边做鬼脸一边把一半的土豆丢进去滚，直到它们的样子就像小颗的焦糖苹果。

下午 8 点：打开超市买来的罐装红球甘蓝（盖子上用丹麦语写着"rød kål"，听起来有点像"路毙动物"），倒在一个锈迹斑斑的盘子里并把瓶子扔到垃圾桶里。把甘蓝捣烂装作是自己做的。把杯盘碗盏摆上桌，让乐高男切肉，失败。忘记买圣诞咸饼干，从沙发后面翻出几包，希望还能吃。饼干没有风干"爆裂"，但里面却夹着几个让人捧腹的丹麦笑话："要是你打算做什么事，就要把它做好，反正麻烦事都一样多"以及"懂得倾听的人总是坐在那里想别的事情"。哦，我们捧腹大笑！

晚上9点："唱歌跳舞"开始。没人受伤，但是小狗浑身湿透了。

让我来解释一下。我的"丹麦节日咨询委员会"向我保证说，要想过一个真正的丹麦圣诞节，我们必须用丹麦国旗的颜色——红色和白色——以及惯常的"自然元素"、圣诞彩灯和真正的蜡烛，把那棵野生的丹麦冷杉树装点一下。

"然后，圣诞晚餐结束后，"海伦娜说，"你们就一起绕着圣诞树跳舞唱歌。"

"天哪，"我打断了她的话，"真正的蜡烛？放到一棵干枯的树上？在一间全是木头的北欧房子里？"

"是的。"

"有小孩子在的时候，你们也那么做吗？"

"我们尤其喜欢在有孩子的场合那么干。孩子们很喜欢！"

"兴奋的孩子和明火？万一发生意外怎么办？"

"是的，我明白你的意思。"海伦娜说，"我以为人人都这么做，直到有一年我们有一位澳大利亚的朋友过来，他指出了火灾隐患。"

"相当危险。"

"但我们的安全措施很到位。"

"怎么做？"

"呃，"她说，"我们准备了一大桶水，一旦发生意外我们就能浇到树上。"天哪！

"你们还把圣诞彩灯跟蜡烛放在一起？不会被电线绊倒吗？"

她看我的眼神好像我是个心智不全的低能儿一样。"我们就……直接踩上去……"

"好吧，但是你们怎么围着树绕圈？"我解释说我们一般会把圣诞树放到角落里，"这样一来只需装饰一面就可以了。"

她给了我一个嫌弃的表情："我们会把四下全都装饰起来，然后把圣诞树拉到屋子中间，放到一张垫子上好唱歌跳舞。"

"好吧。"我也可以，我心想，能有多难？"你们一般会唱什么？"

"有几首大家耳熟能详的丹麦歌，我可以把歌词给你。"她继续说道，"我叔叔总是会唱《冬日仙境》（*Winter Wonderland*）前两句。"

"只是前两句？"

"是啊，剩下的他就不会了。"

"哦。"

"他可以学，我们每年都这样告诉他，但是到现在为止都是白费力气。"她摇了摇头，好像在很会唱歌的叔叔们当中，他非常令人失望。"总之，你跟你的家人应该随心所欲地唱歌，然后手拉手绕着圣诞树跳舞。太简单了！"

但剧情的走向出乎了她的意料。我们那棵硕大、茂密的冷杉在圣诞彩灯和真正的蜡烛的映衬下显得特别可爱。但是我们只有四个人，伸出胳膊绕着圣诞树拉手是一种挑战。烛火挨着百叶窗、沙发和乐高男的腈纶圣诞外套，我们的客人两次踩到了圣诞彩灯的电线上。事实证明，我们都不太擅长节日歌曲，当他们第三次被绊倒的时候，我们躺倒在沙发里，歇斯底里地大笑，释放着禁锢已久的节日压力。在这兴高采烈的瞬间，小狗从前门的哨所岗位跑过来打断了我们，想要看看我们的骚乱到底是怎么一回事。它从圣诞树慢慢地跑向我，然后到了乐高男跟前，检查我们是否全都安然无恙，然后发现了那只不祥的黑色水桶，那是我们为了预防意外而准备的。这只桶，它认为，是全新的。这只桶，它怀疑，是极其危险的。它纵身一跃，猛扑向这个陌生的对象，把前爪搭在桶边好看个究竟……结果水洒了它一身，木质地板和那块专门为圣诞节而购买的"圣诞树地垫"也跟着遭了殃。我手拿拖把结束了我的第一个丹麦圣诞节。

然后……大家全都平静下来。商店全都关门了，就像大家之前告诉我们的那样，路上一个人也没有。原来丹麦人真的会跟家人一起留在家里。整整一周。所以我们也一样。我们看书，在屋子周围闲逛，喝茶，坐在温暖的沙发上看外面的雪花。雪停之后，我们出去散步。世界安静又洁白，我得承认，真的很迷人。

被迫隐居的我们谈天说地，话题从最爱的电影到外交政策无所不包。我发现要是放任我公公不管，他**两天**就能吃完一罐蜂蜜，而且有一次他在纽卡斯尔的都会中心亲手建造了一个小木屋，并在里面静坐了十二个小时，以表对国际特赦组织的政治犯的抗议。我发现我的婆婆曾自己造了一个溜冰场，有一年她趁着霜冻的时候在停车场里浇了很多水。在这七天里（**七天！**），我对公婆的了解比我跟乐高男在一起的几年都要多，这就像是一个亲情训练营。难怪丹麦家庭如此亲密——他们在圣诞节期间根本没有什么选择。

情况还算不错，比我之前担心的要好得多。但是一周结束之后，当房子里只剩下我们两人的时候，我还是很开心。斯迪克斯维尔仍旧冷冷清清，我们只好窝在家里。我把能看到的东西都擦洗了一遍，乐高男单枪匹马地组装好了一张宜家婴儿床，充分展示了他的维京力量。我们在客房挂起了一张丹麦字母表，还有三个额外的字母，以及几个可疑的花体字。我的书桌被搬到走廊，取而代之的是各式各样的婴儿用品。

12月31日，整个国家终于从积雪和冬眠中苏醒过来。丹麦的跨年仪式从下午六点女王发表演讲开始——这一传统始于1942年德国占领丹麦时期，当时的国王发表了一篇跨年演说号召全国上下团结一致。我们在维京人的房子里庆祝过去的一年，同时迎接即将到来的新年，他掌勺而我为他打下手。他向我详细讲解了几条丹麦风俗，我搅拌着一大锅可疑的绿色糊状物，他向我保证说那是一道"传统炖蔬菜汤"。他告诉我说，这是跨年夜专门用来配土豆（当然）和熏猪里脊的——是的，丹麦人在圣诞节期间尝试了一下鸭肉后又坚定地回到了猪肉的怀抱。

伴着女王的演讲，我们天南海北地聊着，不时搅拌一下食材，或是摇动烧焗盘。我告诉他，丹麦人对女王的热爱让我惊讶，维京人曾说过自己是女王的头号粉丝。

"虽然大多数丹麦人认为自己并非君主主义者，但玛格丽特的支持率却高得惊人。"他告诉我。实际上，丹麦君主是欧洲最受欢迎的君主，丹麦《政治家》报发布的一项民意调查显示，77% 的丹麦人对他们的君主十分满意。

"我们认为不是所有的皇室成员都很伟大，"维京人澄清道，"我们只爱我们的君主。"我问他原因何在，他说："丹麦是个很小的国家，大部分人都见过女王本人，甚至在某个场合遇到过她。她是位和善的普通女人。她身上的味道很糟，但人很可爱。"

"什么？"

"——烟味，我的意思是。她的烟瘾很大——但是我们并不介意。这让她的身上有了瑕疵，跟我们普通人一样。"这话不假。莉斯[1]：要是你感觉明年会是多事之秋，试着点

1　莉斯，英国伊丽莎白女王名字的昵称。

根烟。

在今年的新年演讲中，我能听懂的部分就是，玛格丽特告诉大家要继续保持宽容，同时也要试着对彼此更加和善。

"我没理解错吧？"我对自己拙劣的翻译技巧丝毫没有信心，九个月身孕导致的肥胖手指也没法像过去一样飞速地打开谷歌翻译软件。

"基本无误。"维京人告诉我。"玛格丽特，"我喜欢他坚持叫女王的教名，就好像她是位世交似的，"玛格丽特只是告诉大家我们做得很好，但我们还可以再努力一些。"

接下来的五十分钟，几位专家讨论了她这次演讲背后隐藏的意义，最后得出结论是：她的演讲核心为"保持谦和"。这非常文明。但我发现其他丹麦跨年夜传统就不那么文明了。

"我们曾炸掉彼此的信箱，并在午夜时分在朋友家的门上打碎瓷碟来迎接新年。"维京人告诉我。乐高男刚买了一个新的北欧设计师邮筒，这把他吓坏了。"但现在没多少人这么干了，"维京人请他放心，"尽管盘子的事挺丢脸的，"他若有所思地补充说道，"但第二天一早你可以根据门前的碎碟子数量来判断自己究竟有多受欢迎。"他怀念地叹了一口气。

现在，他向我们保证，大多数的庆祝仪式仅限于"午夜时分从沙发上跳下来，然后跑到外面去看烟花，然后观看一部一个男仆给老妇人端去食物的黑白电影"。沙发的部分象征着进入新的一年。烟花只是为了好玩。那老妇人呢？

"是啊，没人知道我们为什么要看老妇人的电影。但这是传统。"

"当然。"

*

所有宾客到齐之后，我们便开动了，我接受了炖蔬菜汤。我们跟着维京人的手表开始倒数（用丹麦语），不去理会从其他公寓传来的呐喊声和庆祝声，他们的计时器根本就不准。

"Ti! Ni! Otte! Syv! Seks! Fem! Fire! Tre! To..."我们唱起了圣歌，然后齐声喊道："Godt Nytår（新年快乐）！"

我们互相拥抱、亲吻、干杯，接着跳沙发活动便开始了。鉴于我已经成了一个行动不便的大胖子，于是摄影的任务自然就落在了我头上——其余人全都爬上了维京人的沙发。数到三的时候，大家一齐跳了下来。

"啊啊啊啊啊啊啊啊！"

他们跳下来的时候发出一阵令人毛骨悚然的咆哮，我按下快门捕捉到了我们一年丹麦生活的尾声。维京人在半空中高举胳膊大喊了一声，其他人看起来也都激动不已，胳膊交缠在一起。我开心地发现乐高男在跳入新一年的时候脸上挂着纯真的笑容。他看起来非常幸福，而且放松，自信又帅气。

瞬间定格成永恒——由一系列 1 和 0 编码而成的数码照片记录下了脚丫落到光滑的松木地板之前的刹那，之后便是碎片满地、屁股淤青，一个女孩还弄伤了脚踝，但也许直到第二天一早酒醒之后她才能发现。

我欣赏着照片，主人拿出了膏药、止痛片和更多的杜松子酒来治疗宾客们的伤情。

明年再也不能这么欢乐了，我忍不住去想。明年开始我们将是三口之家，谁知道那时候我们会在哪儿呢。但是眼下，这感觉真不赖。

处理好跳沙发受的伤之后，我们走下了维京人那栋红砖公寓的楼梯来到大街上，加入了奥胡斯的其他居民。几位纵酒狂欢者戴着滑稽的帽子，我了解到这是丹麦的另外一项新年"传统"。环顾四周，我看到一个小精灵，一顶披萨帽，甚至一顶红肠帽。哇，我不禁心生感叹，丹麦人到底有多爱垃圾食品，他们还以此为主题制作了帽子……还有很多人戴着喜剧用的塑料眼镜，从埃德娜·埃弗烈治夫人[1]到早年的艾尔顿·约翰[2]甚至物理老师风格的护目镜不一而足。

"搞笑眼镜也是丹麦的跨年夜传统吗？"我问维京人。

---

1 埃德娜·埃弗烈治夫人（Dame Edna Everage），澳大利亚喜剧演员巴瑞·哈姆弗莱斯创造的一个角色，紫色的头发和猫眼眼镜是她的标志性特征。
2 艾尔顿·约翰（Elton John），英国著名流行音乐创作歌手。

"不是——那是为了在看烟花的时候保护我们的眼睛。"哦。

"咱们要不要戴？"我有点担心，但维京人只是用鼻子"哼"了一声，好像我杞人忧天一样。从小到大我每年都要接受画面惨烈的公共安全宣传，了解点燃的"火箭"坠落的危险，所以当我在奥胡斯主街上欣赏自制的烟花秀时心里不免有些战战兢兢。我发现许多十来岁的青少年甚至更小的孩子在燃放烟花，这让我心惊胆战。

"那么做合法吗？"我忍不住问。

维京人告诉我，尽管丹麦的孩子要年满十八岁才能购买那种"大型烟花"（比如火药超过一定重量的那种），但"小型"烟花却不受限制，而且他们很小就开始这样做。"我第一次亲手燃放火箭烟花的时候还不到十岁。"维京人漫不经心地告诉我。这时一个烟花以正确的角度（在这种情况下，其实是错误的角度）从我们身边呼啸而过。罗马焰火筒在左边劈啪作响，向右侧喷出白色的火舌，一棵绿色的杨柳在天空中舒展，漫天的残骸一直撒到面包店那边。几颗质量低劣的烟花恣意绽放，一道金色的瀑布从天而降，卡在玩具店上方的雨水槽里，在我们头顶上方二十公尺的地方肆意喷溅。火花向上弹起，然后飞速溅落，点亮了整个夜晚，映出了喷泉中的羞羞马和大胸猫的影子。

啊，丹麦，我越来越爱你，我一边想一边拿乐高男当人肉盾牌。

回到屋里，我们吃了甜品——一道传统的杏仁糖圆饼——配着香槟，大家一起为新年举杯。

"干杯!"

几个小时之后我们离开了维京人的家，天空飘起了粉状的雪花。我们路过几栋点着蜡烛的房子，呼吸着混合了火药味和从家家户户的窗口飘出的 gløgg（丹麦热葡萄酒）味道的空气。我感到无比喜悦——这种喜悦，前所未有。

*

新年第一天，我们没有宿醉，让我算一算，这可是二十年来破天荒第一次（亲爱的肝脏，对不起，我以后会表现更好，只要你让我活着……）。我们打开电视收看首相的新年致辞，赫勒·索宁-施密特对女王的观点表示赞同，并提醒我们一月份是个良好的开端。我很清楚新的一年我们的家将发生翻天覆地的变化，我肚子里的小柔道选手正在炫耀他（80% 的可能性）的全套动作。我们上了床，乐高男一下子就睡着了，但我有些辗转反侧。我不能仰着睡，因为我肚子里的小家伙会捣碎我的内脏。趴着睡更不行，因为我现在看起来就像个偷垫子的。所以我只好侧躺着，又不知道胳膊往哪儿放。我试遍了各种姿势，从迈克尔·杰克逊的《颤栗》（*Thriller*）到用力向前伸展，像极了我八岁时买的那个毛绒绒的无尾熊铅笔套。但是全都没有用。我只好起床在房间里踱了一会儿步。

月朗星辉，天空澄澈。星罗棋布、璨若星河的夜空中，大片的星光同更加闪亮硕大的月亮竞相争辉。目力所及不见一丝人造光，天空看上去更加辽阔高远。我望着天空，好像看到了一颗流星，但也可能是我看走了眼，我的助产士曾警告过我这是怀孕带来的一种令人幸福的副作用（有没有人静脉曲张？）。我不再抬头看夜空，却发现自己的视线仍然有些模糊。什么东西都成双成对，包括圣诞树，这非常好玩；还有一大堆待清洗的盘子（不好玩）。我有点头晕，接着整个身体开始起伏抖动。感觉像是打了个趔趄，一时间身体里的一切都想要逃离出来。很痛，非常痛。但是接下来又恢复了平静。真奇怪，我心想，然后打算到冰箱里去找点吃的。要是不舒服，吃块点心就好。但是接着这种感觉卷土重来，一次又一次。我漫不经心地瞥了一眼厨房墙上的时钟，看着秒针转了几圈，最后确定无疑。糟糕，我心想。然后：这是真的。

我扶着墙壁，慢慢走到卧室把情况告诉了乐高男，让他知道我们的圣诞愿望实现了——只是稍微提前了点儿。

本月知识点：

01.

丹麦人是甘草、克里斯·雷、《壮志凌云》和杜松子酒的狂热粉丝。

02.

连萨尔曼·拉什迪也体验到了丹麦生活的乐趣。

03.

苔藓和蘑菇可以用来对抗圣诞消费主义。

04.

被动的家庭时光不失为一件好事。

05.

不论何时，唱歌在丹麦总是一件好事。

06.

人生无常，世事难料。

丹麦制造

经历了十八个小时的阵痛，我飚了许多脏话干掉了几块油酥点心，一个黏糊糊的扭来扭去的小家伙被放到了我的胸前，让我倾听心跳，然后又被带走去接受特殊护理。我时而昏迷时而清醒，过了好一阵子（几分钟？几个小时？几天？），终于有人用轮椅把我推到一个小小的塑料保温箱跟前，看起来就像是宜家的储物盒。

"你儿子。"一位护士告诉我。

从这个角度，我只能看到一张皱巴巴的小脸，上面插了几根管子，头上还戴着一顶硕大的毛线帽。一盏保温灯悬在头顶，他全身赤裸，只戴着一顶帽子，穿着纸尿裤。我感到嘴里有点发咸，发现自己竟然在哭。

"他还好吗？"

"他很快就会好起来。"护士告诉我。这时一位医生开始把管子移开，对他进行全身检查。"他明天就能回到你的病房。"一股轻松感将我的忧伤冲淡。

"这么说他没什么事？"

"他好着呢。"医生告诉我，他用夸张的手势掀掉了那顶毛线帽，一头红发露了出来。"他是个维京人！"

这真是太不可思议了。我和乐高男的家族都没有红头发的，我飞速地开始回想自己是否嘲笑过红头发的人。（好像是高中的时候嘲笑过凯蒂·布鲁金，我记不大清了，要是我真的这样做过，那么很对不起。）世界上只有 1% 的人生来就是红头发，我儿子现在也是其中的一员了。这种极为罕见的现象，使他自降生以后便吸引了大批人前来参观，因为丹麦出生的婴儿大多是金发或光头。乐高男一直在产后护理病房和新生儿病房之间奔波，确认我们都还活着，对医院里提供的糖浆似的咖啡严重依赖。他感到十分震惊。护士、医生和助产士们全都上前祝贺他生了一个"真正的维京"儿子。

当我把软弱无力的小家伙抱在怀里的时候，心中涌动起一股复杂的爱意，我再也不愿放开手。我们在医院住了整整一个星期，待我完全恢复之后才能回家，不过还是有不少人从四面八方前来参观（至少是从医院的另外一头）传说中的维京孩子。他们带来了葡萄、柔软的乳垫和针织品，包括助产士在我生孩子的时候编织的一顶帽子。是的，没错：我的产程很长，助产士竟然有时间做手工。可能羊毛都是现剪的。

为了给新降生的小家伙取名字，我们费尽了心思。我们写在名单上的男孩乳名现在看来都不够强大，跟这个小泰坦不相配。所以我们就亲切地称他为"小红毛"。

"不叫芒克或阿努斯?"乐高男向我确认。

"不。"我态度坚决地告诉他。

我生下孩子之后得到了一个机会,可以在附近的"斯托尔克酒店"住上一周。这是为了帮助新手父母们完成从"妈的,我们有了个孩子!"向"妈的,我们要把一个孩子带回家!"的转变。这里的护士随时待命,教新手父母如何照料神奇地从你肚子里蹦出来的哭哭啼啼的粉红色的小家伙。

"英国国家医疗服务体系可不提供这种服务。"乐高男翻看着宣传册说道。这家宾馆就在医院隔壁,配套齐全,每天仅需三百丹麦克朗。我承认这很有吸引力,但是我已经离家一个星期,还有一只小狗在犬类度假村(狗舍)翘首以待,我们还是决定直接回家。我们心里都没底,感觉自己还没有成熟到足以应付这一切,也很疑惑医院的工作人员究竟怎样想的,竟允许我们抚养一个活生生的人。(我:"我连盆栽都养不好!"乐高男:"咱们养盆栽了?")

但我们还是这样做了。我们回家了。

*

回到斯迪克斯维尔,友善的邻居立刻过来看望我们,她一周前就收到了乐高男群发的"我们做父母了!"短信。她在我们房子外面放了一只木制鹳鸟——这是丹麦的一项传统，目的是让所有人都知道镇上降生了一个新的婴儿。女邮递员和送赠阅报纸的送报员们看到鹳鸟就会放轻脚步。她还送给我们一个纱布护理包，上面贴了一张纸条写着："我听说婴儿经常吐奶 ☺。"

我非常感动。胡须先生们自从进入冬日后便进入了冬眠，再也没有前来确认过我们的存在，但他们也在我们的信箱里放了一个拖拉机图案的针织围嘴。合唱团的女友们寄了一个玩具大象和一张所有人签名的卡片。美国母亲则给我们送来了满满两大碗家常菜，放在冰箱里冻了起来。海伦娜和维京人带来了蛋糕和一套非常酷的丹麦设计师儿童餐具。我泪如泉涌。至少我那经常湿润的眼眶中涌出了更多的泪水。我有了一个孩子，"女人洞"四周也多了几道"刺绣"，我还有点情绪失控，尽管这可能只是因为缺觉。我的四肢因为疲惫而瑟瑟发抖，但我还是每个小时起来十几次望着我的儿子，并告诉他我有多爱他，然后戳醒乐高男说："看看我们的杰作！"

尽管满心疲惫，但我还是充满活力。好像我是个新手（尽管其实正是这样），好像一切都变得重要起来。世界似乎充满了意义，我的儿子就像一张白纸——从没吃过垃圾食品，没有看过杰里米·凯尔的节目，也没有对任何事情感到失望。

"抚养孩子就像是把心悬在身体外。"美国母亲告诉我。她说得一点儿也没错。我想要保护他，为他准备好一切。有这样一个小人儿在身边，我下定决心要努力让世界变得更好。从这一点来看，丹麦是个明智的选择。这里有世界闻名的工作-生活平衡艺术，注重儿童成长和教育，而且在性别平等上进步明显——丹麦是我们目前的最佳选择。

两周的产假过后，乐高男回到工作岗位去处理一些小问题，然后便会休十周长假照顾我们的孩子。他在丹麦最赚钱的公司拥有一份体面的工作，但是作为父亲，他可以享受带薪休假来照顾他的孩子，丹麦人认为这一点非常重要而且鼓励男性这样做。乐高男学会了如何给宝宝洗澡哄宝宝睡觉，也体会到了星期二凌晨两点快要疯掉的滋味，那时你只想睡上一个小时的整觉或许再洗个澡。他明白了二十四小时照顾一个婴儿是一件多么有意义的事情，但是这件事也相当难。他知道有些时候你只想有人回到家里的时候对他说"干得不错，给你一块油酥点心"。

过一阵子，"小红毛"就可以跟其他三岁以下的孩子一起开始托儿所或日托生活，他可以在那里玩耍、创造和学习，75% 的费用由政府负担。这就意味着我跟乐高男可以继续我们各自的事业，这要比有些国家轻松得多，在那里育儿相当于破产。

美国心理学家亚伯拉罕·马斯洛（Abraham Maslow）将人类的需求分为五个层次，只有当低层次的需求得到满足，才能产生更高层次的需求，最终达到"自我实现"的目标。这些需求中最基本的是"生理需求"（基本需求：食物、水、睡眠等），然后是"安全需求"（人身安全、健康保障和工作保障）。只有在这些需求得到满足之后，才能向第三层次的"归属需求"（友情和性亲密）迈进，然后是第四层次"尊重需求"（信心和尊重），以及最终的"自我实现需求"（道德、创造力和解决问题的能力）。

丹麦人的生理需求和安全需求由政府全权负责，这就让他们可以轻而易举地追求更高层次的需求。他们在学校里跟同样的人可以做十年的同学，足以发展出深厚的友谊，而且他们见多识广，社会鼓励他们在性方面进行探索。学校教育的重点是创造力，着力培养未来的工作能力，许多丹麦人可以直达金字塔顶。相比之下，一些发达国家还在第二层次的"安全需求"苦苦挣扎——没有医疗保障也没有职业保障（你好啊，美国）。

从这个角度来看，无怪乎丹麦人会如此幸福了。他们的生活品质非常高。是的，这里样样都贵，但这是丹麦——一切都物有所值。我不介意花更多的钱去购买一杯咖啡，因为我知道这意味着为我服务的人不会恨我，或者过得不差。人人都能挣得一份体面的薪水，人人都能得到精心关照，而且人人都交税，我也一样。要是我们手头上富余的钱少了，我们浪费在本就不需要买的商品上的钱也就少了，那我开始认为这是一桩划算的生意。

"就像佛陀教导我们的那样。"一个阴雨连绵的星期四，美国母亲告诉我。

"佛陀？"我的老天，我爱死美国人了，不是奥普拉就是佛陀。

"是啊。他教导我们，欲望无穷无尽。一个愿望得到满足会促生出新的愿望，就像细胞分裂一样。"

我特别想给她一个大大的愤世嫉俗的英国白眼，但不知不觉，我发现自己竟然对她的话十分认同。丹麦生活让我看到了更有意义的存在方式，理解了生活原本的样子，或者至少是，可能的样子。我真的很喜欢。

当然，丹麦生活并非尽如人意。是的，丹麦的冬天非常糟糕，我希望丹麦的日照时长能够更平均一些，这样一来我们就不用冬天生活在魔多，而夏天整整三个月的时间太阳到午夜才落了。但木已成舟，尽管新得了一位维京帮手，我还是没有办法让北欧距离赤道更近一些（尽管我过段时间会再试一次）。丹麦不是澳大利亚，也不像其他气候温润的国家，努力在全球生活品质和幸福指数调查中去争取更靠前的位置。

但是我感觉这些北欧生活觊觎者实际上是在骗人，因为他们生活的地方一年四季阳光充沛。这个雄踞世界最幸福国家排行榜首的国度每年有六个月的时间冰天雪地暗无天日，在这里生活需要极大的勇气。生活并非总是阳光灿烂的乌托邦，可以让独角兽把彩虹当成跳绳。但是一个可以让我们今天、明天、一年到头都信赖的稳定、安全、成熟的环境着实是一件近乎完美的事。生活中仍然有很多欢乐——第一颗盛夏草莓、小红毛学会笑了、我又可以喝酒的那一天（排名不分先后……）。当然也有失意。但是从我在过去一年中接触过的丹麦人的情况来看，失意跟个人有关——是不可避免的人类真理。其余的事？全都有人替你搞定。

丹麦社会也有不少问题。这是一个同质化的国家，有时候经过粉饰的丹麦生活与现实之间还存在一定的落差。一小部分人将一切问题都归咎于移民，从犯罪到丢失猪肉丸。但是困扰其他国家的那些破事儿在丹麦全没有，因为那些国家并不具备丹麦的优势。丹麦人面对的问题跟其他国家一样，但是尽管丹麦人民党在2014年欧洲大选中胜出，赫尔和她领导的社会民主党政府仍在执政。政府正在做出努力，帮助丹麦人了解其他文化背景的移民。2014年，哥本哈根一栋低层建筑更换了巨幅广告，展示该市在接纳和欢迎伊斯兰群体方面所做出的持续努力，此外该市还将一座六十五英尺的高塔划归北欧最大的清真寺所有。这座塔将伊斯兰特点与典型的北欧设计风格融为一体，旨在鼓励各民族互相融合。我们来到这里之后丹麦发生了很大变化，奥胡斯的种族更加多元化，政府做出了更好的安排以帮助像我这样的"外国人"更自在地生活。丹麦人希望留给世人以宽容的印象——这对他们来说非常重要。丹麦生活方式也在慢慢吸收新的影响和新移民。

一年过后，我觉得自己对丹麦生活的理解更加透彻。丹麦人眼光敏锐，他们不像南欧人或美国人那样热情奔放，也不像英国人那样礼貌有加。丹麦人直率、坦诚、互相信任、安全感颇高，令我耳目一新。丹麦人一般不会对你说"过得愉快"，但如果他们真的说了这话，你就知道他们是真心实意希望如此。要是你的邻居们在冬天忽视了你，你千万不要放在心上：外面又黑又冷，他们只是想留在家里 hygge。

我已经上了很久的语言课，现在可以稍微理解周遭发生的事情，语言水平跟友善的邻居的侄女不相上下。友善的邻居侄女只有两岁大，但她是土生土长的丹麦人，所以这也算是一种进步。现在我可以点咖啡、茶甚至是面包店里任意一种我心仪的点心，我有 90% 的把握不会出错。我在这儿交了不少朋友，他们都是些可爱、大度、强壮、可靠又热心的人。当我缠着他们问个不停的时候，他们表现出来的善良、体贴和耐心经常让我感慨万千。

我和乐高男刚摆脱产后焦虑便外出了。（我在骗谁啊，我还没有走出阴影。要是你发现我的书里有拼写错误，那是因为我得一边写作一边把八周大的宝宝放在肩膀上轻轻拍着的缘故，他一边吐奶一边拉臭臭，偶尔在我的手提电脑键盘上踢出几个奇怪的字母。）当天是我的生日，我们在外面预定了午餐。这需要军事化的规划，我们来回跑了五趟，确保宝宝外出所需的全套装备都已装好。完成这项工作后，我发现自己还穿着睡衣，于是又跑了回去。我匆忙披上了一件外套，希望所有人都看到："或许我浑身都是奶渍和汗臭的味道，但我觉得这样也挺好。"

我们开车去了奥胡斯，停好车之后花了几分钟时间提醒彼此如何组装婴儿车。幸运的是，天气还算暖和，太阳眼看着就要冲破云层，这一次老天竟没跟我们作对。当我把小红毛从安全座椅中抱起来的时候他竟然没有醒。我把他轻轻放在摇篮里，往他那头湿漉漉的红头发上面戴了一顶帽子，并给那双小手戴上一副羊毛手套，然后轻轻地把它们塞到了毯子下面。在前往餐厅的路上，我温情地对着几个月未见的羞羞马喷泉微笑，然后在玩具店的橱窗中看到了自己的影子。我看到一个女孩，脖子上戴着一条围巾，鼻子上架着一副雷朋眼镜遮挡眼袋，头发梳成发髻以免被宝宝的小手拉散。我忍俊不禁地发现，我看起来特别有丹麦范儿，但也十分放松，就像我从小到大一心想要成为的那种人。

　　我想到以前的自己为了达到这个目的进行了各种尝试——为了成功努力工作，并试图取悦所有人。但我所有的成绩似乎都无法与我付出的努力相匹配。我身心俱疲，求知若"饥"（通常可以按字面意思理解），疲于应付，被各种潮流搞得筋疲力尽。但我现在感到安全、安稳和充实，只不过还有几磅肉没有甩掉。我感到满足，当然也很幸福。如果满分是十分，我会给自己打九分（我还等着做森林女王呢）。

　　我用手揽住乐高男的胳膊，他正推着婴儿车走在通向餐厅的斜坡上。他连忙告诉我说自己已经囤了一套得宝（Duplo）——乐高的小兄弟——给我们的儿子，努力让我相信这是一种"投资"。我告诉他，我站着不动的时候又可以看到自己的脚尖了。我们的连珠妙语仅限于此（我有没有说过睡眠不足的事？）。我开始思考应该给自己点些什么，与此同时几乎感觉到起泡葡萄酒在我的舌尖爆裂。

"明年。"乐高男开口说道，我意识到自己错过了得宝后面的事。

"明年？是的，呃……"

到了该做决定的时候了，乐高男满心希望地看着我。他在几个月之前就表明了态度，我知道他想留下来。现在就看我的态度了。我四下望了望我们预定的拉丁餐厅，看到一家从未见过的亚洲超市和一家意大利熟食店。我能生活在一个有着 snegles、点心和上好的帕尔马火腿的国家吗？这一切完美得近乎失真。阳光灿烂，我们的儿子正在熟睡。作为一名新手妈妈，生活无比美好。

"我想丹麦也没什么不好。"我说。

一抹笑容浮现在乐高男蓄着胡子的脸上（他在休产假期间留起了胡子——人人都得找点事干），但他仍然想听我亲口说出来："这么说你还算喜欢一年的丹麦生活？"

"挺好的。"我坦承。

"只是'挺好'？"他问。我耸了耸肩，他的脸色有些阴沉。

"但是为了确认这一点，我想我们应该试着再生活一年……"

他满脸笑容。接着，他像一个负责任的家长那样把婴儿车的脚刹踩了下去，给了我一个熊抱。有点疼，但我告诉他自己领了他的情。

我们留了下来。北欧梦或许不那么完美，但就目前来说，丹麦仍然是我们的最佳选择。我对接下来十二个月的生活充满期待。

我们到了餐厅，服务生把我们带到了预定好的位子。位子靠着窗边，外面是一个封闭的庭院，小红毛还在熟睡。所以，我们就把婴儿车留在了外面。

丹麦生活十大建议

好吧，我不能把所有人都弄到丹麦，也没有人能控制自己的染色体。但是丹麦人有一些与众不同的行为方式可供所有读者借鉴。

1. 信任（更多）

这是丹麦人如此幸福的首要原因。诸位读者不妨一试，你会感觉更好，并摆脱不必要的焦虑。信任周围的人也可以让他们变得更好，所以这是一种自我应许。

2. 享受 hygge

牢记生活的简单乐趣——点一根蜡烛，给自己冲一杯咖啡，吃几块油酥点心。你瞧，你已经感觉好多了。

3. 让身体动起来

骑车、跑步、跳跃、舞蹈、做爱。摇晃手头的一切东西。让身体动起来，不仅会释放幸福的内啡肽，还会让你的容貌更加光彩照人，更像丹麦人。

4.重视美学

尽可能美化自己所处的环境。丹麦人就是这样做的，因而促生了对于设计、艺术和日常生活环境的尊重。记住破窗效应，不良行为如不加制止会变本加厉。反之亦然。

5.简化你的选择

如果说生活在斯迪克斯维尔教会了我一件事，那就是减少你的选择可以减轻很多压力。要做什么，去哪里吃饭（哈！）或穿哪件衣服（伦敦的衣橱你好），太多的选择会加重你的负担，而不会给你带来任何好处。丹麦人十分擅长零压力的简约生活和底线之上的自由。

6.感到骄傲

找到一样你自己或你的同胞们擅长的事，并彻底掌握它。庆祝胜利，从足球到弹塑料片游戏（或赛螃蟹）。不放过任何挥舞国旗和唱歌的机会。

7.重视家庭

丹麦的法定假日成了亲情训练营，家庭在丹麦生活的各个领域总是被摆在首位。探亲访友和常规的节日会让你更加幸福，所以两者不妨都试试。家人不在身边？那就跟朋友一起，或试试第三点（性爱的部分）。

8.对所有工作保持敬意

记住，世界上没有"女人的工作"和"男人的工作"之分，有的只是"工作"。家庭主妇跟养家糊口的人同样重要，谁也离不开谁。不论哪种工作都同样辛苦、伟大和重要。

9.玩

丹麦人对于一项活动的热爱是因为其本身，在这片乐高大陆，任何年龄段的人都将玩视为一种值得从事的职业。所以尽情地建造、创造、烘焙甚至画自己的诺埃尔·埃德蒙兹漫画吧。尽可能地做事和进行创造吧（越乱越好）。

10.分享

说实话，分享会让生活更加轻松，研究表明分享也会让你更加幸福。无法影响政府决策以建立一种丹麦式的福利体系？把你的蛋糕分给邻居，或邀请什么人到你家一起hygge，让温暖、朦胧的感觉流动。

图书在版编目（CIP）数据

丹麦一年 / （英）海伦·拉塞尔 （Helen Russell）著；
李迎春译. — 长沙：湖南文艺出版社，2019.4
　书名原文: The Year of Living Danishly
　ISBN 978-7-5404-9065-2

　Ⅰ.①丹…　Ⅱ.①海…　②李…　Ⅲ.①游记-作
品集-英国-现代　Ⅳ.①I561.65

中国版本图书馆CIP数据核字（2019）第018103号

The Year of Living Danishly
Copyright© Helen Russell, 2015
This edition arranged with Johnson & Alcock Ltd.
Through Andrew Nurnberg Associates International Limited

著作权合同登记号：18-2017-058

丹麦一年
DANMAI YINIAN

著　　　者	［英］海伦·拉塞尔
译　　　者	李迎春
出 版 人	陈新文
出 品 人	陈垦
出 品 方	中南出版传媒集团股份有限公司
	上海浦睿文化传播有限公司
	上海市万航渡路888号15楼A座（200042）
责任编辑	刘诗哲
装帧设计	凌瑛
责任印制	王磊
出版发行	湖南文艺出版社
	（长沙市雨花区东二环一段508号　邮编：410014）
网　　　址	www.hnwy.net
经　　　销	湖南省新华书店
印　　　刷	河北鹏润印刷有限公司

开本：880mm×1230mm　1/32　　印张：13　　　字数：184千字
版次：2019年4月第1版　　　　　印次：2024年3月第9次印刷
书号：ISBN 978-7-5404-9065-2　　定价：52.00元

浦睿文化
INSIGHT MEDIA

出 品 人：陈 垦
策 划 人：张秋然
监 制：余 西 吕 昊
出版统筹：戴 涛
编 辑：顾冰珂
装帧设计：凌 瑛

投稿邮箱 insightbook@126.com
新浪微博 @ 浦睿文化